[커리어코칭]

CAREER COACHING

탁진국 저

학지사

이 저서는 2022년도 광운대학교 교내 학술연구비 지원에 의해 연구되었음

 2009년 국내에서 처음으로 코칭 분야의 전문가 양성을 위해 코칭심리전공 대학원 석사과정을 광운대학교에 개설한 지 10년이 넘었다. 이후로 학부와 대학원에서 코칭심리 관련 과목을 강의하면서 활용할 수 있는 교재가 별로 없어서 아쉬움이 컸다. 이제 여러 대학에 코칭 또는 코칭심리 전공분야의 대학원 과정이 개설되었지만 아직도 코칭 분야의 전문서적은 많지 않은 실정이다. 2019년에 필자는 코칭심리에 관한 개론 서적인 『코칭심리학』을 출간하여 학부 및 대학원 수업 시 활용하고 있다. 하지만 코칭의 세부 영역에 관한 전문서적이 많지 않아 여전히 다른 코칭 수업을 진행하는 데 아쉬움이 컸다.

 필자는 세부 영역 전문서적으로 2022년에 『라이프코칭』을 출간하였으며 이제 2탄으로 『커리어코칭』을 출간하게 되었다. 필자는 코칭을 배우기 전 조직심리학 전공으로 석 · 박사 과정을 마치고 광운대학교에서 교수직을 하면서 직장인들의 커리어에 관심을 가지고 연구를 해 왔다. 오랫동안 대학원에서 경력개발 과목을 강의해 왔으며 이 분야에 관한 연구도 지속해 왔다. 2002년에는 『경력개발 및 관리』라는 번역서를, 2015년에는 직장인의 커리어 고민을 해결해 주기 위한 『워커코드』라는 책도 출간한 바 있다.

 하지만 코칭심리 전공을 대학원에 개설하고 '고급커리어코칭'이라는 과목을 강의하면서 커리어코칭에 관한 전문서적이 없어서 논문에 의존하여 강의를 진행하였다. 오랫동안 커리어에 관한 연구 및 공부를 해 오며 코칭의 중요한 분야 가운데 하나인 커리어코칭에 관한 전문서적을 출간할 필요성이 있다는 생각을 하게 되었다. 더욱이 정년을 앞두고 학교에 있는 동안 마지막으로 전문서적 출간의 필요성을 크게 느끼게 되었다.

책 제목을 '커리어코칭'으로 정한 데는 현재 코칭 분야에서 많은 사람이 커리어코칭으로 부르고 있기 때문이기도 하다. 하지만 그보다는 커리어가 국내에서 학자들의 연구 분야에 따라 '진로'와 '경력' 두 가지로 다르게 번역되고 있기 때문인 이유가 크다. 어느 한쪽에 치우치기보다는 중립적인 단어를 선택하고자 하였으며, 따라서 커리어를 영어 그대로 사용하고자 하였다.

이 책은 제1부와 제2부로 구성되어 있다. 제1부에서는 커리어에 대한 이해를 돕기 위해 커리어가 왜 중요하고 커리어코칭은 무엇이며 커리어코칭 과정에서 크게 활용할 수 있는 일부 커리어 이론에 대해 소개하였다. 또한 직업이 어떻게 변화하고 있으며 이에 대한 우리의 대처자세도 다루었다. 제2부에서는 커리어코치가 피코치에게 적합한 커리어를 가이드해 줄 수 있는 다양한 실무적 기법을 소개하였다. 대상자를 피코치의 연령대로 구분하여, 청소년, 경력 초기, 경력 중기, 경력 말기 및 퇴직자 등으로 구분하였으며, 각 연령집단에 대해 필자가 개발한 커리어가이드 기법 및 다양한 연구에서 소개된 커리어 기법들을 소개하였다. 또한 각 장마다 마지막 부분에 '커리어코칭 시사점'을 소제목으로 두고, 각 장에서 소개한 연구결과를 커리어코칭 시 활용할 수 있는 방법에 대해 설명하였다.

이 책은 앞에서 설명하였듯이 커리어 관련 이론보다는 커리어코치가 실제 커리어코칭 현장에서 활용할 수 있는 다양한 기법을 소개하는 데 중점을 두고자 하였다. 따라서 커리어코칭 또는 커리어상담 분야에 종사하고 있는 전문가뿐 아니라, 이 분야에 종사하기 위해 커리어코칭 또는 커리어상담을 공부하고 있는 학부나 대학원생들에게 참고서적이나 교재로 활용될 수 있을 것으로 기대한다.

이 책이 나오기까지 감사드릴 사람들이 있다. 먼저, 커리어코칭 교재 출판을 기꺼이 수용해 주신 학지사 김진환 대표님과 전체 내용을 내 책같이 꼼꼼하게 살펴봐 주신 편집부 이수연 님께 감사드린다. 또한 그동안 대학원 고급 커리어코칭 수업을 수강했던 석사 및 박사생들에게도 감사드린다. 강의를 준비하면서 모았던 논문과 자료들이 이 책을 집필하는 데 매우 큰 도움이 되었다. 커리어코칭의 주제가 워낙 방대하기 때문에 다루어야 할 내용이 많다. 앞으로도 이 분야에 대한 지속적 공부를 통해 향후 책의 내용을 확장시켜 나가는 노력을 하고자 한다. 이 책이 국내에서 커리어코칭의 활성화에 조그마한 도움이 되기를 기대하며 머리말을 마무리하고자 한다.

2023년 7월

탁진국

제2부
커리어 탐색 및 가이드 기법

커리어에 대한 이해

커리어코칭

이 장에서는 커리어란 개념이 무엇인지에 대해 설명하고, 개인이 살아나가는 데 있어서 커리어가 왜 중요한지를 살펴보고자 한다. 또한 커리어코치라는 직업이 무엇이며 커리어코치는 구체적으로 어떠한 일을 하는지 살펴보고, 이를 토대로 커리어코칭에 대한 정의를 제시하고자 한다.

1. 커리어

커리어에 대한 정의는 다양하지만, 필자 개인적으로는 Greenhaus, Callanan과 Godshalk(2000/2002)가 정의한 "일생을 거쳐 지속되는 개인의 일과 관련된 경험"이 적절한 것으로 판단된다. 여기서 일생을 거친다는 의미는 커리어는 특정 연령대에 해당하는 개인에게만 적용되는 것이 아니고 청소년부터 노인에 이르기까지 모든 연령대에 적용된다는 것을 뜻한다. 또한 일과 관련된 경험은 단순히 직장생활을 하는 개인에게만 적용되는 것이 아니라 청소년인 경우에도 향후 특정 직업에서 일을 하기 위해 특정 과목을 공부하거나 직업을 찾기 위한 탐색활동을 하는 등의 활동을 포함한다. 또한 퇴직한 노인이 자신의 전문지식을 활용하여 사회봉사 활동을 하고 있다면 이러한 경험도 커리어에 포함된다.

다시 말해, 커리어는 개인이 살아가면서 경험하는 활동 가운데 상당히 많은 부분을 차지하고 있으며, 많은 사람이 자신에게 적합한 커리어는 무엇이고 자신의 커리어를 어떻게 관리 또는 추구할 것인지에 관해 고민하고 있다. 고등학교 입학 시 일반고 또는 특성화고 가운데 어느 쪽으로 진학할 것인지, 또는 대학 진학 시 어떤 학과에 입학할 것인지, 그리고 대학 졸업 후 어떤 직장을 가질 것인지에 대해 지속적으로 고민하며, 이를 결정하는 데 어려움을 겪는 사람이 많다. 직장에 취업한 후에도 업무가 자신과 맞지 않아 다른 업무나 직장으로 이직할지에 대해 고민하게 된다. 퇴직 후에도 그냥 쉴 것인지 아니면 경제적 이유 또는 봉사 차원에서 어떤 일을 하면 좋을지 고민하는 사람도 많다. 대부분의 사람이 살아가면서 이러한 고민을 하거나 관련 결정을 내려야 하기 때문에 커리어는 개인의 삶과 매우 밀접하게 관련되어 있으며, 그만큼 삶에서 중요한 부분을 차지한다.

국내에서 커리어는 진로 또는 경력으로 번안되어 사용된다. 진로(進路)라는 단어는 주로 청소년을 대상으로 연구하는 교육학이나 청소년 분야에서 많이 사용한다. 필자의 생각으로는 청소년이 연구대상인 경우 이들에게 커리어는 향후 자신이 어떤 학과 또는 직업을 선택해야 하는지에 관한 내용을 주로 다루기 때문에 미래의 나아갈 길을 의미하는 뜻에서 한자로 진로로 번안하는 것으로 판단된다.

한편, 경력(經歷)은 직장인을 대상으로 연구하는 경영학 분야에서 주로 사용한다. 직장인의 경우에도 자신의 현 직무에 대한 만족도가 떨어져서 다른 직무 또는 직업으로 전환하려는 경우가 자주 있기 때문에 미래의 나아갈 길을 의미하는 진로가 적합할 수 있다. 하지만 다른 관점에서 보면, 직장인의 경우 직무 또는 직업 경험이 있기 때문에 지금까지 자신의 직무 또는 직업경험에 대해 얼마나 만족하고 있으며 자신은 어떠한 커리어를 쌓아 왔다고 말하는 경우도 자주 있다. 이러한 상황에서 커리어의 의미는 미래가 아닌 과거의 경험이 된다. 이러한 이유 때문에 필자는 국내에서 직장인을 대상으로 하는 연구에서는 과거의 이력을 의미하는 경력이라는 용어를 사용하는 것으로 판단한다.

중요한 사실은 진로나 경력이나 영어로는 커리어라는 동일한 단어를 번안한 것이라는 점이다. 이와 같이 동일한 단어인 커리어를 연구 분야에 따라 다른 용어로 부르고 있기 때문에 일반인은 혼란스러울 수 있다. 필자는 커리어 코칭은 청소년뿐 아니라 직장인, 그리고 퇴직자 등 다양한 집단을 대상으로 진행하기 때문에 이 책에서는 진로 또는 경력 중 하나로 통일하여 내용을 기술하기는 어렵다고 판단되어 진로와 경력 모두를 포괄적으로 다루는 커리어라는 영어 단어를 그대로 사용하고자 한다.

2. 커리어의 중요성

앞에서 설명했듯이 커리어는 개인이 일생을 통해 고민하게 되는 주요 주제이다. 구체적인 통계를 통해 살펴보면, 통계청(2019)이 발표한 '2019 청소년 통계'에 따르면, 13세 이상 청소년이 가장 고민하는 문제는 직업(30.2%)이었고, 다음은 공부(29.6%)였으며, 3위는 외모(10.9%)로 비율에 큰 차이가 있었다. 청소년들의 '직업'에 대한 고민이 공부(학업)보다 더 크게 나타난 결과는 통계청이 1984년 관련 통계(사회조사)를 작성한 이래 처음인 것으로 나타났다. 가장 최근에 발표된 '2022 청소년 통계'(여성가족부, 2022)에 따르면, 다시 순서가 바뀌어서 공부가 31.7%로 1위이고, 다음이 직업(26.7%)이었다.

하지만 응답을 연령대로 나누어 살펴보면 큰 차이가 있음을 알 수 있다. 13세에서 18세까지의 경우 공부에 대한 고민이 50.8%로 직업(7.4%)에 비해 압도적으로 큰 것으로 나타났다. 그러나 19세에서 24세까지의 청소년은 직업(40.9%)에 대한 고민이 공부(17.6%)보다 매우 큰 것으로 나타났다.

이러한 통계는 청소년의 경우 직업에 대한 고민이 점차 많아지고 있다는 것을 보여 준다. 특히 대학에 진학하게 되면 직업에 대한 고민은 다른 어떤 고민보다 더욱 커지게 되며 매우 중요한 고민거리로 나타나게 된다.

커리어에 대한 고민은 취업 전 학교에 다닐 때만 해당되는 것은 아니다. 힘들게 취업했다 하더라도 업무가 적성에 맞지 않는 등의 다양한 이유로 직장에 적응을 잘 못하고 이직을 하게 되는 경우도 많이 나타나고 있다.

최근 잡코리아(2022. 3. 29.)에서 남녀 직장인 928명을 대상으로 2022년도 상반기 이직 계획이 있는지를 물어본 결과, 32.4%는 현재 적극적으로 구직 활동을 하고 있다고 답했다. 또한 57.7%는 당장 이직 준비를 하지는 않지만 수시로 이직 기회를 보고 있다고 답했으며, 나머지 9.9%만이 이직 계획이 전혀 없다고 응답했다. 즉, 10명 가운데 9명은 이직을 위해 적극적인 구직 활동을 하고 있거나 당장은 아니지만 이직을 어느 정도 생각하고 있는 것으로 나타났다.

또한 잡코리아(2021. 4. 1.)가 2021년에 이직 경험이 있는 20대에서 50대 이상의 남녀 직장인 1,024명을 대상으로 첫 이직을 한 시기가 언제인지를 물어본 결과, 입사 후 6개월 미만이 21.7%였고, 입사 후 6개월 이상 1년 미만은 19.9%로 나타났다. 입사 후 1년 이상과 2년 미만은 20.5%였으며, 2년 이상 3년 미만은 16.3%였다. 입사 후 첫 이직하는 시기가 1년 미만인 경우가 약 40%나 되는 것으로 나타났으며, 3년 이내에 첫 이직하는 사람은 약 80%에 가까울 정도였다. 즉, 많은 사람이 입사 후 여러 가지 이유로 적응을 하지 못하여 빠르게 이직을 하는 것으로 나타났다.

한편, 이직을 할 경우 동일한 직무로 이직하는 사람도 있지만 다른 직무로 이직하는 경우도 많이 나타나고 있다. 앞에서와 동일한 표집을 대상으로 이와 관련된 질문에 대해 38.4%의 직장인이 과거 회사와 동종 업계이면서 같은 직무로 이직했다고 응답하여 가장 많은 것으로 나타났다. 업계는 다르지만 직무는 같다고 응답한 직장인은 24.7%였다. 즉, 60%가 조금 넘는 사람들은 같은 직무로 이직하는 것으로 나타났다.

하지만 다른 직무로 이직하는 사람도 많이 있었다. 동종 업계이면서 다른 직무로 이직한 사람이 19.7%였고, 다른 업계이면서 다른 직무인 경우가 17.2%였다. 즉, 10명 중 4명 정도(36.9%)가 이전 회사에서 일하던 직무와 다른 업무로 이직하였다. 이러한 결과는 40%에 가까운 직장인들이 자신이 하고 있는 업무가 자신과 맞지 않아서 다른 직무로의 이동을 고려하고 어떤 직무가 적합할지를 고민한다는 것을 간접적으로 말해 주는 것으로 해석할 수 있다.

탁진국, 이은혜, 임그린과 정일진(2013)이 전국 직장인 1,000여 명을 대상으로 직장에서 경력을 쌓아 나가는 데 있어서 고민하는 내용을 조사한 바에 따르면, '나한테 적합한 일이나 경력이 무엇인지 잘 몰라서' 고민하는 문항이 연령별로 구분해 볼 때 취업한 지 얼마 되지 않은 20대 신입사원에게서 가장 높게 나타났다(7점 만점에 5점대 초반). 하지만 이러한 고민은 직장에서 근무한 지 상당한 시간이 지난 30대와 40대에게서도 20대와 큰 차이가 나지 않는 여전히 높은 점수(4점대 후반)로 나타났다.

이러한 조사 결과 및 연구 내용을 종합하면, 청소년부터 성인에 이르기까지 많은 사람이 자신의 커리어에 대해 고민하며 자신에게 적합한 직업이나 직무를 찾는 데 어려움을 겪고 있다고 말할 수 있을 것이다. 또한 그만큼 개인이 커리어를 결정하는 데 도움을 주는 전문적인 서비스가 필요하고 중요함을 시사한다.

3. 커리어코칭 정의

커리어코칭을 정의하기 위해서는 먼저 커리어코칭을 담당하는 커리어코치가 하는 일에 대해 알아볼 필요가 있다. 한국고용정보원은 주기적으로『한국직업사전』을 발간하고 있는데, 최근에 발간된 통합본 제5판(2019)에 따르면 국내의 직업 수는 12,823개인 것으로 나와 있다. 또한 한국고용정보원에서 운영하는 워크넷(http://www.work.go.kr)에 들어가면 특정 직업에 대한 설명을 찾아볼 수 있다. 워크넷에서 '직업정보'에 있는 '한국직업사전'을 선택한 후 '직업명검색'에서 커리어코치를 입력하면 커리어코치가 하는 일에 대한 정보를 찾아볼 수 있다. 커리어코치는 그동안『한국직업사전』에서 찾아볼 수 없었지만 최근에 이 직업에 대한 내용이 추가되었다.

커리어코치에 대한 직무 설명은 다음과 같다. 즉, "초·중등학생, 대학생, 직장인, 은퇴자, 청소년, 청장년, 신중년 등을 대상으로 직업의 가치와 의미를 찾아가는 것을 목적으로 진로설계, 경력개발, 역량개발 등의 이슈에 초점을 두고 코칭기법(관찰, 질문, 경청, 인정과 지지, 피드백, 메시징 등)을 활용하여 코칭한다."이다.

이 설명을 분석해 보면, 먼저 커리어코치가 코칭을 제공하는 대상은 초중등학생부터 직장인을 포함하여 은퇴자까지 폭넓게 포함되어 있음을 알 수 있다. 앞에서도 설명했지만, 청소년은 고등학교 또는 대학교 진학과 관련된 고민, 또는 고등학교나 대학교 졸업 후 취업을 하려는 경우 어떤 직업을 선택하는 것이 좋은지에 대한 고민이 많다. 취업을 한 이후에도 커리어에 대한 고민은 끝난 것이 아니다. 이직에 관한 고민 또는 이직할 경우 동일 직업으로 갈 것인지 직업을 바꿀 것인지에 대한 고민이 많다. 직장을 그만둔 후에도 최근 들어 신체적으로 건강한 은퇴자가 늘어남에 따라 많은 퇴직자가 어떤 형태로든 일을 하고 싶어 한다. 커리어코치는 이러한 다양한 대상들이 커리어에 관한 결정을 내리도록 돕는 일을 하게 된다.

커리어코치가 도움을 줄 수 있는 내용을 살펴보면, 진로설계, 경력개발, 역량개발 등의 이슈가 있다. 앞에서도 설명했지만, 커리어는 국내에서는 진로 또는 경력으로 번안되어 사용되고 있다. 진로설계는 초·중등학생 또는 대학생이 자신에게 맞는 진로를 찾고 구체적인 계획을 수립하고 이를 실행하도록 돕는 내용을 포함한다. 경력개발과 역량개발은 일반적으로 직장인을 대상으로 이들이 자신의 경력을 잘 관리해 나가도록 경력목표를 결정하고 이를 달성하기 위한 역량개발 등의 구체적인 경력계획을 수립하고 이를 실행하도록 돕는 과정을 의미한다.

마지막으로, 코칭기법을 활용한다는 내용은 커리어코치도 비즈니스코치나 라이프코치 등과 같이 코칭에서 다양한 전문영역 중의 하나에 속하기 때문에 코치의 기본 스킬을 활용하여 코칭을 진행하게 된다는 것을 의미한다.

한편, 직무내용에서 커리어코치와 유사한 직업들이 있다. 『한국직업사전』에서 커리어코치에 대한 설명 내용 가운데 유사 명칭으로 커리어컨설턴트, 경력관리전문가, 직업지도전문가, 전직지원전문가 등이 제시된다. 이 가운데 커리어컨설턴트, 경력관리전문가, 직업지도전문가 등은 『한국직업사전』에서 직업명에 이 단어를 입력할 경우 직업에 대한 정보가 제시되지 않으며, 전직지원전문가만이 별도의 직업설명이 제시된다. 전직지원전문가에 대한 직무개요를 살펴보면, "고객의 요구를 분석하여 전직지원을 기획하고 전직대상자의 역량을 진단하고 목표를 수립하며 이에 따른 변화관리, 생애설계, 취창업 등을 지원한다."라고 되어 있다.

전직지원전문가는 대상이 직장에 다니고 있으면서 전직하려는 사람으로 제한된다는 점이 특징이다. 해고, 퇴직 등 여러 가지 이유로 직장을 그만두어야 하는 사람이 있을 경우 해당 기업에서 외부 전직지원전문 컨설팅 회사에 의뢰하게 된다. 이 사람들은 전직지원전문가의 전문적인 도움을 받아 다른 직장을 얻을 수 있게 된다. 따라서 커리어코치와 비교하면 하는 일은 유사한 것으로 볼 수 있지만, 서비스를 제공하는 대상이 제한적이며 특별히 코칭기법을 강조하지는 않는다는 차이점이 있다.

『한국직업사전』에서 커리어코치와 유사한 직업으로 나오지는 않지만, 필자의 판단으로 직업상담사, 취업컨설턴트, 전문상담교사 등도 유사한 직업으로 볼 수 있다. 『한국직업사전』에서 직업상담사의 직무개요를 살펴보면, "구직자나 미취업자에게 직업 및 취업정보를 제공하고, 직업선택, 경력설계, 구직활동 등에 대해 조언한다."이다. 한편, 직업상담사와 유사한 직업인 취업컨설턴트의 직무개요는 "청년층을 중심으로 구직자가 취업할 수 있도록 기업, 직업, 채용정보를 수집하고 자기소개서 작성, 면접 방법 등 취업 지도 및 취업에 대해 조언하고 교육한다."라고 기술되어 있다.

직업상담사와 취업컨설턴트의 차이점을 살펴보면, 먼저 취업컨설턴트는 대상을 청년층에 국한하고 있으며, 직업상담사는 명확한 대상을 언급하고 있지 않아서 구직하려고 하는 모든 대상을 포함하는 것으로 볼 수 있다. 또한 취업컨설턴트는 구직자가 취업하도록 돕는 역할에 초점을 두고 있지만, 직업상담사는 구직자의 취업뿐 아니라 취업 후의 경력설계 및 경력관리에 관한 계획을 수립하는 것을 돕는 역할도 포함하고 있다.

한편, 전문상담교사는 『한국직업사전』에 "중·고등학교에서 학생의 학업, 진로 및 학교생활 전반에 관해 상담하고 지도한다."라고 설명되어 있다. 전문상담교사는 학생의 학교생활 적응에 관한 상담도 하지만 학생의 진로에 대한 상담도 병행하기 때문에 커리어코치와 유사한 일을 한다고 볼 수 있다. 하지만 전문상담교사는 대상이 중·고등학생으로 한정되어 있고 일하는 환경도 중·고등학교라는 학교 현장으로 제한되어 있다는 점이 특징이다.

지금까지 커리어코치와 유사한 직업에 대해 살펴봤다. 커리어코치와 유사한 직업들을 비교해 볼 때, 가장 큰 차이점은 서비스를 제공하는 대상이 다르다는 점이다. 다른 유사직업들은 중·고등학생, 청소년, 미취업자 또는 전직하려는 사람 등 특정 집단을 대상으로 서비스를 제공하고 있다. 하지만 커리어코치는 『한국직업사전』에서도 설명되어 있듯이, 초·중등학생, 대학생, 직장인, 은퇴자, 청소년, 청장년, 신중년 등과 같이 커리어서비스를 원하는 거의 모든 집단을 대상으로 한다는 차이점이 있다.

또 다른 차이점은 제공하는 서비스의 내용이다. 취업컨설턴트는 주로 청년구직자를 대상으로 이들이 취업하는 데 도움을 주는 서비스(예, 취업정보 제공, 자기소개서 작성, 면접방법 등에 관한 조언)를 제공한다. 직업상담사는 직업선택, 취업정보 제공, 경력설계 등에 관한 서비스를 제공하며, 전직지원전문가는 전직대상자가 취업 및 창업을 할 수 있도록 돕는 역할을 우선적으로 하고 있다. 커리어코치는 이러한 유사직업들이 제공하는 거의 모든 서비스를 제공한다는 측면에서 대상뿐 아니라 제공하는 서비스에서도 폭이 넓다고 설명할 수 있다.

마지막으로, 커리어코치는 서비스를 제공하는 과정에서 코칭기법을 활용한다는 점이다. 물론 다른 유사직업에서도 해당 전문가가 코칭기법을 학습해서 서비스 제공과정에서 활용할 수는 있지만, 커리어코치는 코칭기법을 우선적으로 활용한다는 점에서 차이가 있다.

커리어코치에 대한 설명과 유사직업명과의 유사점과 차이점에 대한 소개를 토대로 이제 커리어코칭에 관해 정의를 내려 보고자 한다. 먼저, 해외에서 커리어코칭은 고객이 자신의 기술을 잘 파악하고 커리어 선택을 잘하며 업무에서 더욱 생산적인 사람이 될 수 있도록 고객의 발달을 돕는 과정으로 정의하고 있다(Hube, 1996: Chung & Gfroerer, 2003에서 재인용). 이러한 정의는 해외에서 코칭이 처음에 임원코칭으로 시작되면서 주로 직장인을 대상으로 코칭이 이루어지다 보니 커리어코칭도 코칭을 받는 대상자를 직장인에 한정되어 설명된 것으로 이해할 수 있다.

하지만 필자는 커리어코칭은 직장인만을 대상으로 진행하는 것으로 제한할 필요가 없다고 판단한다. 앞에서 살펴보았듯이, 『한국직업사전』에서 커리어코치는 다양한 집단을 대상으로 전문 서비스를 제공하고 있는 것으로 설명되어 있다. 실제로 국내에서 많은 청소년이 대학 학과 선택 과정에서 어려움을 겪고 있으며, 졸업 후 취업과정에서도 어떠한 직무나 직업을 선택하는 것이 좋을지 고민하고 있다. 커리어코치는 이들에게도 전문적인 서비스를 제공하여 이들의 어려움을 해결하는 데 도움을 줄 수 있다.

　　따라서 필자는 커리어코칭에 대해 다음과 같이 정의하고자 한다. 커리어 코칭은 "청소년, 성인 또는 은퇴자 등의 다양한 피코치를 대상으로 커리어 선택 및 결정, 커리어 개발 및 관리 등의 커리어 이슈를 해결하는 데 전문적인 도움을 주기 위해 코칭기법을 활용하여 코칭을 진행하는 과정"이다.

　　이 정의에서 먼저 코칭서비스를 제공하는 대상을 살펴보면 커리어와 관련 되어 선택이나 결정을 내려야 하는 모든 집단을 포함하였다. 청소년은 고등 학교 진학 시 특성화고 또는 일반고 등에 관한 선택 및 결정을 해야 하고, 대 학교 진학 시에도 어떠한 학과를 선택할지에 관한 결정을 내려야 한다. 성인 의 경우에도 취업 또는 창업 시 어떠한 직무나 분야에 종사할 것인지 결정을 내려야 하며, 취업 후 이직할 경우에도 동일한 직무 또는 다른 직무로 이직할 것인지에 관해 결정하게 된다. 은퇴자의 경우도 은퇴 후 일을 계속할 것인지 아닌지에 관한 결정, 그리고 지속할 경우 사회봉사 등을 포함해 어떤 일을 할 것인지를 결정해야 한다.

　　커리어코칭을 통해 피코치에게 제공하는 서비스로는 앞에서 기술한 것과 같이 다양한 집단을 대상으로 우선적으로는 이들이 자신에게 적합한 커리어 가 무엇인지 선택하고 결정하는 과정에 관해 도움을 줄 수 있다. 또한 특정 커리어를 선택하거나 결정한 후 이러한 방향으로 나아가기 위해 현재 또는 향후 어떠한 역량을 개발할 필요가 있는지에 관한 계획을 수립하는 데 도움 을 줄 수 있다.

　　예를 들어, 대학교 3학년에 재학 중인 피코치가 커리어코칭을 통해 졸업 후 취업하려는 직무를 회사의 인적자원 개발 업무로 정했다면, 이러한 분야 로 취업하기 위해 졸업 전까지 어떠한 과목을 추가로 수강하고 어떠한 역량 을 쌓아야 하는지에 관한 도움을 받을 수 있다. 또한 응시서류 제출 시 자기 소개서는 어떻게 작성해야 하고, 면접 시 어떻게 준비해야 하는지에 관한 도 움도 받을 수 있다. 현재 직장을 다니고 있는 피코치가 직장을 옮기려는 경우 에도 커리어코칭을 통해 어떠한 직무 및 직장으로 옮길 것인지에 관한 도움부터 자기소개서 작성 및 면접 준비에 관한 도움을 받을 수 있다. 직장인인 피코치가 커리어코칭을 통해 자신의 경력목표를 무엇으로 정하고 이러한 목표 달성을 위해 향후 어떠한 역량을 개발하고 이를 위해 구체적으로 어떠한 노력이 필요한지에 관한 도움을 받는 것도 가능하다.

　이와 같이 커리어코칭은 피코치의 커리어에 관한 다양한 이슈에 관해 전문적인 서비스를 제공하는 과정이며, 이 과정에서 다양한 코칭기법을 적용하게 된다. 예를 들어, 커리어 선택 및 결정 과정에서 피코치는 가만히 있고 커리어코치가 모든 정보를 종합하고 분석해서 피코치에게 적합한 커리어를 안내하는 것이 아니다. 이 과정에서 커리어코치는 피코치가 적극적으로 관여하여 자신에게 적합한 커리어를 스스로 결정하도록 돕게 된다.

[참고문헌]

여성가족부(2022). 2022 청소년 통계.

잡코리아(2021. 4. 1.). 직장인 '첫 이직' 빨라졌다.

잡코리아(2022. 3. 29.). 직장인 3명 중 1명 '현재 이직 준비 중'.

탁진국, 이은혜, 임그린, 정일진(2013). 성인경력고민척도 개발 및 타당화. 한국심리학
　　　회지: 산업 및 조직, 26(1), 27-45.

통계청(2019). 2019 청소년 통계.

한국고용정보원(2019). 한국직업사전 통합본(제5판).

Chung, Y. B., & Gfroerer, M. C. A. (2003). Career coaching: Practice, training,
　　　professional, and ethical issues. *The Career Development Quarterly, 52*(2),
　　　141-152.

Greenhaus, J. H., Callanan, G. A., & Godshalk, V. M. (2000). *Career management.*
　　　탁진국 역(2002). 경력개발 및 관리. 서울: 시그마프레스.

직업세계에 대한 이해

커리어코치로서 중요한 역할 가운데 하나는 피코치에게 적합한 직업을 같이 찾아가는 것이다. 이러한 여정에서 커리어코치가 종종 직면하게 되는 어려움은 피코치가 관심 있거나 커리어 탐색과정을 통해 도출된 일부 직업에 대한 지식이 충분하지 않은 경우가 발생한다는 점이다. 이 장에서는 직업은 직무와 어떻게 다른지를 설명하고, 수많은 직업에 관한 정보를 찾는 방법에 대해 설명하고자 한다. 주로 워크넷을 활용한 다양한 직업정보 탐색 방법에 대해 기술한다. 이어서 직업들이 어떻게 변화되어 왔고, 향후 빠르게 변화하는 환경하에서 직업을 찾는 개인은 자신의 커리어를 어떻게 관리해야 변화에 적절하게 적응할 수 있는지에 대해 논의하고자 한다.

1. 직무와 직업

직업에 관한 정의를 내리기 위해서는 먼저 직업과 유사한 단어를 살펴볼 필요가 있다. 아마도 많은 사람이 명확하게 구분하지 않고 직업과 같은 의미로 사용하는 단어는 직무일 것이다. 따라서 직무와 직업은 개념적으로 어떠한 차이가 있는지를 알아볼 필요가 있다. 직무(job)란 개별 종사자들이 수행하는 일련의 과업과 임무(tasks and duties)의 묶음을 의미하며, 직업은 유사한 직무들이 합쳐진 것, 즉 집합을 의미한다(국제노동기구, 1988). 예를 들어, 인사관리자라는 직업은 구성원을 선발하고 입사 후 이들의 수행을 평가하며 적절한 임금을 주는 등의 다양한 직무를 수행하며, 이러한 다양한 직무들이 합쳐진 것을 의미한다. 한편, 각 직무는 다양한 과업이나 임무로 구성된다. 예를 들어, 인사관리자는 구성원을 선발하는 직무 수행을 위해 면접 질문을 만들고 면접위원들을 섭외하고 면접을 실시하는 등의 다양한 과업을 수행하게 된다. 따라서 과업이 가장 작은 분류 단위가 되고, 과업이 합쳐져서 직무가 되며, 다양한 직무가 묶여 직업이 된다.

2. 직업의 종류

많은 사람이 살아가며 다양한 시점에서 직업을 결정하기 위해 고민하지만, 막상 이들이 알고 있는 직업 수는 많지 않은 것 같다. 그렇다면 국내에서 가능한 직업의 수는 얼마나 될까? 고용노동부 산하 한국고용정보원은 국내 직업의 수와 직업 내용에 대한 설명을 포함하는 『한국직업사전』을 주기적으로 발간해 오고 있다. 1969년에 『한국직업사전』이 최초로 발간되었으며, 이당시 직업명 수는 3,260여 개였다. 직업의 수는 빠르게 증가하였다. 1986년에 발간한 『한국직업사전(제1판)』(1986)에서 '직업 수'는 8,900여 개였으며 '직업명 수'는 처음으로 1만 개를 넘어선 10,600여 개였다. 가장 최근에 발간된 『한국직업사전(제5판)』(2019)에서 '직업 수'는 12,823개였고 '직업명 수'는 총 16,891개가 등재됐으며, 이 직업명 수치는 2012년 발간된 제4판에 비하면 5,236개 늘어난 것이다. 따라서 우리가 선택할 수 있는 직업의 수는 생각하는 것 이상으로 많이 존재하며, 이렇게 많은 직업 가운데 자신에게 적합한 직업을 찾는 것은 쉬운 일이 아니다.

1) 『한국직업사전』을 통한 직업 및 직업정보 찾기

여기서는 『한국직업사전』에서 각 직업에 대해 제시하는 정보에 대한 독자의 이해를 돕기 위해 좀 더 자세히 살펴보고자 한다. 먼저, '직업 수'와 '직업명 수'는 의미하는 바에 조금 차이가 있다. '직업 수'는 특정 직업과 이와 관련된 직업 수를 합한 것을 뜻하며, '직업명 수'는 이 수치에 특정 직업과 유사한 직업도 합한 수치를 의미한다. 예를 들어, 『한국직업사전(제5판)』(2019)에서 '커리어코치'를 찾으면 다음과 같은 내용이 제시된다. '부가직업정보'에 제시된 정보 가운데 '관련 직업'에 직업지도전문가와 전직지원전문가가 제시되어 있는데, 이 두 직업은 커리어코치와 직업명도 다를 뿐 아니라 직업에서 하는 일도 다소 차이가 있음을 의미하며, '직업 수'를 계산할 때 포함된다. '유사명칭'에는 커리어컨설턴트와 경력관리전문가가 포함되어 있는데, 이는 커리어코치와 이름만 다를 뿐 하는 일이 거의 유사한 직업명을 의미하며, '직업 수'가 아닌 '직업명 수'를 계산할 때 포함된다. 이 제시된 정보에서 직업 수는 커리어코치와 관련 직업인 직업지도전문가 및 전직지원전문가를 포함한 3개가 되며, 직업명 수는 유사명칭인 커리어컨설턴트 및 경력관리전문가를 추가해 5개가 된다.

커리어코치에 관한 추가 정보를 설명하면 다음과 같다. 먼저, 커리어코치 앞에 '0222'와 같이 4개의 숫자가 제시되어 있다. 『한국직업사전』에 나오는 모든 직업에는 4개의 숫자가 제시된다. 이 숫자는 한국고용직업분류에 의해 각 직업에 할당한 숫자로서, 먼저 첫 숫자는 한국고용직업분류 가운데 대분류를 의미한다. 한국고용직업분류는 '직능유형'을 기준으로 구분되었는데, 각 직업의 직무활동내용을 토대로 구분한 것으로 이해하면 된다. 대분류는 전체 10개로 구분되며, 0부터 9까지의 숫자를 갖게 된다. 각 번호에 해당하는 대분류 이름은 〈표 2-1〉에 제시되어 있다.

〈표 2-1〉 한국고용직업분류표(대분류)

번호	대분류명
0	경영 · 사무 · 금융 · 보험직
1	연구직 및 공학기술직
2	교육 · 법률 · 사회복지 · 경찰 · 소방직 및 군인
3	보건 · 의료직
4	예술 · 디자인 · 방송 · 스포츠직
5	미용 · 여행 · 숙박 · 음식 · 경비 · 청소직
6	영업 · 판매 · 운전 · 운송직
7	건설 · 채굴직
8	설치 · 정비 · 생산직
9	농림어업직

출처: 고용노동부(2017).

커리어코치에서 첫 숫자인 '0'은 '경영 · 사무 · 금융 · 보험직'을 의미한다. 두 번째 숫자인 '2'는 한국고용직업분류표에서 중분류에 해당한다. 중분류는 각 대분류에서 파생된 것으로서 전체 35개 직업군으로 구성된다. 대분류별로 작게는 1개의 중분류부터 많게는 9개의 중분류로 구분된다. '02'는 '경영 · 사무 · 금융 · 보험직'의 대분류 가운데 두 번째 중분류인 '경영 · 행정 · 사무직'을 의미한다. 세 번째 숫자는 한국고용직업분류에서 소분류에 해당한다. 소분류는 모두 136개로 구성되어 있으며, 커리어코치에서 세 번째 숫자 2는 '경영 · 인사전문가'를 의미한다. 마지막으로, 네 번째 숫자는 한국고용직업분류에서 세분류를 뜻하며, 세분류는 모두 450개로 구분되어 있다. 커리어코치의 네 번째 숫자 2는 '인사 · 노사전문가'를 의미한다. 커리어코치는 '인사 · 노사전문가' 세분류에 해당하며, 이 세분류에 커리어코치 이외에도 일부 예를 들면 노무사, 인사컨설턴트, 헤드헌터 등 다양한 직업이 포함된다.

(1) 0222 커리어코치

① 직무개요

내담자(피코치)들이 직업과 관련된 직업목표를 설정할 수 있도록 도와주고 그에 필요한 능력을 함양하도록 도움을 준다.

② 수행직무

상담을 신청한 내담자의 이력서 및 자기소개서를 접수한다. 내담자에게 적성검사나 심리검사를 실시하여 기초 자료를 작성한다. 내담자와의 면접을 통해 경력(career)설계를 돕기 위한 보고서를 작성 후 내담자에게 제공한다. 보고서에 따라 내담자의 약점을 보완하기 위한 워크숍이나 컨설팅을 실시한다. 취업과 관련된 지원서류 작성법, 면접요령, 이력서 및 자기소개서 작성 방법 등을 지도한다. 모든 지도 과정을 마친 후 내담자에게 최종적인 보고서를 제공한다. 일정 기간의 경력개발 과정이 끝난 후에도 지속적인 사후관리를 한다. 커리어 설계와 관련된 워크숍이나 컨설팅을 실시한다. 중 · 고등학교에서 근무하는 경우, 학생들의 진로설계와 관련된 강의를 진행하고 이를 위해 강의 자료를 준비한다.

③ 부가직업정보

- 정규교육: 14년 초과~16년 이하(대졸 정도)
- 유사명칭: 커리어컨설턴트, 경력관리전문가
- 숙련기간: 4년 초과~10년 이하
- 관련 직업: 직업지도전문가, 전직지원전문가
- 직무기능: 자료(조정)/사람(자문)/사물(관련 없음)
- 자격면허
- 작업강도: 가벼운 작업
- 표준산업분류: N751 고용 알선 및 인력 공급업

- 육체활동
- 표준직업분류: 2711 인사 및 노사 관련 전문가
- 작업장소: 실내
- 조사연도: 2013년

　다음으로, '부가직업'에 나오는 정보에 대해 설명하고자 한다. 먼저, '정규교육'은 해당 업무를 수행하는 데 필요한 정규교육수준을 의미한다. 국내에서 정규교육시스템은 초등학교는 6년, 중학교 및 고등학교는 각 3년, 전문학교는 2년, 대학교는 4년으로 되어 있다. 따라서 교육수준이 9년에서 12년 사이라면 고등학교를 졸업한 정도면 해당 업무를 수행할 수 있음을 의미하며, 12년에서 14년 사이라면 전문학교 졸업, 14년에서 16년 사이라면 대학교 졸업, 16년 이상이면 대학원 공부를 해야 해당 업무에 적합함을 뜻한다. '숙련기간'은 정규교육을 마친 후 해당 업무를 평균적으로 수행하기 위해 필요한 훈련기간을 말한다. 커리어코치는 대학교를 졸업하고 이후에도 4년에서 10년 정도의 훈련을 받아야 해당 업무를 어느 정도 수행할 수 있음을 의미한다.

　'직무기능'은 직무를 수행하는 과정에서 자료(data), 사람(people) 또는 사물(thing)을 어떻게 다루는지를 설명한다. 어떤 업무를 하든 업무와 관련된 자료를 모으거나 분석하는 등과 같이 자료를 다룰 필요가 있으며, 사람을 설득하거나 지시하는 등과 같이 사람을 다룰 필요가 있다. 또한 업무 수행을 위해 특정 장비나 도구를 조작하거나 다루는 경우도 있게 된다. '직무기능'은 업무 수행 과정에서 자료, 사람 또는 사물을 다루는 내용 및 방법을 일곱(자료) 또는 여덟 가지(사람 및 사물) 범주로 구분하고, 이 가운데 어떤 범주에 속하는지에 관한 정보를 제공한다. 특정 업무의 경우 자료, 사람 또는 사물과 전혀 관련이 없어서 이를 다루지 않는 경우도 있기 때문에 일곱 또는 여덟 가지 범주 이외에 추가 범주로서 '관련 없음'도 포함되어 있다.

커리어코치의 경우 '직무기능'에서 자료는 '조정'으로 제시되어 있는데, 이는 자료를 분석하여 해야 할 활동이나 작업순서를 정하는 것을 의미한다. 커리어코치는 다양한 커리어 관련 검사(예, 흥미검사, 적성검사)결과에서 제시되는 피코치에 관한 흥미 또는 적성을 토대로 향후 커리어코칭을 어떻게 해 나가는 것이 좋을지를 결정하기 때문에 자료를 '조정'할 필요가 있다는 것을 뜻하는 것으로 해석할 수 있다. 다음으로, '사람'의 경우는 '자문'으로 되어 있다. '자문'은 사람이 경험하고 있는 다양한 어려움에 관해 상담하고 조언하며, 해결책을 제시하는 것을 의미한다. 커리어코치는 자신의 커리어를 결정하지 못해 어려움을 겪는 피코치를 대상으로 코칭을 통해 커리어를 결정하도록 돕는 역할을 하기 때문에 '자문' 범주로 구분된 것으로 해석 가능하다. 마지막으로, '사물'의 경우 '관련 없음'으로 되어 있는데, 이는 커리어코치는 업무 수행과정에서 특정 장비나 도구를 사용하지 않는 다는 것을 의미한다.

'작업강도'는 해당 직무를 수행하는 데 필요한 신체적 힘의 강도를 의미하며 5단계(아주 가벼운 작업–아주 힘든 작업)으로 구분되어 있다. 작업강도는 신체적인 강도만 다루며, 심리적 업무 강도는 고려하지 않는다. 커리어코치의 작업강도는 '가벼운 작업'으로 분류되었는데, 코칭 과정에서는 대부분 앉아서 진행하지만 워크숍을 진행할 경우 서서 진행하고 특별히 무거운 물건을 들어올리는 경우가 없기 때문에 이와 같이 분류된 것으로 볼 수 있다.

'표준산업분류'는 해당 생산단위(산업체 단위 또는 기업체 단위)가 주로 수행하는 산업활동을 그 유사성에 따라 유형화한 것을 의미한다. 이 분류는 통계청에서 통계작성을 위해 만든 것이며, 국내에서뿐 아니라 국제 간에도 동일한 기준에 따라 통계비교가 가능하도록 유엔(UN)에서 정한 『국제표준산업분류』를 토대로 작성된 것이다. 분류는 주로 노력을 통해 생산된 산출물(생산된 재화나 제공된 서비스; 예, 농산물, 자동차 등)이나 투입물(원재료, 생산기술 등)의 특성을 기준으로 구분된다. 특정 직업이 어떤 산업활동에 속하는지를 토대로 A(농업, 임업 및 어업)부터 U(국제 및 외국기관)까지 모두 21개의 대분류로 구성되어 있다(〈표 2-2〉 참조). 고용직업분류에서 구분하는 10개의 대분류보다 두 배가 된다. 커리어코치는 표준산업분류에 따르면 N751에 해당하는 '고용알선 및 인력 공급업'에 속하게 된다.

〈표 2-2〉 한국표준산업분류(대분류)

번호	대분류명
A	농업, 임업 및 어업
B	광업
C	제조업
D	전기, 가스, 증기 및 공기조절 공급업
E	수도, 하수 및 폐기물처리, 원료 재생업
F	건설업
G	도매 및 소매업
H	운수 및 창고업
I	숙박 및 음식점업
J	정보통신업
K	금융 및 보험업
L	부동산업
M	천문, 과학 및 기술서비스업
N	사업시설관리, 사업지원 및 임대서비스업
O	공공행정, 국방 및 사회보장 행정
P	교육서비스업
Q	보건업 및 사회복지서비스업
R	예술, 스포츠 및 여가 관련 서비스업
S	협회 및 단체, 수리 및 기타 개인 서비스업
T	가구 내 고용활동 및 달리 분류되지 않은 자가 소비 생산활동
U	국제 및 외국기관

출처: 통계청(2017a).

이 코드를 좀 더 자세히 살펴보면, 먼저 N은 '사업시설관리, 사업지원 및 임대서비스업'에 해당된다. 75는 '사업지원서비스업'에 해당되며, 이 가운데 1번인 751은 '고용알선 및 인력 공급업'에 해당한다.

표준산업분류는 해당 직업과 관련된 산업활동의 유사성에 따라 구분한 것으로서 산업의 발달과 관련이 깊다. 산업은 1차 산업인 농업, 임업 및 어업 등으로부터 시작되어 2차 산업인 광업, 제조업 및 건설업 등을 거쳐 3차 산업인 금융, 보험, 유통, 도소매업, 교육, 의료, 사회서비스를 포함하는 서비스업으로 발전해 왔다. 3차 산업인 서비스업의 다양성이 증대됨에 따라 최근 들어 3차 산업을 세분하여 4차, 5차 등으로 구분하려는 움직임이 있기도 하다. 표준산업분류도 이러한 산업활동의 발전에 따라 농업, 임업 및 어업(A)을 시작으로 광업(B), 제조업(C) 그리고 다양한 유형의 서비스 산업으로 구분되어 있다.

한국고용직업분류가 직업의 직무활동내용을 토대로 범주화되었다면, 표준산업분류는 직업이 어떤 산업활동에 속하는지를 기준으로 구분되었으며, 한국고용직업분류의 10개 대분류보다 더 많은 21개로 세분되어 있다. 만일 두 직업이 속한 산업이 달라도 각 직업의 직무활동이 유사하다면 고용직업분류에서는 하나의 범주로 구분하지만, 표준산업분류에서는 두 범주로 나누어 구분하게 된다. 예를 들어, 고용직업분류표에서 연구직 및 공학기술직 가운데 연구직에는 인문사회과학 연구직과 자연 및 생명과학 연구직이 모두 포함된다. 이들이 일하는 산업 분야는 차이가 있어도 연구를 하는 직무활동은 유사하기 때문이다. 하지만 표준산업분류에서는 과학분야 연구직이면 M '천문, 과학 및 기술서비스업'에 포함되고, 행정분야 연구직이면 O '공공행정, 국방 및 사회보장 행정'에 속하게 된다.

다음으로, '표준직업분류'는 통계청에서 통계조사를 위해 수입 목적으로 개인이 수행하고 있는 일을 일의 형태에 따라 체계적으로 분류한 것을 뜻한다. 이러한 분류는 직업정보에 관한 국내 통계를 국제적으로 비교할 수 있도록 국제노동기구(International Labor Organization: ILO)의 『국제표준직업분류(International Standard Classification of Occupations: ISCO)』를 기초로 작성된 것이다. 먼저 〈표 2-3〉에서 보는 바와 같이 한국표준직업분류는 10개의 대분류로 구분되어 있다.

〈표 2-3〉 한국표준직업분류(대분류)

번호	대분류명
1	관리자
2	전문가 및 관련 종사자
3	사무종사자
4	서비스종사자
5	판매종사자
6	농림 · 어업숙련종사자
7	기능원 및 관련기능종사자
8	장치 · 기계 조작 및 조립종사자
9	단순노무종사자
A	군인

출처: 통계청(2017b).

한국표준직업분류는 대분류의 수에서는 한국고용직업분류의 대분류 10개와 일치한다. 하지만 표준직업분류는 일의 형태에 따라 직업을 분류하였기 때문에 대분류의 내용을 살펴보면 직무활동내용을 토대로 분류한 고용직업분류와는 차이가 있다. 예를 들어, 〈표 2-3〉에서 제시된 관리자의 경우 다양한 분야에서 관리자가 있으며, 어떠한 분야에 종사하는 관리자인지에 따라 구체적으로 수행하는 활동은 다를 수 있다. 하지만 일의 형태에서 보면 구성원들을 관리하는 업무이기 때문에 표준직업분류에서는 모든 분야의 관리자를 하나의 대분류로 구분하고 있다. 이와는 다르게, 고용직업분류에서는 관리자라는 대분류가 없고, 예를 들면 금융, 교육, 여행, 영업 등의 대분류로 구분하고 각 분야에서 관리자는 해당 대분류에 속하게 된다.

　서비스종사자의 경우도 다양한 직업 분야에서의 서비스가 가능하고 각 분야에서 하는 구체적인 직무활동은 차이가 있기 때문에 고용직업분류에서는 서비스 분야를 구분하여 금융, 여행, 의료, 교육, 영업 등과 같은 대분류를 제시한다. 하지만 표준직업분류에서는 구체적인 활동 자체는 차이가 있지만 일 자체는 서비스이기 때문에 이를 모아서 하나의 대분류로 구분하고 있다.

　고용직업분류에서 10개의 대분류는 52개의 중분류, 156개의 소분류, 450개의 세분류, 1,231개의 세세분류로 구분된다. 이러한 구분은 일을 하는 데 필요한 능력을 의미하는 직능의 수준(skill level)에 따라 이루어진다. 직능수준은 4가지의 수준으로 구분되는데, 예를 들어 앞서 살펴본 대분류에서 관리자는 가장 높은 제4 직능수준을 필요로 하며, 9번 단순노무종사자는 가장 낮은 제1 직능수준을 요구한다.

　커리어코치는 표준직업분류에 따르면 대분류로는 2번의 '전문가 및 관련 종사자'에 속하고, 중분류로는 7번인 '경영금융전문가 및 관련직'에 포함되고, 소분류로는 1번인 '인사 및 경영전문가'에 속하며, 마지막으로 세분류로는 1번인 '인사 및 노사 관련 전문가'에 해당되며, 분류번호는 2711로 표시된다.

　표준직업분류 다음에 제시된 정보는 작업장소에 관한 내용이다. 작업장소는 해당 직무가 주로 수행되는 장소에 따라 전체의 75% 이상이 실내면 '실내'로, 전체의 75% 이상이 실외면 '실외'로, 그리고 실내 및 실외 비율이 비슷하면 '실내 · 외'로 구분된다. 커리어코치의 경우 업무의 대부분이 실내에서 이루어지기 때문에 작업장소는 '실내'로 구분된다. 커리어코치에 관해 제시된 마지막 정보는 '조사연도'이며, 이는 해당 직업에 관한 조사가 이루어진 연도를 보여 준다.

　앞에서 기술한 커리어코치에 관한 직업정보는 『한국직업사전(제5판)』(2019)에 나오는 내용으로서 한국고용정보원에서 운영하는 워크넷(https://www.work.go.kr)의 자료실에서 다운받은 내용을 토대로 작성되었다. 자료실의 내용을 살펴보기 위해서는 먼저 워크넷 홈페이지 화면에서 상단의 메뉴바 가운데 '직업 · 진로'를 선택한 후 '자료실'에서 '직업진로정보서'를 클릭하고 들어간 후 '키워드'에 '한국직업사전'을 치고 검색을 누르면 관련 자료가 나오는데, 『한국직업사전(제5판)』은 처음에 나온다.

『한국직업사전 통합본』은 보통 7, 8년마다 한 번 발간되는데, 한국고용정보원에서는 모든 직업을 한번에 다 조사하지 않고 매년 산업별로 구분하여 직업조사를 하며 이 정보를 워크넷에 업데이트하여 올리고 있다. 따라서 앞에서 기술한 커리어코치는 2019년 통합본이 발간된 이후 매년 실시하는 산업별 조사에서 특정 연도에 조사되었을 가능성이 있다. 따라서 커리어코치에 관한 최신 정보를 얻고자 한다면 다음과 같은 방법을 활용하면 된다.

먼저 워크넷 홈페이지에 들어가서, [그림 2-1]에서 보이는 것처럼, 상단 메뉴바에서 '직업 · 진로'를 선택하고 '직업정보'에 있는 '한국직업사전'을 선택한다. 바뀐 화면에서 '직업명 검색' 선택 후 키워드에 '커리어코치'를 입력하고 검색을 클릭한다. [그림 2-2]에서 보듯이, 클릭하면 하단에 "'커리어코치'에 대한 검색결과는 총 3건입니다."는 내용이 나타나고 바로 아래 '커리어코치' '라이프코치' '비즈니스코치'가 나온다. '커리어코치'를 클릭하면, [그림 2-3]에서 보듯이, 앞에서 기술한 직무개요, 수행직무 그리고 부가직업정보가 제시된다. 직무개요와 수행직무를 살펴보면 내용이 다소 변경된 것을 알 수 있다. 예를 들어, 직무개요에서는 "초 · 중등학생, 대학생, 직장인, 은퇴자, 청소년, 청장년, 신중년 등을 대상으로 직업의 가치와 의미를 찾아가는 것을 목적으로 진로설계, 경력개발, 역량개발 등의 이슈에 초점을 두고 코칭기법(관찰, 질문, 경청, 인정과 지지, 피드백, 메시징 등)을 활용하여 코칭한다."와 같은 내용이 제시된다. 코칭 대상자들을 좀 더 다양하게 구분하고 코칭기법을 추가한 것을 알 수 있다.

[그림 2-1] 직업사전을 통한 직업정보 탐색

출처: 워크넷(https://www.work.go.kr).

[그림 2-2] 직업정보 검색결과

출처: 워크넷(https://www.work.go.kr).

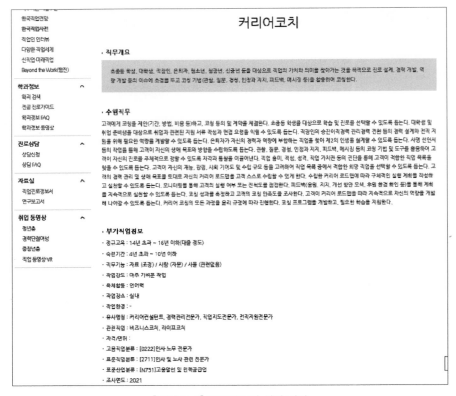

[그림 2-3] 커리어코치 설명 결과

출처: 워크넷(https://www.work.go.kr).

　부가직업정보에서 제시된 내용은 대부분 동일하다. 차이가 있는 부분은 유사명칭에서 커리어컨설턴트, 경력관리전문가, 직업지도전문가, 전직지원전문가가 제시된 내용이다. 직업지도전문가와 전직지원전문가는 『한국직업사전(제5판)』에서는 관련 직업으로 제시되어 있다. 온라인상에서 관련 직업으로 새롭게 등재된 직업은 라이프코치와 비즈니스코치이다. 또한 조사연도에서 큰 차이가 나타난다. 『한국직업사전(제5판)』에서 조사연도는 2013년이었는데, 온라인상에서 조사연도는 2021년으로 나타나고 있다. 8년 동안에 커리어코치에 관한 직무내용, 수행직무, 유사명칭 및 관련 직업에서 차이가 있었음을 알 수 있다.

『한국직업사전(제5판)』을 다운받아 직업을 찾기보다는 온라인상에서 직업에 관한 내용을 찾는 것이 수월하기 때문에 워크넷에 들어가 '한국직업사전'을 선택한 후 직업명을 입력해서 직업정보를 찾아보는 방법을 추천한다.

2) 한국직업정보를 활용한 직업정보 찾기

직업에 관한 정보를 찾는 또 다른 방법은 워크넷에 들어간 후 '한국직업사전'이 아닌 다른 메뉴바를 활용하는 것이다. 먼저 워크넷 홈페이지에서 상단 메뉴바에 있는 '직업ㆍ진로'를 선택하고 '직업정보'에 있는 '한국직업정보'를 선택한다. 바뀐 화면의 '키워드 검색'에 자신이 찾고자 하는 직업명을 입력하고 '검색'을 클릭한다([그림 2-4] 참조). 클릭하면 하단에 다양한 검색결과가 나타난다. 이 가운데 맨 위에 있는 '직업정보 찾기'에 나와 있는 직업명을 선택하면 된다. 예를 들어, '키워드 검색'에서 직업명을 '대학교수'로 입력하면 '직업정보 찾기'에 '대학교수' '대학시간강사' 그리고 '대학교 총장 및 대학학장' 등 세 개의 직업이 나타난다. 이 가운데 자신이 찾고자 하는 가장 동일한 직업을 선택하면 된다([그림 2-5] 참조). 하지만 '키워드 검색'에서 커리어코치를 입력하고 검색을 누르면 '직업정보 찾기'가 나타나지 않고, '한국직업전망 2건', '한국직업사전 3건' 그리고 '이색직업찾기 1건' 등의 정보가 나타나고, 각각의 정보에서 커리어코치 직업명이 제시되거나 유사직업이 제시된다.

이러한 결과가 나타나는 이유는 한국고용정보원에서는 직업에 관한 정보를 제시하기 위해 다양한 방법으로 직업에 관한 정보를 수집하고 분석하기 때문이다.

[그림 2-4] 한국직업정보를 활용한 직업정보 탐색

출처: 워크넷(https://www.work.go.kr).

[그림 2-5] 한국직업정보를 통한 대학교수 검색결과

출처: 워크넷(https://www.work.go.kr).

『한국직업사전』에서는 국내에서 가능한 수많은 직업에 대해 앞에서 설명했던 정보를 제시한다. 이와는 별도로 한국고용정보원에서는 국내의 대표적인 약 540여 개의 직업에 대해 좀 더 상세한 정보를 제공하며, 이러한 정보는 '직업정보 찾기'에 제시되어 있다. 예를 들어, 대학교수는 540여 개의 대표적인 직업에 포함되기 때문에 화면에 '직업정보 찾기'가 보이고 여기에 해당 직업이 나타나지만, 커리어코치는 대표적 직업이 아니기 때문에 '직업정보 찾기'가 화면에 보이지 않게 된다.

'직업정보 찾기'에서 제시되는 정보는 다양하고 상세하다. 모두 7개의 영역으로 구분하여 직업정보를 제공한다. 대학교수의 예를 들어 설명하면, [그림 2-6]에서 보듯이, '요약하기'에서는 7가지 영역에 대한 요약 정보를 제공한다. 각 영역에서 제공하는 정보를 상세히 살펴보면, 먼저 '하는 일'에서는 직업사전에서도 제시되었던 직무개요, 수행직무 그리고 관련 직업에 관한 정보가 제시된다([그림 2-7] 참조). '교육/자격/훈련'에서는 대학교수가 되기 위해 요구되는 '필요 기술 및 지식', 대학교수의 '학력 분포', 대학교수의 '전공학과 분포', 대학교수와 연관이 있는 '관련학과', 그리고 대학교수가 되는 데 필요한 자격과 훈련내용 정보를 제공하는 '관련자격 & 훈련정보' 등에 관한 내용이 제시된다. [그림 2-8]은 이 가운데 일부인 필요 기술 및 지식과 학력 분포 정보를 보여 준다.

'임금/만족도/전망'에서는, [그림 2-9]에서 보듯이, 대학교수들의 평균 임금, 대학교수들의 자신의 직업에 대한 만족도, 전문가가 분석한 대학교수에 대한 일자리 전망, 재직자인 대학교수들이 생각하는 대학교수의 일자리 전망, 현재 대학교수를 채용하는 정보를 제공하는 '일자리 현황'에 관한 정보가 제공된다.

'능력/지식/환경' 영역은 '업무수행능력' '지식' 그리고 '업무환경'으로 구분되어 정보를 제공한다. '업무수행능력'에서는 먼저 직업 내에서 비교한 '업무수행능력 중요도' 점수를 제시한다. 모든 직업에서 업무를 수행하는 데 필요한 44개 공통능력(예, 읽고 이해하기, 추리력, 수리력, 정교한 동작 등)을 제시하고, 대학교수 업무를 하는 데 각 능력이 얼마나 중요한지를 5점 만점 기준으로 소수 첫째자리까지의 점수를 제공한다. 예를 들어, 대학교수의 경우 '읽고 이해하기'는 4.9점이며 44개 능력 가운데 가장 높은 점수이다. 즉, 대학교수

업무를 수행하는 데 가장 중요한 능력으로 볼 수 있다([그림 2-10] 참조).

[그림 2-6] 대학교수에 대한 직업정보 찾기 결과

출처: 워크넷(https://www.work.go.kr).

[그림 2-7] 대학교수의 하는 일

출처: 워크넷(https://www.work.go.kr).

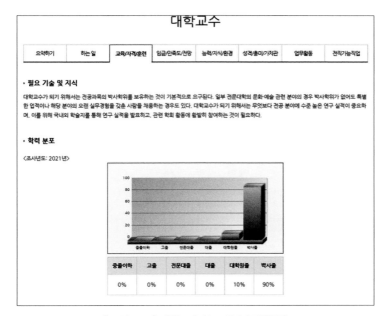

[그림 2-8] 대학교수의 교육/자격/훈련

출처: 워크넷(https://www.work.go.kr).

요약하기	하는일	교육/자격/훈련	임금/만족도/전망	능력/지식/환경	성격/흥미/가치관	업무활동	전직가능직업

· 임금

> 대학교수 하위(25%) 6,971만원, 중위값 7,785만원, 상위(25%) 8,449만원

※ 위 임금정보는 직업당 평균 30명의 재직자를 대상으로 실시한 설문조사 결과로, 재직자의 자기보고에 근거한 통계치입니다. 재직자의 경력, 근무업체의 규모 등에 따라 실제 임금과 차이가 있을 수 있으니, 직업간 비교를 위한 참고자료로 활용하여 주시기 바랍니다. 〈조사년도: 2021년〉

· 직업만족도

> 대학교수에 대한 직업 만족도는 77.4% (백점 기준)입니다.

※ 직업만족도는 해당 직업의 일자리 증가 가능성, 발전가능성 및 고용안정에 대해 재직자가 느끼는 생각을 종합하여 100점 만점으로 환산한 값입니다.
〈조사년도: 2021년〉

· 전문가가 분석한 일자리전망

향후 5년간 대학교수의 고용은 현 상태를 유지하면서 소폭 감소할 것으로 전망된다. 그동안 진행되어온 대학의 양적 팽창으로 인해 일부 지방 사립대와 전문대에서 학생충원에 어려움을 호소하고 있어 대학교수의 일자리 증가는 한계 상황에 처한 것으로 판단된다. 또한 출산율 감소로 인하여 대학입학 자원 수가 줄어들고 있다. 특히, 2019/20학년도부터 고교졸업생 수는 급격히 감소할 전망이다. 교육부는 대학 진학 희망 학생 인구가 2020년에는 47만 명, 2021년 43만 명, 2022년 41만 명으로 가파르게 떨어져 2023년에는 40만 명까지 줄어들 것으로 전망했다. 인구절벽에 따른 입학절벽 현상이 발생할 것으로 보이고, 이는 대학 수의 감소로 이어질 것이며, 결과적으로 대학교수의 고용에 부정적인 요소로 작용할 것이다. 이와 더불어 최근 대학 취업률이 저하되면서 대학교육의 효용성에 의문을 제기하는 사람이 늘어지고 있어 대학을 진학하는 비율도 감소하고 있다. 대학진학률은 2010년 79.0%에서 지속적으로 감소하여 2017년에는 68.9%로 줄어들었다. 학령인구 감소로 입학정원을 채우지 못한 대학간의 통폐합이 이루어질 것이며, 이 역시 대학교수의 고용에 부정적인 영향을 줄 것으로 전망된다. 또한 최근 국가 차원에서 부실대학을 정리하기 위한 대학 역량 평가가 실시되면서 입학정원이 지속적으로 감축되고 있다. 이러한 대학을 둘러싼 환경 변화는 향후 대학교수의 일자리 창출에 부정적인 영향을 미칠 것으로 예상된다. 다만, 4차 산업혁명과 함께 평생직업교육이 강조되면서 대학이 평생직업교육을 담당하는 역할을 하면서 신규 학과가 생겨나 대학교수의 수가 증가할 가능성은 있다. 이에 따라 빅데이터 분야, 3D 프린팅, 사물인터넷 등 4차 산업혁명은 대학교수의 고용에 긍정적인 영향을 미칠 것으로 전망된다.

· 재직자가 생각하는 일자리전망

〈조사년도: 2021년〉

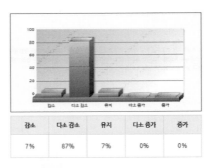

감소	다소 감소	유지	다소 증가	증가
7%	87%	7%	0%	0%

※ 위의 그래프는 직업당 평균 30명의 재직자가 해당 직업의 향후 5년간 일자리 변화에 대해 응답한 결과입니다. 직업전문가와 재직자들의 입장과 견해에 따라 일자리 전망에 차이가 있을 수 있으므로, 참고자료로 활용하시기 바랍니다.

· 일자리현황

> 대학교수

[그림 2-9] 대학교수의 임금/만족도/전망

출처: 워크넷(https://www.work.go.kr).

[그림 2-10] 대학교수의 업무수행능력 직업 내 비교 정보

출처: 워크넷(https://www.work.go.kr).

다음은 '직업 간 비교'로서 44개 각 능력을 540여 개의 직업과 비교하여 특정 능력이 해당 직업에서 중요한 정도를 백분위로 표시한다([그림 2-11] 참조). 예를 들어, 대학교수 업무에서 '읽고 이해하기' 능력의 백분위는 99이다. 이는 직업 내 비교에서 '읽고 이해하기'의 중요도 점수는 4.9였는데, 이 점수를 540여 개 직업들의 '읽고 이해하기' 능력의 중요도 점수들과 비교하면 상위 1%에 해당하는 높은 점수라는 의미이다. 백분위 점수가 100으로 나오지 않은 이유는 아마도 다른 일부 직업에서 '읽고 이해하기' 능력의 중요도 점수가 5.0으로 나왔기 때문인 것으로 추론할 수 있다.

[그림 2-11] 대학교수 업무수행능력 직업 간 비교 정보

출처: 워크넷(https://www.work.go.kr).

이어서 '업무수행능력 수준' 점수가 '직업 내 비교'와 '직업 간 비교'로 구분
되어 제시된다([그림 2-12] 참조). '업무수행능력 수준'은 해당 업무를 수행하
는 데 있어서 특정 능력의 수준이 어느 정도 되는지를 판단한 점수로서 7점
만점을 기준으로 제시된다. 대학교수의 경우, '직업 내 비교'에서 '읽고 이해
하기'의 수준은 6.5이다. 즉, 대학교수를 하기 위해서는 높은 수준의 '읽고 이
해하기' 능력이 필요함을 의미한다. '직업 간 비교'는 앞에서 기술한 '업무수
행능력 중요도'에서 설명한 내용과 동일하다.

› 업무수행능력 수준

직업 내 비교
500여개 직업 종사자들의 자신의 직업에 대해 평가한 업무수행능력 관련 항목별 중요도를 직업 내에 비교하여 본 직업에서 중요성(평가점수)이 높게 나타난 항목을 순서대로 제시함.

중요도 평균 (7점 만점)	항목	설명
6.5	읽고 이해하기	업무와 관련된 문서를 읽고 이해한다
6.2	듣고 이해하기	다른 사람들이 말하는 것을 집중해서 듣고 상대방이 말하려는 요점을 이해하거나 적절한 질문을 한다
6.1	가르치기	다른 사람들에게 일하는 방법에 대해 가르친다
6.0	말하기	자기가 알고 있는 것을 다른 사람에게 조리있게 말한다
5.9	글쓰기	글을 통해서 다른 사람과 효과적으로 의사소통한다

전체보기 ∨

직업 간 비교
500여개 직업 종사자들의 자신의 직업에 대해 평가한 업무수행능력 관련 항목별 중요도를 직업 간에 비교하여 본 직업에서 상대적 중요성(백분위)이 높게 나타난 항목을 순서대로 제시함.

백분위	항목	설명
100	가르치기	다른 사람들에게 일하는 방법에 대해 가르친다
100	시간 관리	자신의 시간과 다른 사람의 시간을 관리한다

[그림 2-12] 대학교수의 업무수행능력 수준

출처: 워크넷(https://www.work.go.kr).

'지식'은 '업무수행능력'에서와 동일하게 업무를 수행하는 데 필요한 특정 지식이 얼마나 중요한지에 관한 정보를 제공하는 '지식 중요도'와 요구되는 특정 지식의 수준은 어느 정도인지를 알려 주는 '지식 수준'으로 구분되어 있다. 각 영역에서도 '직업 내 비교'와 '직업 간 비교'로 구분하여 정보를 제공한다. 지식의 종류는 33개이며, 예를 들면 심리, 예술, 역사, 통신, 의료, 법 등이 있다. 대학교수의 경우, '지식 중요도'에서 점수가 가장 높은 문항은 '직업 내 비교'의 경우 '교육 및 훈련'으로서 4.1이며, '직업 간 비교'에서도 '교육 및 훈련'이 가장 높은 99점으로 나타났다([그림 2-13] 참조). '지식 수준'에서도 '교육 및 훈련'이 '직업 내 비교'와 '직업 간 비교' 모두에서 가장 중요한 것으로 나타났다([그림 2-14] 참조).

• **지식 중요도**

직업 내 비교
500여개 직업 종사자들의 자신의 직업에 대해 평가한 지식 관련 항목별 수준을 직업 내에 비교하여 본 직업에서 중요성(평가점수)이 높게 나타난 항목을 순서대로 제시함

중요도 평균 (5점 만점)	항목	설명
4.1	교육 및 훈련	사람을 가르치고 훈련시키는데 필요한 방법 및 이론에 관한 지식
3.8	영어	영어를 읽고, 쓰고, 듣고 말하는데 필요한 지식
3.4	국어	맞춤법, 작문법, 문법에 관한 지식
3.0	심리	사람들의 행동, 성격, 흥미, 동기 등에 관한 지식
2.9	상담	개인의 신상 및 경력 혹은 정신적 어려움에 관한 상담을 하는 절차나 방법 혹은 원리에 관한 지식

전체보기 ∨

직업 간 비교
500여개 직업 종사자들의 자신의 직업에 대해 평가한 지식 관련 항목별 수준을 직업 간에 비교하여 본 직업에서 상대적 중요성(백분위)이 높게 나타난 항목을 순서대로 제시함

백분위	항목	설명
99	교육 및 훈련	사람을 가르치고 훈련시키는데 필요한 방법 및 이론에 관한 지식

[그림 2-13] 대학교수의 지식 중요도

출처: 워크넷(https://www.work.go.kr).

・ **지식 수준**

직업 내 비교
500여개 직업 종사자들의 자신의 직업에 대해 평가한 지식 관련 항목별 수준을 직업 내에 비교하여 본 직업에서 중요성(평가점수)이 높게 나타난 항목을 순서대로 제시함

중요도 평균 (7점 만점)	항목	설명
5.2	교육 및 훈련	사람을 가르치고 훈련시키는데 필요한 방법 및 이론에 관한 지식
5.1	영어	영어를 읽고, 쓰고, 듣고 말하는데 필요한 지식
4.3	국어	맞춤법, 작문법, 문법에 관한 지식
3.9	심리	사람들의 행동, 성격, 흥미, 동기 등에 관한 지식
3.6	상담	개인의 신상 및 경력 혹은 정신적 어려움에 관한 상담을 하는 절차나 방법 혹은 원리에 관한 지식

전체보기 ∨

직업 간 비교
500여개 직업 종사자들의 자신의 직업에 대해 평가한 지식 관련 항목별 수준을 직업 간에 비교하여 본 직업에서 상대적 중요성(백분위)이 높게 나타난 항목을 순서대로 제시함

백분위	항목	설명
99	교육 및 훈련	사람을 가르치고 훈련시키는데 필요한 방법 및 이론에 관한 지식
97	영어	영어를 읽고, 쓰고, 듣고 말하는데 필요한 지식

[그림 2-14] 대학교수의 지식 수준 정보

출처: 워크넷(https://www.work.go.kr).

  '업무환경'은 업무를 수행하는 과정에서 특정 환경이 얼마나 중요한지에 관한 정보를 제공하는 '업무환경 중요도' 점수만 '직업 내 비교'와 '직업 간 비교'로 구분하여 제시한다. 업무환경에 관한 문항은 모두 49개로 구성되어 있으며, 몇 가지 예를 들면 실내 근무, 자동화정도, 또는 매우 춥거나 더운 기온과 같은 물리적 환경에 관한 문항뿐 아니라 의사결정권한, 치열한 경쟁 그리고 갈등상황과 같은 심리적 환경에 관한 문항도 포함되어 있다. [그림 2-15]에 보이듯이, 대학교수의 경우 '직업 내 비교'에서 가장 점수가 높은 업무환경

은 '실내 근무'로서 4.9점이며, '직업 간 비교'에서 백분위가 가장 높은 문항은 '연설, 발표, 회의하기'로서 99점이다.

다음으로 제시되는 정보는 '성격/흥미/가치관'이다. 즉, 해당 직업에서 업무를 수행하는 데 있어서 특정 성격, 흥미 그리고 가치관이 얼마나 중요한지에 관한 정보를 제공한다. 먼저, '성격'에 있어서는 16개 성격 특성(예, 책임과 진취성, 자기통제, 인내, 혁신, 사회성 등)이 제시되며, 각 특성의 중요성을 앞에서 기술한 '능력/지식/환경'에서와 동일하게 '직업 내 비교'와 '직업 간 비교'로 구분하여 제공한다. 대학교수의 경우, '직업 내 비교'에서 중요도가 가장 높은 성격특성은 '성취/노력'으로서 5점 만점에 4.4점이었다. '직업 간 비교'에서는 '독립성'과 '자기통제'의 백분위가 93으로 중요도가 가장 높았다([그림 2-16] 참조). 여기서는 지면 관계상 성격 정보에 관한 그림만 제시하고자 한다.

'흥미'에서는 Holland의 여섯 가지 흥미유형을 토대로 해당 업무를 수행하는 데 있어서 각 유형의 중요성에 관한 정보가 제시된다. 이러한 정보는 '성격'에서와 동일하게 '직업 내 비교'와 '직업 간 비교'로 구분하여 제공된다. 대학교수의 경우, '직업 내 비교'에서는 탐구형이 4.0으로 가장 높았고, 관습형이 2.9로서 가장 낮았다. '직업 간 비교'에서도 탐구형이 97로 가장 높았으며, 관습형이 43으로 가장 낮았다.

'가치관'에서는 해당 직업을 수행하는 데 있어서 특정 가치가 얼마나 중요한지를 '직업 내 비교'와 '직업 간 비교'로 구분하여 제공한다. 모두 13개 가치에 대한 중요도 점수가 제공되는데, 가치의 예를 들면 성취, 이타, 고용안정, 경제적 보상, 심신의 안녕 등이 있다. 대학교수 직업에 있어서는 '직업 내 비교'에서는 '성취'가 4.6으로 가장 높게 나타났다. 또한 '직업 간 비교'에서는 여러 사람과 같이 일하기보다는 혼자 일하는 것을 중시하는 '개인지향'이 100으로 가장 높았다.

· 업무환경 중요도

직업 내 비교
500여개 직업 종사자들의 자신의 직업에 대해 평가한 업무환경 관련 항목별 중요도를 직업 내에 비교하여 본 직업에서 중요성(평가점수)이 높게
나타난 항목을 순서대로 제시함

중요도 평균 (5점 만점)	항목	설명
4.9	실내 근무	실내에서 근무하는 빈도
4.7	사람들과 직접 접촉	다른 사람과 전화, 대면, 전자메일 등으로 접촉하는 빈도
4.6	이메일 이용하기	업무 수행하면서 이메일 사용하는 정도
4.1	전화 대화하기	업무 수행하면서 전화로 대화하는 정도
4.1	연설, 발표, 회의하기	사람들 앞에서 공식적으로 연설(발표, 회의 등의 상황)

전체보기 ⌄

직업 간 비교
500여개 직업 종사자들의 자신의 직업에 대해 평가한 업무환경 관련 항목별 중요도를 직업 간에 비교하여 본 직업에서 상대적 중요성(백분위)이
높게 나타난 항목을 순서대로 제시함

백분위	항목	설명
99	연설, 발표, 회의하기	사람들 앞에서 공식적으로 연설(발표, 회의 등의 상황)
90	의사결정 가능성	관리자나 감독자(상사)의 개입 없이 의사결정 할 수 있는 재량 정도

[그림 2-15] 대학교수의 업무환경 중요도

출처: 워크넷(https://www.work.go.kr).

• 성격 중요도

직업 내 비교
500여개 직업 종사자들의 자신의 직업에 대해 평가한 성격 관련 항목별 중요도를 직업 내에 비교하여 본 직업에서 중요성(평가점수)이 높게 나타난
항목을 순서대로 제시함

중요도 평균 (5점 만점)	항목	설명
4.4	성취/노력	도전적인 목표를 설정한 후에 이를 달성하기 위해 노력한다
4.2	책임과 진취성	책임을 기꺼이 받아들이고 도전하려 한다
4.2	자기통제	매우 어려운 상황에서도 공격적 행동을 보이지 않고 분노를 통제하며 심리적 평정을 유지한다
4.2	정직성	솔직하고 도덕적이다
4.1	신뢰성	믿을 수 있고, 자신이 맡은 책무를 완수한다

전체보기 ∨

직업 간 비교
500여개 직업 종사자들의 자신의 직업에 대해 평가한 성격 관련 항목별 중요도를 직업 간에 비교하여 본 직업에서 상대적 중요성(백분위)이 높게
나타난 항목을 순서대로 제시함

백분위	항목	설명
93	독립성	자신의 방식대로 일을 하는 방법을 개발하며 관리 감독이 없이도 스스로 일하는 방향을 설정하고 타인에게 의지하지 않는다
93	자기통제	매우 어려운 상황에서도 공격적 행동을 보이지 않고 분노를 통제하며 심리적 평정을 유지한다

[그림 2-16] 대학교수의 성격 중요도

출처: 워크넷(https://www.work.go.kr).

　다음에 제공되는 정보는 '업무활동' 영역이다. 이 영역은 각 직업에서 해야 하는 다양한 업무활동을 열거하고, 각 업무활동이 특정 직업에서 얼마나 중요한지에 관한 정보를 제공하는 '업무활동 중요도'와 각 업무활동이 요구되는 수준에 관한 정보를 제공하는 '업무활동 수준'으로 구분되어 있다. 또한 '업무활동 중요도'와 '업무활동 수준' 모두 '직업 내 비교'와 '직업 간 비교'에 관한 정보를 제공한다. 전체 업무활동의 수는 41개이며, 업무활동의 예로는 정보 수집, 컴퓨터 업무, 사람들에게 조언/상담, 조직외부인과의 소통, 자원

관리, 기계장비 유지보수 등이 있다. 대학교수의 예를 살펴보면, [그림 2-17]에서 보듯이, '업무활동 중요도' 가운데 '직업 내 비교'에서 가장 점수가 높게 나온 업무활동은 '정보 수집'과 '사람들을 훈련, 교육'으로서 3.9였으며, 가장 낮은 활동은 '기계장치 제어'로서 1.3이었다. '직업 간 비교'에서 점수가 가장 높은 활동은 '사람들을 훈련, 교육'과 '사람들의 능력개발, 지도'였으며, 모두 백분위 99였다. 그림으로 제시하진 않았지만 '업무활동 수준'에서도 유사한 결과가 나타났다.

· 업무활동 중요도

직업 내 비교
500여개 직업 종사자들의 자신의 직업에 대해 평가한 업무활동 관련 항목별 중요도를 직업 내에 비교하여 본 직업에서 중요성(평가점수)이 높게 나타난 항목을 순서대로 제시함

중요도 평균 (5점 만점)	항목	설명
3.9	정보 수집	모든 관련 자료에서 정보를 수집, 관찰하기 중요도
3.9	사람들을 훈련, 교육	교육 요구 사항을 파악하고, 공식적인 교육 또는 훈련 프로그램을 만들며, 교육이나 강의를 제공하기 활동 중요도
3.8	정보, 자료 분석	정보 또는 자료를 분석하여 근본 원리, 이유, 사실을 알아내기 활동 중요도
3.8	사람들의 능력 개발, 지도	사람들의 능력을 개발하고, 조언하거나, 지식과 기술을 개선하는데 도움을 주기 활동 중요도
3.7	컴퓨터 업무	프로그램 제작, 소프트웨어 저작, 기능 설정, 정보 입력, 정보 처리를 하기 위한 컴퓨터 시스템 사용하기 활동 중요도

전체보기 ∨

직업 간 비교
500여개 직업 종사자들의 자신의 직업에 대해 평가한 업무활동 관련 항목별 중요도를 직업 간에 비교하여 본 직업에서 상대적 중요성(백분위)이 높게 나타난 항목을 순서대로 제시함

백분위	항목	설명
99	사람들을 훈련, 교육	교육 요구 사항을 파악하고, 공식적인 교육 또는 훈련 프로그램을 만들며, 교육이나 강의를 제공하기 활동 중요도

[그림 2-17] 대학교수의 업무활동 중요도

출처: 워크넷(https://www.work.go.kr).

마지막 영역은 '전직가능직업'으로서 해당 직업의 경험을 살려서 재취업이 가능한 직업 목록을 제시한다. 전직 가능한 직업을 제공하기 위해 각 직업의 '업무환경' '일반업무활동' '업무수행능력' '지식' 등의 네 가지 영역 정보를 활용한다. 재취업 가능한 목록을 제시하면서 각 직업이 이 네 가지 정보를 토대로 해당 직업과 얼마나 유사한지에 관한 비율을 제공한다. 예를 들어, 인적자원전문가의 경우, 전직가능직업으로 청소년지도사, 직업상담사, 노무사 등 12개의 직업이 제시되는데, 이 가운데 청소년지도사와의 유사성 비율이 88.3%로서 가장 높다([그림 2-18] 참조). 대학교수의 경우, 전직 가능한 직업으로 제시되는 직업이 하나도 없다.

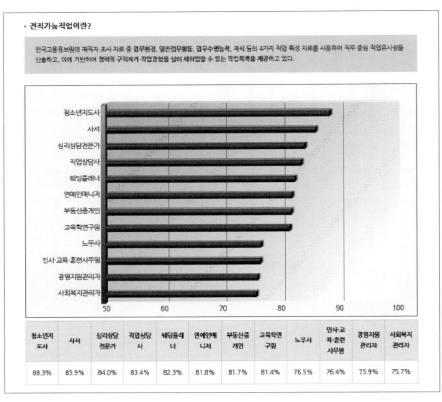

[그림 2-18] 인적자원전문가의 전직가능직업 정보

출처: 워크넷(https://www.work.go.kr).

3) 한국직업전망을 통한 직업정보 찾기

직업정보를 찾기 위해 한국고용정보원에서 제공하고 있는 또 다른 방법은 『한국직업전망』이다. 『한국직업전망』은 격년으로 발간되는데, 국내 대표 직업 196개에 대해 향후 10년간 일자리전망에 관한 정보를 제공한다. 향후 일자리가 어떻게 변화하는지를 '감소' '다소 감소' '현 상태 유지' '다소 증가' '증가' 등의 5개 범주로 구분하여 제시한다. 이 밖에도 '하는 일'과 '되는 길'에 관한 정보를 제공한다.

앞에서 예를 들었던 커리어코치를 통해 자세하게 설명하면 다음과 같다. 먼저, 워크넷 홈페이지에서 상단 메뉴바 중 '직업·진로'를 선택하고 '직업정보'에 있는 '한국직업전망'을 선택한다. 화면에서 공란에 커리어코치를 입력하고 검색을 누르면 하단에 검색결과가 나타난다. 커리어코치는 국내 대표 직업 196개에 포함되지 않기 때문에 화면에는 유사 직업으로 볼 수 있는 '직업상담사 및 취업알선원'과 '취업알선원'이 보인다([그림 2-19] 참조). '직업상담사 및 취업알선원'을 선택하면 화면이 바뀌면서 '하는 일'에 대한 자세한 설명이 나온다([그림 2-20] 참조). 바로 아래의 '업무 환경'에서는 해당 직업을 수행하는 데 있어서 일이 많은 편인지, 실내근무를 주로 하는지, 출장이 많은지, 통증이 수반되는 일을 하는지 등에 관한 정보가 제공된다.

'되는 길'에서는 해당 업무를 하기 위해 필요한 학력, 자격증, 관련 경험 등에 관한 정보가 제공되고, 관련 학과와 관련 자격증에 관한 정보도 제시된다([그림 2-21] 참조). 바로 아래 제시되는 '적성 및 흥미'에서는 해당 직업을 수행하는 데 필요한 적성과 흥미에 관한 정보가 제공된다. '경력 개발'에서는 주로 어떤 기관에서 근무하고, 어떻게 채용이 이루어지며, 승진 기회나 다른 직업으로의 전직 가능성 등에 관한 정보가 제시된다.

마지막으로, 상단의 '일자리 전망/관련 정보'를 선택하면 먼저 '일자리 전망'에서 향후 10년간 일자리 수가 감소, 다소 감소, 현 상태 유지, 다소 증가,

증가 등의 다섯 가지 범주 가운데 어디에 속할 것인지에 관한 정보와 이와 같이 판단한 이유에 대한 자세한 설명이 제시된다([그림 2-22] 참조). 또한 일자리 증가요인과 감소요인으로 구분하여 추가적인 정보가 제공된다. '일자리 전망' 하단에는 해당 직업과 유사한 '관련 직업'이 제시된다. 또한 해당 직업에 할당된 '분류 코드', 그리고 추가 정보를 얻을 수 있는 '관련 정보처'에 관한 정보가 제시된다.

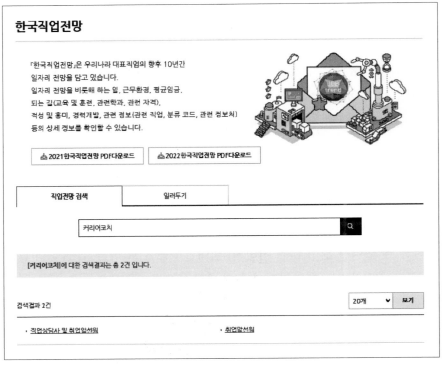

[그림 2-19] 한국직업전망에서 직업검색방법 및 검색결과

출처: 워크넷(https://www.work.go.kr).

직업상담사 및 취업알선원

하는 일	되는 길	일자리 전망/관련 정보

· 하는 일

직업상담사는 구직자나 미취업자에게 적절한 직업정보를 제공하고, 경력 설계, 직업 선택, 구직활동 등에 대한 전문적인 도움을 준다. 또 직업 전환, 직업 적응, 실업 및 은퇴 등의 과정에서 발생하는 다양한 문제에 대해 적절히 대처할 수 있도록 정보를 제공하고, 전문적인 상담을 수행한다. 취업알선원은 구직자에게 맞은 일자리 정보를 제공하고, 구인을 희망하는 업체에는 적절한 인력을 공급해 준다. 고용노동부가 운영하는 고용센터에 근무하는 직업상담사는 주로 구직자를 대상으로 취업지원 및 직업소개, 직업(지직), 고용보험 등 고용 지원 업무를 수행한다. 그 외 시·군·구청 취업정보센터나 여성·청소년·노인 관련 단체, 대학교의 취업정보실 등에서 근무하며 직업 및 취업 관련 정보를 제공하고 상담하는 직업상담사도 있다. 직업상담사의 주된 업무는 직업 관련 상담과 직업 소개, 직업 관련 검사 실시 및 해석, 직업지도 프로그램 개발과 운영, 직업상담 행정업무를 제공한다. 이들은 근로기준법을 비롯한 노동관계법규 등 노동시장에서 발생하는 직업과 관련된 법적인 사항에 대한 상담과 구인구직상담, 창업상담, 경력개발상담, 직업적응상담, 직업전환상담, 은퇴 후 상담 등을 진행한다. 또한, 취업이 어려운 구직자(장애인, 고령자, 경력단절여성, 자활대상자 등)에게 더 많은 취업 기회를 제공하고 구인난을 겪는 기업에게 다양한 인력을 소개하기 위하여 구인처를 개척한다. 대학 및 직업훈련기관 등에서 취업특강 및 취업박람회를 기획하고 운영한다. 적성검사, 흥미검사 등 직업심리검사를 실시하여 구직자의 적성과 흥미에 맞는 직업정보를 제공하고, 구직자에게 적합한 취업정보를 제공한다. 청소년, 여성, 중고령자, 실업자 등을 위한 직업지도 프로그램 개발과 운영을 담당하며, 이를 통해 구직자에게 신속한 취업을 지원하고, 구인을 희망하는 기업에게 적합한 인재를 알선한다. 반복적인 실직이나 구직 실패로 인해 심리적으로 어려움을 겪는 구직자를 대상으로 심층상담을 수행하기도 한다. 취업알선원은 직업소개소 및 헤드헌팅업체 등에서 일하며 구직자와 구인자 서로에게 적합한 대상자를 선정하여 소개하는 일을 한다. 경비, 건설노동자, 경리, 운전기사. 식당종사자 등 단순 인력부터 중견간부급 이사, 전문경영인, 고급기술자 등에 이르기까지 다양한 인력을 알선하고 관리한다. 이중 고급인력을 주로 관리하면서 기업체가 원하는 인력을 선정·평가·알선하는 사람을 헤드헌터라고 한다. 이들은 보통 컨설턴트와 리서처로 구분된다. 컨설턴트는 구인처 발굴을 위해 기업체를 대상으로 영업활동을 하며, 추천자의 최종 평가 및 고객관리 업무를 담당한다. 리서처는 구인업체 및 구직자의 요구에 상응하는 대상자를 조사하여 컨설턴트에 추천하는가 하면, 한 명이 구인처를 발굴하고 적합 대상자를 찾아 연결하는 업무를 함께 수행한다. 1997년 헤드헌팅이 합법화된 이후 관련 시장이 계속 커졌지만, 헤드헌팅 양성을 위한 시스템 마련, 수수료 관련 기준 마련, 윤리경영 등과 관련하여 구심점 역할을 할 협회의 필요성도 증가하고 있는 상황이다. 종합 서치펌을 운영하는 기업이 다수이긴 하지만 최근에는 의료, 법조, IT, 코스메틱 등 분야에 따라 알선업체가 전문화되는 추세이다.

· 업무 환경

상담업무가 몰리는 취업 시즌이나 취업박람회 같은 각종 행사 등을 앞두고는 초과 근무, 야간근무를 많이 한다. 상담업무를 수행하기 때문에 실내근무가 많으며, 직업지도, 취업특강, 취업처 발굴 등을 위하여 출장을 가기도 한다. 상담자와 대면 또는 전화로 상담하면서 컴퓨터 입력을 동시에 해야 할 때가 많아 눈이나 목, 손, 어깨 등에 통증을 느끼기도 한다.

[그림 2-20] 직업상담사 및 취업알선원 하는 일 정보

출처: 워크넷(https://www.work.go.kr).

하는 일	되는 길	일자리 전망/관련 정보

직업상담사가 되기 위해서는 4년제 대학 이상을 졸업하고, 한국산업인력공단이 시행하는 직업 상담사 자격증을 취득하는 것이 유리하다. 외국기업을 주요 고객으로 하는 고급인력 알선업체 에는 석사학위 이상의 근무자도 많으며, 외국어 능력을 요구한다. 특히 헤드헌터 중 컨설턴트는 대개 해당 분야의 관련 경력이 있어야 업무수행이 가능하다.

■ 관련 학과: 심리학과, 상담학과, 교육학과, 사회학과, 직업학과, 교육학과, 아동·청소년복지학과, 특수교육학과 등

■ 관련 자격: 직업상담사 1급/2급(한국산업인력공단)

· 적성 및 흥미

직업을 알선하여 채용으로 연결하는 것이 주 업무로 상담자의 적성이나 흥미 등을 잘 파악하여 맞는 직업을 찾아줄 수 있어야 한다. 상담이 기본이 되기 때문에 타인의 이야기를 잘 듣고 공감할 수 있어야 하며, 각종 진로지도 프로그램을 운영하기 때문에 타인과의 소통이 원활하고 적극적인 사람에게 적합하다.

· 경력 개발

직업상담원은 고용노동부, 지방자치단체, 대학, 기타 여성·청소년·군인·고령자 유관 기관 등에서 근무할 수 있다. 고용노동부 고용(복지플러스)센터, 시·군·구청 취업정보센터, 공공 직업훈련기관, 국방취업지원센터 등의 공공 직업안경기관과 각 지자체나 민간에서 운영하는 고용지원센터, 여성·청소년·노인 관련 단체, 대학교의 취업정보실 등에서 직업상담원을 공개채용 방식으로 채용하고 있다. 고용노동부 고용지원센터의 직업상담사는 9급에서부터 시작하여 근속연수 및 내부 평가 등을 통해 승진이 이뤄진다. 취업알선원은 주로 유료직업소개소, 고급인력 알선업체(헤드헌팅 업체), 인력파견업체 등에서 활동한다. 헤드헌팅 업체에 입사한 경우 리서처로 입사하여 5~8년 정도가 지나면 컨설턴트로 승진할 수 있고 일정 경력을 쌓은 후 헤드헌팅 업체를 설립할 수도 있다.

[그림 2-21] 직업상담사 및 취업알선원 되는 길 정보

출처: 워크넷(https://www.work.go.kr).

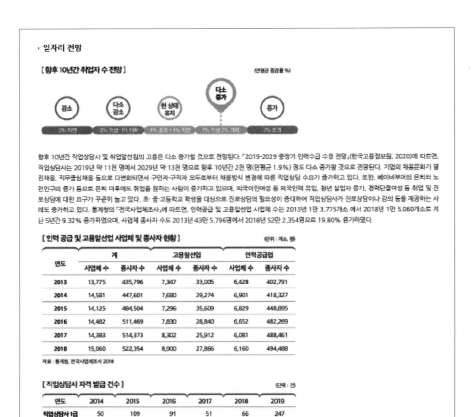

[그림 2-22] 직업상담사 및 취업알선원 일자리 전망 및 관련 정보
출처: 워크넷(https://www.work.go.kr).

『한국직업전망』에서 제시하고 있는 정보 가운데 '하는 일'과 '되는 일'에 관한 정보는 한국직업정보에서 제시하는 정보와 중복되는 부분이 많다. 2022년 현 시점에서 한국직업정보에서 정보를 제시하는 직업 수는 540여 개인 데 비해 『한국직업전망』에서 제시하는 직업 수는 200개가 조금 안 된다. 아마도 두 자료에서 제시되는 직업 수가 다르기 때문에 하나의 자료에서 모든 정보를 제시하지 못하고 있는 것으로 판단된다. 향후 한국고용정보원에서는 『한국직업전망』에서 제시하는 미래전망에 관한 정보를 제공하는 직업 수를 늘려서 가능하면 한국직업정보에서의 직업들과 동일하게 만드는 작업이 필요하다. 이를 통해 두 자료를 통일하여 한국직업정보에서 직업의 미래 전망을 포함한 모든 정보를 제공하는 것이 바람직할 것이다.

4) 직업 동영상을 활용한 직업정보 찾기

동영상을 보면서 직업에 대한 정보를 찾을 수 있는 방법도 있다. 워크넷 홈페이지에서 '직업 · 진로'를 선택하고 '취업동영상'의 맨 아래에 있는 '직업 동영상 · VR'을 선택하면([그림 2-23] 참조) 실제 특정 직업에 종사하고 있는 재직자가 자신이 하고 있는 해당 직업에 대해 설명해 주는 동영상을 볼 수 있다. 동영상은 진행자가 해당 직업에 종사하는 재직자를 만나 질문하고 답변하는 형식으로 구성되어 있다. 구체적으로 살펴보면, 상단의 메뉴바 가운데 '직업군'에서는 현 시점에서 전 산업분야에 걸쳐 248개 직업을 선정하여 각 직업에 대한 정보를 제공한다.

구체적인 직업명을 알고 있으면 검색란에 직업명을 입력하고 검색을 누르면 하단에 동영상이 나타나고 이를 클릭하면 된다. 직업명을 모를 경우, [그림 2-23]에서 보듯이, 화면에 보이는 32개 직업군(예, 금융 · 보험직, 예술 · 디자인 · 방송직, 기계 설치 · 정비 · 생산직 등) 가운데 자신이 관심 있는 직업군을 선택하면 하단에 해당 직업군과 관련된 직업들의 동영상이 보이기 때문에 이 가운데 관심 있는 직업의 동영상을 선택하면 된다.

예를 들어, '금융 · 보험직' 직업군을 선택하면 하단에 외환딜러, 손해사정사, 블록체인전문가, 증권 중개인, 금융자산운용가, 보험계리사, 금융사무원, 외환딜러 등의 8개 직업 동영상이 나타난다([그림 2-24] 참조). 이 가운데 자신이 관심 있는 직업명을 클릭하고 동영상을 시청하면 된다. 동영상은 약 7분 30초가량 진행된다.

먼저, 진행자가 간단히 해당 직업에 대해 소개의 말을 하고 해당 직업에 종사하는 사람이 나와서 미리 정해진 10가지 동일한 질문에 대해 답변하게 된다. 해당 직업을 시작하게 된 계기는 무엇이었는지부터 시작해서 해당 직업에서 일하게 된 과정, 처음에 해당 업무를 시작했을 때 느꼈던 점에 대해 설명한다. 이어서 지금까지 어떠한 노력을 해 왔고 업무과정에서의 고충과 어려움은 무엇인지 설명하고, 반대로 어떠한 보람이 있고 어떠한 점이 매력인지에 대해 얘기한다. 다음으로 해당 직업에 종사하기 위해 필요한 자질에 대해 설명하고 자신의 계획과 목표는 무엇인지 얘기하며, 마지막으로 청소년에게 하고 싶은 말을 끝으로 마무리된다.

[그림 2-23] 직업 동영상 선택방법

출처: 워크넷(https://www.work.go.kr).

[그림 2-24] 금융 · 보험직 직업 동영상 정보
출처: 워크넷(https://www.work.go.kr).

5) 직업인 인터뷰를 통한 직업정보 찾기

다음은 워크넷에 올라와 있는 '직업인 인터뷰'를 통해 원하는 직업에 대한 정보를 얻을 수 있다. '직업정보'에서 '직업인 인터뷰'를 선택하면 된다([그림 2-25] 참조). 현 시점에서 특정 직업에 종사하는 전문가들과의 인터뷰를 한 내용들이 소개되고, 자신이 원하는 직업을 선택하여 해당 동영상을 시청해도 되고, 동영상 하단에 제시된 다양한 질문과 이에 대한 답변내용을 참고해도 된다. 전체 127건의 인터뷰 내용 가운데 동영상이 함께 제공되는 것은 약 24건 정도이고, 다른 인터뷰는 질문과 답변 기사만 제공된다. 인터뷰 내용에서 자신에 대한 소개는 공통적으로 포함되지만, 다른 정보는 직업마다 물어보는 질문에서 다소 차이가 있다.

자신이 알고 싶은 직업이 있으면, [그림 2-25]에서 보이는 '키워드'에 직업명이나 해당 직업과 관련된 키워드를 치면 된다. 하지만 현재 여기에서 제공하고 있는 직업 수가 127개에 불과해서 많은 경우 특별한 정보가 제공되지 않는다. 또 다른 방법은, [그림 2-25]에서 보이는 것처럼, 네 가지 영역을 차례대로 클릭하면서 자신이 원하는 직업과 유사한 직업이 있는지를 확인하는 방법이 있다.

좀 더 구체적으로 살펴보면, '직업인 인터뷰'에서는 전체 127건의 인터뷰를 '워크넷이 만난 사람들' '중 · 장년 창직자 인터뷰' '청년 창직자 인터뷰' '창직 성공기' 등 4개 영역으로 구분하여 인터뷰 내용을 제공하고 있다. '워크넷이 만난 사람들'에서는 다양한 분야에서 전문가로 활동하고 있는 사람들과의 인터뷰 내용을 소개하고 있다. 예를 들어, 친환경디자이너, 대한축구협회 국제심판, 자율주행전문가, 빅데이터전문가 등이 있다.

[그림 2-25] 직업인 인터뷰를 통한 직업탐색

출처: 워크넷(https://www.work.go.kr).

'중·장년 창직자 인터뷰'를 선택하면, 가치공유컨설턴트, 로봇엔터테이너, 퍼스널브랜드코칭 등과 같이 중·장년으로서 새로운 직업에 진출하여 일을 하고 있는 전문가 6명에 대한 인터뷰 기사가 나온다. 구체적인 질문 내용은 직업마다 다소 차이가 있는데, 일반적으로 하는 업무가 구체적으로 무엇이고 창직을 하게 된 이유 및 준비과정은 어떠했는지, 그리고 창직을 준비 중인 중·장년층에게 하고 싶은 말은 무엇인지에 관한 질문과 답변으로 구성되어 있다.

'청년 창직자 인터뷰'에서 등장하는 인터뷰 건수는 모두 8건이다. 반려동물사진사, 쇼핑몰네트워크전문가, 소셜데이팅코디네이터, 업사이클러 등과 같이 청년이 창직할 수 있는 직업에서 전문가로 활동하는 사람들과의 인터뷰 내용을 제공한다. 질문 내용은 어떤 일을 하고 있는지와 어떤 준비과정을 거쳤는지에 관한 것이다. 또한 창직자 특성에 관한 내용으로 창직자로서 가져야할 자세는 무엇인지, 창직의 장점은 무엇이고 롤모델은 누구인지, 성격과 목표는 무엇인지, 마지막으로 후배에게 전하고 싶은 말은 무엇인지를 물어본다.

마지막으로, '창직성공기'에서는 다양한 분야에서 창직에 성공한 사람들과의 인터뷰 내용을 소개하고 있다. 모두 14건의 인터뷰 내용을 포함하고 있는데, 새로운 직업의 예를 들면, 난독증전문가, 이혼플래너, 온라인평판관리사, 펀드레이저, 창업컨설턴트 등이 있다. 질문 내용은 앞의 인터뷰에서 물어보는 내용과 유사하다. 앞에서 살펴본 중·장년과 청년 창직자 인터뷰에서는 각 창직 영역에서 일하고 있는 전문가들의 연령층을 기준으로 구분한 것으로 이해가 된다. 하지만 '창직성공기'에서 제공하는 창직 전문가는 중·장년층과 청년 모두를 포함하고 있어서 무엇을 기준으로 별도로 분류된 것인지 명확하지 않다.

이 '직업인 인터뷰'에서는 현재 특정 직업에서 재직하고 있는 직업인과의 인터뷰를 통해 해당 직업에 대한 구체적 정보를 제공하고 있다. 일부 직업은 동영상을 통해 정보를 제시하고 있으며, 대부분은 인터뷰 기사를 제공하고 있다. 그렇다면 동영상으로 제시되는 정보는 바로 앞에서 설명한 '직업 동영상·VR'에서 제시하는 내용과 범주에 있어서 어떠한 차이가 있는 것인지 명확하지 않다. 물론 제시된 직업이 서로 다르다는 차이는 있다. 하지만 재직자와의 인터뷰 내용을 제공한다는 점에서는 차이가 없다. '직업인 인터뷰'에서 제시하고 있는 직업들이 대부분 창직에 관한 것이라는 점이 차이점인 것으로 보이기도 하지만 구체적인 설명이 없어서 파악하기 어렵다. '직업인 인터뷰'와 '직업 동영상·VR'의 차이에 대해 좀 더 명확한 설명을 제시하거나 두 범주를 하나로 묶어서 제시하는 것도 방법이라고 판단된다.

6) 다양한 직업세계를 활용한 직업정보 찾기

워크넷 홈페이지에서 '직업·진로'를 선택하고 '직업정보'에 있는 '다양한 직업세계'를 선택하고 들어가 관심 있는 분야에 대한 직업과 직업정보를 찾

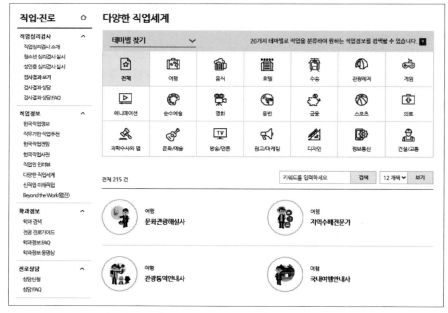

[그림 2-26] 다양한 직업세계를 통한 직업정보 탐색

출처: 워크넷(https://www.work.go.kr).

는 방법도 있다. [그림 2-26]에서 보듯이, '다양한 직업세계'를 클릭하고 들어가면, 먼저 화면 상단에 '테마별 찾기'가 나오고, 현 시점에서 215개의 직업들을 20개의 테마(예, 관광레저, 스포츠, 디자인, 정보통신 등)로 분류하여 각 직업에 대한 정보를 제공한다.

예를 들어, '여행' 테마를 선택하면 '여행'과 관련된 7개의 직업이 화면 하단에 제시된다([그림 2-27] 참조). 이 가운데 하나인 '여행상품개발원'을 클릭하면 화면이 바뀌면서 이 직업에 대한 다양한 정보가 제공된다([그림 2-28] 참조). 먼저 '어떤 일을 하나요?'란 소제목하에 구체적으로 어떤 일을 하게 되는

[그림 2-27] 여행 테마에 포함된 직업

출처: 워크넷(https://www.work.go.kr).

지에 관한 자세한 정보가 제시된다. '어떻게 준비하나요?'에서는 '여행상품개발원'이 되기 위해 어떤 준비과정(예, 학력, 경력 등)이 필요한지에 관한 정보가 제공된다. '이 직업의 현재와 미래는?'에서는 현재 해당 직업에 대한 수요와 미래 수요 전망에 대한 정보를 제시하고 있다. 마지막으로, '한 걸음 더'에서는 '여행상품개발원'으로 취업하기 위해 추가적으로 알아야 할 정보를 제공한다.

'다양한 직업세계'에서 다른 직업에 관한 정보를 찾는 또 다른 방법은 앞에서 설명한 '테마별 찾기'를 클릭하고, 맨 위에 있는 '이색직업별 찾기'를 선택하는 것이다. 이 범주에서는 213개의 이색적인 직업들을 경영/기획/금융, 공공/안전, 보건/의료, 사회복지/교육, 과학/공학/IT, 문화/예술, 디자인/방송, 미용/여행/음식, 스포츠/동물 등의 9개 직종별로 구분하여 정보를 제시한다([그림 2-29] 참조). 해당 직종을 클릭하게 되면 해당 직종에서의 이색직업 목

1 어떤 일을 하나요?

여행상품개발원은 기존에 여행지로 활성화되지 않은 지역을 찾아내어 새로운 여행지로 만들어내는 사람입니다. 한마디로 여행을 상품화하는 사람이죠. 여행상품개발원, 여행코디네이터(Tour Coordinator), 투어플래너(Tour Planer) 등으로도 불리는 이들은 과거에는 해외 배낭여행이나 국내외의 명승지 여행상품들을 주로 기획하였지만, 주5일근무제가 시행되면서부터는 오지여행, 체험여행, 맛기행, 기차여행 등 다양한 테마여행 상품들을 많이 개발하고 있습니다.

2 어떻게 준비하나요?

여행상품개발원은 주로 여행사에 근무하게 되는데요, 여행사마다 경력자를 선호하고 있습니다. 또 국내외 여행을 많이 다녀본 사람이 취업에 좀 더 유리하다고 합니다. 관련 분야에서 일한 경험은 물론, 여행지역에 대한 교통이나 지리, 숙박, 문화 등 관련 정보를 숙지하고 있으면 업무 수행이 수월하기 때문입니다. 그러니 여행사 관련 아르바이트를 통해 기본적인 업무를 미리 습득해 놓으면 좋고요, 여행 경험을 많이 쌓아두는 것이 무엇보다 중요합니다. 대개는 회사에 취업하더라도 처음부터 여행상품개발원으로 일하게 되는 것은 아니고, 관련 업무를 통해 일정 이상의 경력을 쌓아야 합니다.

3 이 직업의 현재와 미래는?

생활수준이 점점 높아지면서 여가에 대한 관심도 증가하고 여행과 레저산업의 규모가 본격적으로 커졌습니다. 10여 년 전과 비교하면 여행업체도 많이 늘어났습니다. 이는 여행서비스 관련 종사자의 고용에 긍정적인 영향을 미치고 있습니다. 특히 최근 여행 트렌드가 바뀌고 있다고 합니다. 패키지 형태보다는 개별 여행에 대한 선호가 증가하는 추세입니다. 희망여행, 배낭여행 등 개별 맞춤식 여행이 인기를 끌면서 소비자 개개인의 요구사항에 맞는 상품 개발에 대한 요구가 크게 늘고 있습니다. 따라서 고객의 취향에 따라 최적의 여행코스를 추천하고, 새로운 여행상품을 개발하는 여행상품개발원의 역할이 향후 더욱 커질 것으

4 한 걸음 더

주말이나 방학 때 부모님을 따라 여기 저기 여행을 떠나는 일이 많죠? 다른 사람들은 잘 모르는데 우리 가족만 알고 있는 좋은 장소가 있나요? 페이스북 같은 곳에 여행폴더를 만들어 나의 여행사진도 올리고 간단한 메모도 해보세요. 어떤 사람이 가면 좋을지, 볼거리는 무엇이었는지. 나중에 소중한 아이디어 창고가 될 수 있습니다.

[그림 2-28] 여행상품개발원에 대한 직업 소개 정보

출처: 워크넷(https://www.work.go.kr).

록이 하단에 제시되며, 이 가운데 자신이 관심 있는 직업을 찾아 클릭하면
된다.

예를 들어, '미용/여행/음식'을 선택하면 공정여행기획자, 소믈리에, 숲해
설가, 쇼콜라티에, 푸드스타일리스트 등과 같은 이색 직업이 제시된다. 관심
직업을 클릭하면, 어떤 일을 하는 것인지, 해당 직업에 종사하기 위해 준비는
어떻게 해야 하는지, 그리고 해당 직업의 현황과 미래 전망은 어떠한지에 관
한 정보를 알 수 있다. 또한 해당 직업에 종사하는 사람과의 인터뷰 내용도
추가로 제시된다. [그림 2-30]은 소믈리에를 선택한 경우 제시되는 정보 가
운데 일부를 보여 준다.

[그림 2-29] 이색직업별 찾기를 통한 직업정보 탐색

출처: 워크넷(https://www.work.go.kr).

소믈리에

1 어떤 일을 하나요?

영화나 TV를 보면 와인이 등장하는 일이 잦아졌고, 언젠가부터 우리의 식사자리에서도 쉽게 와인을 접할 수 있게 되었습니다. 성경에서도 존재를 확인할 수 있듯이 와인은 너무나도 오랜 역사를 지니고 있으며, 국내에서는 수입개방과 맞물려 와인 소비량이 증가하였습니다. 이에 따라 80년대 후반부터 특급호텔을 중심으로 등장한 소믈리에는 2000년 이후 와인산업의 성장과 함께 주목을 받기 시작했습니다.

중세 유럽에서 식품보관을 담당하며, 영주의 식사 전에 식품의 안전여부를 알려주는 솜(somme)이라는 직책에서 유래된 소믈리에(sommelier)는 프랑스어로 '맛을 보는 사람'을 말합니다.

'와인스튜어드(wine steward)', '와인캡틴(wine captain)', '와인웨이터(wine waiter)' 등으로 다양하게 불리는 이들은 호텔이나 레스토랑, 와인바 등 와인을 취급하는 곳에서 와인의 구입과 보관을 책임지고, 고객에게 적합한 와인을 추천하여 와인 선택에 도움을 줍니다.

2 어떻게 준비하나요?

☐ 교육 및 훈련
대학의 국제소믈리에과, 외식산업과, 조리학과 등을 통해 교육받을 수 있으며, 최근 사회교육원과 일부 대학원의 전공과목으로 개설되기도 합니다. 전문 사설 교육기관을 통해서도 가능하며, 교육을 받은 후 호텔, 레스토랑, 와인바 등에 취업하거나 웨이터로 시작하여 경력을 쌓아 진출합니다.

유학을 통해 외국의 소믈리에 자격을 취득하여 취업하는 경우도 있으나 무엇보다 현장에서 풍부한 경험을 쌓는 것이 중요하므로 대부분 와인 잔을 닦는 일부터 시작하여 서비스마인드를 갖추게 됩니다. 최근에는 바텐더로 활동하다가 소믈리에로 전향하여 활동하는 경우도 늘고 있습니다.

3 이 직업의 현재와 미래는?

☐ 진출현황
일부는 최소 5년 이상의 와인, 음식, 서비스 등 다양한 경험을 갖춘 사람만이 소믈리에라고 인정하는 반면, 다른 일부에서는 호텔이나 와인바에서 일을 하는 사람들을 모두 소믈리에로도 부르기도 합니다. 정확한 종사자 수는 파악되지 않고 있으나, 소믈리에 관련 협회나 학회도 늘어나고, 젊은 층의 관심이 커지면서 회의가 되려는 사람들도 꾸준히 늘어나고 있습니다.

4 INTERVIEW

Q) 어떻게 이 일을 시작하게 되셨나요? 주로 하시는 일은?
A) 조선호텔에서 웨이터로 시작하여 호텔 내의 교육을 통해 소믈리에로 활동하기 시작했습니다. 지금은 레스토랑에서 사용하는 모든 와인의 선정 및 관리는 물론, 직원의 와인과 서비스 교육을 담당하고 있습니다. 고객의 와인 선정 시 도움을 드리고, 직접 서비스를 하기도 하고, 고객들을 대상으로 와인 관련 강의를 진행하고 있습니다.

[그림 2-30] 소믈리에 직업정보

출처: 워크넷(https://www.work.go.kr).

'이색직업별 찾기' 아래에는 '대상별 찾기'가 제시되며, 이를 통해 또 다른 직업정보를 찾아볼 수 있다. '대상별 찾기'를 클릭하면 구직자들을 인문계 대졸 청년, 3050 여성, 중·장년 등의 세 집단으로 구분하고, 먼저 전체 집단에 대한 직업정보와 각 집단별 직업정보가 제공된다([그림 2-31] 참조). '전체 집단'을 선택하면 100개 직업에 대한 정보가 하단에 나타나게 되는데, 다양한 직업들을 살펴보면서 자신이 관심 있는 직업을 찾아 클릭하면 된다. 해당 직업은 어떤 일을 하는지에 대한 정보와 고용현황에 대한 설명, 그리고 해당 직업에 종사하기 위해서는 어떤 준비가 필요한지에 대한 정보가 제시된다. '인문계 대졸 청년'에 포함되어 있는 직업은 36개이고, '3050여성' 집단에 포함된 직업 수는 34개이며, 마지막으로 '중·장년'에 속하는 직업 수는 30개이다. 대부분의 직업들은 유품정리인, 손글씨작가, 숲해설가, 아트디렉터, 간병인 등 최근 들어 수요가 늘어나면서 새롭게 나타난 직업으로 볼 수 있다. [그림 2-32]는 '3050 여성' 집단에 포함된 요양보호사에 대한 직업정보 가운데 일부를 보여 준다.

[그림 2-31] 대상별 찾기를 통한 직업정보 탐색

출처: 워크넷(https://www.work.go.kr).

하는 일은?

전문적인 요양보호 서비스 수행

요양보호사는 몸이 불편하신 분들을 위한 신체활동 지원과 세탁, 음식장만, 요리 등 각종 집안일을 도와드리는 일상생활 지원 그리고 말벗이 되어드리는 정서 지원 등의 업무를 한다.

직업 현황은?

요양센터, 노인복지시설, 요양병동 등에서 활동

이들은 요양센터, 노인복지시설, 요양병원 등 노인의료복지시설, 재가노인복지시설 등에 공개채용 혹은 직업훈련기관 알선 등으로 활동한다.

취업을 하려면?

요양보호사 자격 취득 필수

학력에 제한이 없으며, 보통 한국보건의료인국가시험원에서 실시하는 요양보호사 자격을 취득하여 활동한다. 2008년 노인장기요양보험 제도가 실시되면서 양질의 서비스에 대한 수요가 커지고 있다. 초기에는 인력확보를 위해 누구나 일정기간 소정의 교육과정만 이수하면 자격취득이 가능했으나 2009년 말 요양보호사 자격시험제를 골자로 하는 노인복지법을 개정하여 요양보호사 교육기관에서 교육과정 이수 후 시험에 합격해야만 자격증을 취득할 수 있다. (HRD넷)

필요한 적성과 능력은?

봉사정신과 희생정신 필요

타인을 돕는 일에 적합한 건강한 체력, 성실함, 인내력이 요구되는 일이다. 몸이 불편한 사람들을 대상으로 하기 때문에 무엇보다 봉사정신과 희생정신이 투철한 사람에게 적합하다.

참고사이트

한국보건의료인국가시험원	www.kuksiwon.or.kr
여성인력개발센터	www.vocation.or.kr

[그림 2-32] 요양보호사 직업정보

출처: 워크넷(https://www.work.go.kr).

7) '신직업 · 미래직업'을 활용한 직업정보 찾기

워크넷에서 직업정보를 찾는 마지막 방법은 '직업정보'에서 아래쪽에 있는 '신직업 · 미래직업'을 선택하는 것이다. 이를 선택하게 되면 [그림 2-33]에서 보듯이, 상단 메뉴의 '직업 찾기'에서 전체 약 89개 직업을 아홉 가지 영역(예, 경영/기획/공공, 의료/보건, 농림어업 등)으로 구분하여 제시한다. 처음 '직업 찾기'에 들어가면, '전체'가 선택되어 89개 직업들이 하나씩 제시된다. 자신이 관심 있는 직업이 있는지를 하나씩 살펴보고 해당 직업을 선택하고, 관련 정보를 살펴보면 된다. 또는 특정 직업명을 알고 있으면, [그림 2-33]에서 보듯이, '키워드'에 해당 직업명을 입력하고 '검색'을 클릭하면 된다. 이 과정에서 자신이 중·장년이고 자신의 연령에 적합한 직업만을 탐색하기를 원한다면 '구분'에서 '중·장년 대상'을 선택하면 된다.

선택하게 되면 화면 하단에 관련된 직업들이 제시되는데, 그 가운데 자신이 알아보고 싶은 직업을 선택하면 관련 정보가 제공된다. 직업마다 조금씩 제시되는 정보가 다르기는 하지만, 일반적으로 하는 일에 대한 설명과 국내외 현황 및 미래 전망에 관한 정보를 제공한다. 예를 들어, 핀테크전문가를 선택하게 되면 해당 직업에서 하는 일에 대한 설명, 해당 직업의 국내외 현황과 향후 전망에 관한 정보가 제공된다([그림 2-34] 참조).

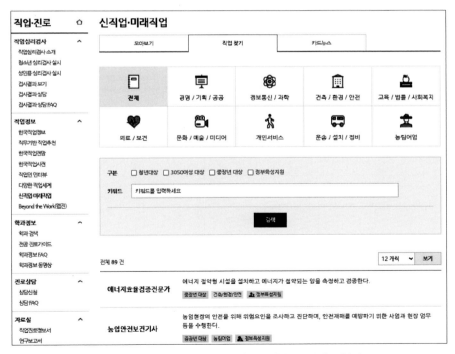

[그림 2-33] '신직업·미래직업'을 활용한 직업정보 찾기
출처: 워크넷(https://www.work.go.kr).

핀테크전문가

경영/사무/금융 정보통신/과학 청년 대상 정부육성지원

클라우드 펀딩, P2P, Lending, 금융결재, 자산관리 등 금융의 수요자와 공급자를 연결하여 금융 거래가 이루어질 수 있도록 지원하는 IT 플랫폼을 구축하는 일을 한다.

 어떤 일을 하나요?

핀테크는 모바일과 SNS의 발달로 금융의 중개 기능을 대체하는 새로운 기술이자 사업모델이다. 스마트 플랫폼과 모바일 인증기술, 모바일 빅데이터 분석으로 새로운 금융 가치를 만들겠다는 것이 핀테크의 접근이다. 이 때문에 핀테크를 두고 '금융의 인터넷화', '금융의 모바일화'로 간결하게 표현하기도 한다. 핀테크전문가는 금융권은 물론 빅데이터, FDS(부실방지기술), 인공지능 로보어드바이저 기업의 핵심 인재로서 수요기관의 핀테크 융합 연결과 도입, 비즈니스모델 강구, 핀테크 생태계를 구축하며 핀테크 기업 간 문제를 중재한다. 또한 이러한 기업이 더욱 빠르게 관련 신기술을 습

 이 직업의 현재와 미래는?

[해외 현황]
-미국
미국의 핀테크 기업 진출 현황을 살펴보면, 페이팔을 선두로 3~4년 전부터 주요 IT기업 대부분이 핀테크 산업에 참여하고 있는 것으로 나타났다. 이베이, 구글, 애플, 아마존, 페이스북 등이 전자상거래, 스마트폰 플랫폼, SNS의 영역에서 지급결제, 전자지갑, 전자화폐 등의 금융업 분야로 사업을 확대 중이다. Accenture의 자료에 따르면 2020년 미국 금융시장은 2013년 대비 25% 이상이 핀테크에 의해 잠식당할 것으로 전망하고 있다.

[국내현황]
핀테크전문가는 프로그래머를 비롯해 인공지능 관련 로보어드바이저(Robo-advisor) 전문가, 빅데이터전문가, UX/UI디자이너, 보안전문가(블록체인전문가 등) 등 다양한 분야가 포함되고 여러 분야의 융합(소프트웨어, 콘텐츠+하드웨어)이므로 핀테크전문가의 업역설정에 한계가 있다. 또한 여러 산업들이 혼재되어 있어 직업으로서 '핀테크전문가'의 현황을 파악하기는 어렵다. 하지만 분명한 것은 국내에도 기존의 전통적인 금융서비스에서 모바일뱅킹 이용자수가 폭발적으로 늘어나는 등 금융거래의 변화가 일고 있고 핀테크에 기반을 둔 서비스로 고객니즈가 변화하고 있다는 것이다. 특

[향후 전망]
그간 우리나라의 경우 액티브X, 공인인증서 등으로 온라인 결제나 인터넷 뱅킹 시에 많은 불편이 따랐다. 하지만 핀테크 기술의 등장으로 간편한 결제가 가능해지 면서 이제 젊은층은 물론 장년층까지 큰 어려움 없이 핀테크를 활용하고 있다. 그러나 국내 핀테크 산업은 그 동안 IT와 금융시스템의 융합이 느리게 진행되어왔다. 아직 국내에 핀테크 산업이 시작된 지 얼마 되지 않은 상황으로 모바일을 통한 지급 결제서비스 이외여는 뚜렷한 사례를 찾기 어려운 것이 사실이다. 그러나 우리나라는 세계 최고의 IT강국으로 충분한 기술을 갖추고 있으며 금융산업의 성숙도 또한 높은 편이다. 이에

[그림 2-34] 핀테크전문가에 대한 직업정보

출처: 워크넷(https://www.work.go.kr).

8) 요약

지금까지 직업에 대한 정보를 얻기 위해 워크넷에 접속하여 진행할 수 있는 다양한 방법에 대해 설명하였다. 『한국직업사전』이 국내에서 가능한 모든 직업들에 대한 정보를 제공하고 있어서 이 자료를 가장 많이 활용하였다. 특정 직업에 대한 좀 더 다양하고 자세한 정보를 얻고자 한다면 다른 자료를

활용하면 된다. 하지만 이러한 자료들에서 제공하고 있는 직업의 수가 매우 적기 때문에 추가적인 정보를 얻는 데 제한이 있다.

그럼에도 불구하고 특정 직업을 선택하는 데 있어서 필요한 개인특성(예, 능력, 지식, 흥미, 성격, 가치관 등)에 대해 알고 싶다면 '한국직업정보'를 선택하면 된다. 특정 직업의 미래 전망에 대해 자세히 알고 싶다면 '한국직업전망'을 선택하는 것이 도움이 된다. 특정 직업에 종사하는 사람과의 인터뷰 내용을 통해 해당 직업에 대한 정보를 얻고 싶다면 '직업 동영상'이나 '직업인 인터뷰'를 선택하면 된다. 마지막으로, 최근에 새롭게 등장한 직업에 대해 궁금하다면 '다양한 직업세계' 또는 '신직업 · 미래직업'을 활용할 것을 추천한다.

3. 직업의 변화

시대가 변화함에 따라 새로운 직업이 등장하고 기존 직업 가운데 일부는 사라지게 된다. 어떠한 직업들이 국내에서 새롭게 등장하게 되었는지 『한국직업사전』 발간을 통해 해당 시기마다 새롭게 등재된 직업 가운데 일부를 살펴보도록 하자.

『한국직업사전』은 1969년에 최초로 발간되었다. 이 당시 등재된 직업의 수는 3,260여 개였다. 이 후 1986년에 『한국직업사전(제1판)』이 발간되었으며, 대략 10년 정도마다 개편 작업을 통해 새로운 직업사전이 발간되었다. 가장 최근에 발간된 직업사전은 2019년에 발간된 제5판이다.

인터넷에서 정보가 나와 있는 내용을 토대로 정리해 보면, 제1판과 제2판에 관한 정보는 찾아볼 수 없었으며, 2003년에 발간된 직업사전 제3판부터 새로 등재된 직업에 관한 정보가 제시되어 있다. 직업사전 제3판에서는 제2판보다 약 1,500개의 직업이 줄어든 것으로 나타났는데, 대부분 제조업 분야의 직업이 사라졌다. 예를 들어, 성냥갑제조원, 무선호출기(삐삐), 주산학원강사,

볼링점수기록원, 타자기수리원 등의 직업이 사라진 것으로 나타났다.

새로 등재된 직업들은 주로 IT 분야였으며, 예를 들어 전자상거래컨설턴트, 웹머천다이저, 게임프로그래머, 프로게이머, 컴퓨터바이러스치료사, 초고속통신망설치원, 아바타디자이너 등의 직업들이 포함되었다. 게임프로그래머는 최근 들어 인기 있고 연봉도 높은 직업 가운데 하나로 자리매김하고 있어서 IT 분야에서의 직업이 급격하게 확장되고 있음을 알 수 있다. 이 외에 의료산업 분야에서 운동처방사, 음악치료사, 호스피스전문간호사 등이 처음으로 포함되었다. 서비스업 분야에서는 쇼핑호스트, 웨딩플래너, 매너강사 등이 처음으로 등재되었다.

2012년『한국직업사전(제4판)』에서 새롭게 등재된 직업을 살펴보면 새로운 제도가 시행됨에 따라 새롭게 나타난 직업들이 있다. 몇 가지 예를 들어 보면, 먼저 2004년 학교폭력예방 및 대책에 관한 법률이 제정됨에 따라 이를 준수하기 위하여 중ㆍ고등학교에서 학생들의 학업, 진로 및 학교생활 전반에 걸쳐 상담하고 지도해 주는 전문상담교사가 새롭게 등장했다. 또한 입시제도의 변화로 인해 대학에서 신입생 선발을 담당하는 입학사정관이 생겨났다. 사회문화의 변화에 따라서도 새롭게 등장한 직업들이 있다. 다문화가정이 증가함에 따라 다문화가정을 방문하여 한국어교육, 한국문화 및 예절 교육, 학교생활지도 등을 담당하는 다문화가정교사도 새롭게 나타났다. 애완동물을 키우는 가정이 크게 증가함에 따라 애완문화가 새롭게 정착되고, 이에 따라 애완동물에게 도움을 주는 애완동물장의사, 애견옷 디자이너 등의 직업들도 생겨나게 되었다.

새로운 과학기술 발전과 신제품의 등장으로 인해 생겨난 직업들도 있다. 예를 들어, 고속철도차량설계연구원은 기술 발전에 따라 고속철도가 새롭게 등장함에 따라 생겨나게 되었다. 또한 전기자동차가 등장함에 따라 관련 직업으로서 전기자동차 차체를 설계하는 전기자동차설계기술자와 전기자동차 부품을 설계하는 전기자동차전장품설계기술자가 등장하였다.

기존 산업이 성장하면서 생겨난 직업들도 있다. 예를 들면, 신재생에너지 산업이 성장함에 따라 태양광발전설비설계기술자, 풍력발전기기설계기술자 등이 생겨났다. 또한 전기자전거 산업이 성장하면서 전기자전거기술자, 전기자전거조립원 등도 새롭게 등장하였다.

2019년에 발간된『한국직업사전(제5판)』에서 새롭게 추가된 직업 가운데 일부를 살펴보면, 먼저 4차 산업혁명으로 인한 과학기술 발전에 따라 빅데이터전문가, 블록체인개발자, 인공지능엔지니어, 드론조종사, 디지털문화재복원전문가 등이 새로 등장하였다.

고령화, 저출산, 1인 가구 증가 등 인구학적 변화에 따라 유품정리사, 애완동물행동교정사, 애완동물장의사, 수납정리원, 임신육아출산코치 등도 새롭게 등재되었다.

소비자 요구 강화, 안전 강화, 스트레스 증가, 체험활동 증가 등 사회환경 변화로 모유수유전문가, 범죄피해자상담원, 산림치유지도사, 주거복지사, 게임번역사, 스포츠심리상담사, 직업체험매니저 등이 새롭게 포함되었다.

이 외에도 사회변화와 맞물린 정부의 정책 지원 등으로 사회적 경제활동가, 지속가능경영전문가, 창업기획자, 도시재생코디네이터, 농촌관광플래너, 교육농장운영자 등이 등재되었다.

이와 같이 시간과 환경의 변화에 따라 기존의 직업 가운데 일부는 사라지고 새로운 직업이 생겨나는 현상이 반복되고 있다. 이러한 상황에서 피코치뿐 아니라 커리어코치는 지속적으로 새로운 환경변화를 인식하고 이에 따라 향후 직업세계가 어떻게 변화할 것인지에 대해 예측하는 역량을 증진시킬 필요가 있다. 특히 커리어코치는 코칭 과정에서 피코치가 관심 있어 하는 직업이 향후 발전하거나 또는 반대로 사라질 가능성이 있는지에 대해 어느 정도 지식을 가지고 있어야 피코치가 자신에게 적합한 직업을 결정하는 데 도움을 줄 수 있다. 물론 커리어코치가 모든 직업의 미래 전망에 대해 파악할 수는 없지만, 환경변화와 이에 따른 직업세계의 변화에 지속적인 관심이 필요하다. 또한 앞에서 기술한 워크넷의 '한국직업전망'과 같은 사이트에 자주 접속하여 특정 직업의 미래 전망에 대해 학습하는 노력도 필요할 것이다.

4. 직업변화에 대한 대응

지속적으로 변화하는 환경하에서 개인은 자신에게 적합한 경력을 찾고 이를 관리해 나가기 위해 지속적이 노력이 필요하다. 여기서는 직장인을 중심으로 구체적으로 어떠한 노력이 필요할지에 대해 살펴보고자 한다. 조영아와 정철영(2015)은 변화하는 환경하에서 직장인의 지속적인 경력관리행동의 측정을 위해 생애관점 개념에서 접근한 경력관리행동척도를 개발하였다. 이들은 경력관리행동을 '개인이 자신과 주변환경에 대한 탐색을 통해 경력목표를 설정하고 이러한 목표를 달성하기 위한 계획을 수립하고 전략을 통해 이를 실행하며 실행과정에서 지속적으로 평가하는 활동'으로 정의하였다. 이러한 정의를 토대로 예비척도를 개발한 후 직장인 364명을 대상으로 본조사를 실시하여 경력탐색행동(5문항), 경력계획행동(4문항), 경력전략실행행동(7문항), 경력평가행동(4문항) 등 4요인과 20개 문항으로 구성된 척도를 개발하고 타당도를 검증하였다. 즉, 조영아와 정철영(2015)은 이러한 척도 개발을 통해 직장인들이 자신에 적합한 경력을 지속적으로 탐색하고 경력목표가 정해지면 이를 달성하기 위한 구체적 계획을 수립하고 이를 실행해 나가며, 향후 자신의 경력실행노력에 대해 평가하는 일련의 과정에 관한 노력이 필요함을 제시하였다.

이미애와 탁진국(2022)은 직장인을 대상으로 이들이 4차 산업혁명과 팬데믹으로 인해 급격하게 변화하는 노동환경에서 어떻게 자신의 경력을 관리하고 적응해 나갈 수 있을지를 알아보기 위한 생애경력척도를 개발하였다. 문항개발을 위해 먼저 직장인 117명을 대상으로 개방형 질문을 실시하였다. 조사대상자 선정에서는 성별과 연령을 고려하여 표집하였다. 연령은 20대부터 50대까지 각 연령대별로 유사한 비율로 표집하였으며, 성별에서도 남성과 여성 비율이 유사하였다. 개방형 질문에서는, 먼저 최근의 시대적 상황(4차 산업혁명과 팬데믹)과 관련해 조사대상자의 직업 및 고용환경에서 어떤 변화가 예상되는지를 기술해 달라고 하였다. 다음은 이러한 변화에 어떻게 대처하고 지속적 경력 유지를 위해 어떤 준비를 하고 있는지에 답하도록 하였다. 전체 699개 답변을 토대로 여러 차례의 내용분석을 통해 내용이 유사한 문항들을 통합하고 범주로 구분하면서 최종 105개 문항과 13개 요인을 도출하였다. 전문가를 통한 내용타당도 분석과 일반 직장인을 통한 안면타당도 분석을 통해 예비문항 100개를 구성하였다.

328명의 직장인을 대상으로 한 예비조사와 직장인 733명을 대상으로 한 본조사를 거쳐 최종적으로 7개 요인으로 구성된 40개 문항을 선정하였다. 각 요인과 해당되는 일부 문항을 살펴보면 다음과 같다. 요인 1은 '생애경력계획'으로서 "나는 인생전반에 걸친 구체적인 경력목표를 설정한다." "경력목표를 달성하기 위해 구체적인 계획을 세운다." 등의 6개 문항으로 구성되었으며 생애 전반에 걸쳐 구체적인 경력목표를 수립하고 이를 달성하기 위한 계획을 수립하는 내용을 의미한다. 요인 2는 '미래경력준비'로서 "다른 직무로 전환을 위해 자격증 준비를 한다." "퇴직 후에도 도전할 수 있는 직업을 위한 자격증 취득을 준비한다."와 같이 미래의 경력을 위해 자격증 취득이나 교육을 수강하는 준비가 어느 정도 되어 있는지를 측정하며, 모두 6개 문항으로 구성되었다. 요인 3은 '노동환경변화인식'으로서 업무와 노동시장 및 노동환경 변화에 대한 인식의 정도를 의미하며, "내 직무의 변화가능성(소멸, 자동화에 의한 대체 혹은 업무강도, 업무량의 감소 또는 증가)에 대해 알고 있다." "노동시장의 변화추세에 대해 알고 있다."와 같은 8개 문항으로 구성되었다. 요인 4는 '네트워킹'으로서 자신의 경력관리를 위해 업무와 관련된 지인 및 선후배들과 정보교환 등의 통한 인맥을 형성하는 것을 의미하며, "업계에 오래

종사했던 선배들과 인맥을 유지하고 자문을 구한다." "유사한 업무분야의 지인들과의 커뮤니티를 통해 관련 정보를 교류한다." 등의 4개 문항으로 구성되었다.

요인 5는 '산업환경변화인식'으로서 새롭게 등장하는 산업분야의 변화추세 또는 새로운 직업 생성 및 변화에 대한 인식을 측정하며, "새로운 산업분야(바이오, 인공지능, 2차전지, 비트코인 등)의 변화추세에 대해 알고 있다." "새로운 직업의 생성과 미래직업의 다변화 가능성에 대해 알고 있다." 등의 5개 문항으로 구성되었다. 요인 6은 '미래경력탐색'으로서 새로운 경력이나 직업에 대해 정보를 탐색하는 정도를 의미하며, "새로운 경력(직업 또는 창업)을 위한 정보수집과 공부를 한다." "현재 업무 이외에 다른 직업경력의 미래발전가능성에 대한 정보를 탐색한다." 등과 같은 5개 문항으로 구성되었다. 마지막으로 요인 7은 '현재경력적응'으로서 지속적 경력유지를 위해 업무에 충실하며 업무능력 향상을 이해 노력하는 정도를 의미하며, "업무능력을 향상시켜 업무성과를 높이려 한다." "지속적인 경력유지를 위해 현재의 업무를 충실히 한다." 등의 6개 문항으로 구성되었다.

척도의 타당도 검증을 위해 경력관리행동척도(조영아, 정철영, 2015)와의 상관을 분석한 결과, 유의미한 높은 상관이 나타나서 수렴타당도가 검증되었다. 또한 준거타당도 검증을 위해 삶의 만족, 희망, 적응수행 및 경력몰입과의 상관을 분석한 결과, 생애경력척도 점수가 높을수록 이들의 삶의 만족, 희망, 적응수행 그리고 경력몰입의 점수가 높은 것으로 나타나서 척도의 준거관련타당도가 입증되었다.

이러한 척도에서 공통적으로 나타난 요인들을 살펴보면, 자신에게 가능한 미래경력에 대해 탐색하고 경력목표를 정하고 목표달성을 위한 계획을 수립하고 이를 실행해 나가면서 점검하는 내용들로 구성되어 있음을 알 수 있다. 개인의 생애경력 관점에서 개인은 이러한 과정들을 지속적으로 반복하면서 자신의 경력을 추구해 나가게 된다.

　이러한 공통요인들 이외에, 이미애와 탁진국(2022)에서 볼 수 있듯이, 미래 경력목표를 결정하기 위해서는 새로운 환경변화를 인식할 필요가 있음을 알 수 있다. 재택근무 및 유연근무제 도입과 같은 제도의 변화뿐 아니라 글로벌화 또는 고용불안정과 같은 노동환경의 변화를 제대로 인식하고 있는 것은 미래경력을 결정하고 계획을 수립하는 데 중요한 영향을 미치게 된다. 또한 산업환경변화에 따라 새롭게 생성되는 직업은 무엇이고 위기에 처한 산업과 직업은 무엇인지 파악하는 것도 미래의 경력목표를 정하는 데 의미 있는 영향을 주게 된다.

　이러한 결과가 커리어코치에게 주는 시사점을 생각해 보면 커리어코치로서도 많은 공부가 필요함을 알 수 있다. 기존의 커리어코칭에서 코치는 피코치가 자신에게 적합한 경력목표를 정하도록 자신의 흥미나 적성과 같은 특성을 파악하고, 이러한 특성에 적합한 직업을 피코치가 찾도록 돕는 역할을 하게 된다. 또한 경력목표가 정해지면 구체적인 계획을 세우고 실행하도록 격려하고 동기부여하는 역할을 한다. 하지만 이제는 커리어코치로서 전문가적 역할을 하기 위해 추가적으로 노동환경 변화뿐 아니라 산업환경 변화에 대한 이해도 필요하다. 예를 들어, 피코치가 탐색한 경력목표가 산업환경 변화에 따라 소멸될 가능성이 높은 직업일 수도 있을 것이다. 이러한 경우 커리어코치는 정확한 정보를 피코치에게 제공하여 피코치가 경력목표 설정에서 올바른 판단을 할 수 있도록 돕는 역할이 필요하다. 또한 피코치가 선택한 직업이 현 시점에서 주변사람들로부터 지지를 받지 못하지만 산업환경변화에 따라 장기적으로 전망이 높은 경우도 있을 수 있다. 커리어코치의 노동환경 및 산업환경 변화에 대한 지식은 피코치가 자신의 미래 경력 결정과정에서 올바른 판단을 하는 데 많은 도움을 줄 수 있을 것이다.

[참고문헌]

고용노동부(2017). 한국고용직업분류 2018. 고용노동부 고시 제2017-72호.

국제노동기구(1988). 국제표준직업분류.

노동부 국립중앙직업안정소(1986). 한국직업사전 통합본(제1판).

노동부 중앙고용정보관리소(1995). 한국직업사전 통합본(제2판).

이미애, 탁진국(2022). 직장인의 생애경력척도 개발 및 타당화. 한국심리학회지: 산업
　　　및 조직, 35(2), 113-153.

조영아, 정철영(2015). 경력관리행동척도 개발 및 타당화. 진로교육연구, 28(4), 157-
　　　178.

통계청(2017a). 한국표준산업분류 제10차 개정.

통계청(2017b). 한국표준직업분류 제7차 개정.

한국직업사전(1969). 인력개발연구소.

한국고용정보원(2012). 한국직업사전 통합본(제4판).

한국고용정보원(2019). 한국직업사전 통합본(제5판).

한국산업인력공단 중앙고용정보원(2003). 한국직업사전 통합본(제3판).

커리어 이론

가능한 한 다양한 커리어를 탐색하고 이 가운데 적합한 커리어를 선택하는 것은 고등학교나 대학교를 졸업하고 취업을 앞둔 사람들에게만 적용되는 것은 아니다. 초등학생 또는 중학생의 경우에도 가능하다면 자신에게 적합한 커리어를 어느 정도 생각해 두는 것이 도움이 된다. 국내 고등학교도 일반 고등학교만 있는 것이 아니라 다양한 형태의 특성화고등학교가 있기 때문에 향후 자신이 어떤 커리어를 생각하고 있는지에 따라 고등학교 유형 선택이 달라질 수 있다. 직장을 다니다가 결혼으로 인해 여러 해 동안 집에서 자녀를 돌보다가 다시 취업하려고 하는 경력단절여성에게도 커리어 선택은 중요한 문제이다.

직장을 다니고 있는 직장인이라 하더라도 현재 자신이 하고 있는 직무가 자신에게 맞지 않아서 다른 직장으로 이직하거나 동일 직장에서 다른 부서로 옮기려는 사람들도 자신에게 적합한 커리어를 선택해야 한다. 또한 직장에서 나이가 들어서 자발적·비자발적으로 직장을 그만두어야 하는 중·장년층도 자신의 연령에 적합한 커리어를 찾아서 일을 계속하고 싶어 하는 사람이 있다. 따라서 커리어 선택은 다양한 연령층에 있는 모든 사람이 직면하고 있는 중요한 사안 중의 하나라고 할 수 있다.

커리어 선택과 관련해 다양한 방법이 있을 수 있다. 여기서는 이러한 방법의 근간이 되는 커리어 이론에 대해 알아보고자 한다. 먼저, 커리어 이론 가운데 가장 오래된 특성-요인이론에 대해 설명하고, 다음으로 21세기에 들어서 연구가 활발하게 이루어지고 있는 이론인 사회인지커리어이론(Lent & Brown, 2019)과 커리어구성이론(Savickas, 2005)에 대해 설명하고자 한다.

1. 특성-요인이론

특성-요인이론(trait-factor theory)은 커리어 이론 가운데 가장 오래된 이론이다. 이 이론은 직업지도 분야의 아버지(father of vocational guidance)로 불리는(McDaniels, 1994) Parsons가 오래전인 1909년에 『직업선택(Choosing a Vocation)』이란 책에서 주장한 기본 개념을 토대로 시작되었다. 이 책에서 Parsons는 직업 선택에서 다음과 같은 3가지 요인이 중요하다고 주장하였다(Parsons, 1909: McDaniels, 1994에서 재인용). 첫째, 자신의 적성, 능력, 흥미, 단점 등과 같은 자신에 대한 명확한 인식이다. 둘째, 다양한 직업에서 성공하기 위해 필요한 조건들과, 이들의 장단점 그리고 구직기회 및 향후 전망 등에 관한 지식이다. 셋째, 이 두 요인 간의 연계성 파악이다. 이 3가지 요인을 통합해 특성요인을 정리하자면, 개인은 자신 및 다양한 직업에 대한 이해를 토대로 자신에게 적합한 직업을 선택하는 것이 바람직하다는 것이다.

이 이론을 토대로 개인의 흥미, 적성, 성격 또는 직업가치 등의 특성을 측정하는 다양한 측정도구가 개발되고, 이를 활용한 폭넓은 연구가 진행되었다. 또한 이러한 측정도구를 활용하여 커리어 안내를 위한 상담 또는 코칭과정에서 먼저 개인의 흥미, 적성, 성격 또는 직업가치 등의 특성을 측정하고 결과를 토대로 개인에게 적합한 커리어를 안내하는 방법이 다양한 집단을 대상으로 광범위하게 실시되어 오고 있다. 이 책의 제5장에서도 개인의 다양한 특성을 측정하고 이를 통합하여 개인에게 적합한 커리어를 안내해 주는 방법에 대해 기술하고 있다. 이러한 방법 모두 특성-요인이론을 기반으로 한다고 해석할 수 있다.

Atli(2016)는 Parsons가 주장한 세 가지 요인을 토대로 커리어를 선택하는 과정에서 대해 좀 더 상세하게 설명하고 있다. 첫 번째 단계에서는 개인이 자신의 흥미, 능력, 가치, 성격, 성취 등에 관해 인식하게 된다. 이러한 특성을 객관적으로 파악하기 위해서 커리어코치는 대부분 심리검사를 활용하게 된다. 이 가운데 흥미와 능력은 커리어를 안내하는 데 가장 중요한 요인 가운데 하나로 볼 수 있다.

두 번째는 노동시장과 직업환경에 대한 정보를 수집하는 것이다. 첫 번째 단계에서 다양한 심리검사를 실시하게 되면 각 검사 결과에서 해당 특성에 적합한 직업 목록이 제시된다. 커리어코치는 피코치가 해당 직업들에 대한 직업환경 및 직업세계에 관한 정보를 찾을 수 있도록 안내하고 상황에 따라서는 자신이 알고 있는 지식을 전수해 줄 수 있다. 중요한 직업환경 정보로는 해당 직업을 수행하는 데 있어서 필요한 조건(예, 학력, 연령, 경력 등), 업무환경, 근로시간, 임금, 향후 전망 등이 있다. 커리어코치는 이러한 정보들을 가능하면 피코치가 찾아보도록 안내할 필요가 있다. 이러한 정보를 인터넷에서 찾는 방법은 제2장에서 자세히 설명하고 있다.

마지막 단계는 자신의 특성에 대한 인식과 직업세계에 관한 정보를 조합하는 것이다. 개인의 특성을 다양하게 측정하게 되면 각 특성별로 폭넓은 직업목록이 제시되기 때문에 이를 연결시켜 자신에게 적합한 직업을 선택하는 것은 쉬운 일은 아니다. 커리어코치는 이 과정에서도 피코치가 적극적으로 참여하여 자신에게 적합한 직업을 찾는 노력을 기울이도록 격려할 필요가 있다. 피코치가 어려움을 경험할 경우는 커리어코치는 어느 정도 조언을 제공할 수 있다. 하지만 최종 결정은 피코치가 스스로 할 수 있도록 분위기를 조성하는 것이 중요하다. 이 과정에서 주의할 것은 피코치가 결정한 직업이 완전하고 영구적인 것은 아닐 수 있다는 점이다. 먼저, 피코치의 특성이 동일하게 지속되는 것이 아니라 시간 또는 환경의 변화에 따라 변화 가능할 수 있다. 또한 직업에 대한 정보도 변할 수 있게 된다. 동일한 직업이라도 새로운 업무가 추가되거나 없어질 수 있으며, 이에 따라 직업에서 필요한 능력 등에서도 변화가 가능하다. 또한 제2장의 '3. 직업의 변화'에서도 기술하였지만, 새로운 환경 변화에 따라 특정 직업의 미래 전망도 변화하게 된다.

특성-요인이론은 앞에서 기술한 바와 같이 개인이 자신의 특성을 인식하고 다양한 직업정보를 파악하며 이 두 정보를 연계시켜 자신에게 적합한 직업을 선택한다는 점에서 다른 이론에 비해 간단하여 실제 현장에서 많이 활용되고 있다. 하지만 이러한 간편성이 오히려 비판점으로 작용할 수도 있다. 이어서 설명할 다른 커리어 이론에 비해 이론으로 보기에는 단순하며, 커리어선택 과정에서 고려해야 할 다양한 요인(예, 부모의 지지와 같은 환경요인 등)을 고려하지 못하고 있다는 단점이 있다(Niles & Harris-Bowlsbey, 2013: Atli, 2026에서 재인용).

2. 사회인지커리어이론

사회인지커리어이론(social cognitive career theory; Lent & Brown, 2019)은 직업선택에 있어서 학습경험, 자기효능감, 결과기대, 흥미, 목표 등의 변인을 중시한다. 직업을 선택하기 위해서는 해당 직업에서 요구하는 활동에 대한 흥미가 있어야 하는데, 흥미에 영향을 주는 중요한 요인은 자기효능감과 결과기대(outcome expectation)로 설명한다. 자기효능감은 어떤 과제를 잘할 수 있다는 믿음이고, 결과기대는 해당 과제를 잘할 때 특정 성과가 따를 것이라는 믿음을 의미한다. 예를 들어, 내가 수학을 좋아하려면 수학을 어느 정도 잘할 수 있다는 자기효능감이 있어야 한다. 또한 수학을 잘하는 경우 내가 원하는 대학에 갈 가능성이 높을 것이라는 믿음이 있다면 수학을 더 좋아하게 될 것이다. 반대로 수학을 잘하더라도 나는 문과라서 내가 원하는 대학에 갈 수 있는 결과기대감이 낮다면 수학에 대한 흥미가 떨어질 것이다. 이 이론은 여러 번에 걸쳐 수정되었는데, 여기서는 핵심적인 3개의 모형에 대해 기술하고자 한다.

1) 흥미모형

흥미모형(interest model)의 핵심은 특정 직업에 대한 흥미는 해당 직업에서 요구되는 활동이나 행동을 잘할 수 있다는 믿음인 자기효능감과 해당 직업을 선택할 때 얻을 수 있는 결과(즉, 보상)에 대한 기대감인 결과기대에 의해 결정된다는 것이다(Lent & Brown, 2019). 또한, [그림 3-1]에서 보듯이 자기효능감은 결과기대를 통해 흥미에 간접적인 영향을 준다고 가정한다. 예를 들어, 내가 코칭을 잘할 수 있다는 자기효능감과 코치가 될 경우 어려움을 겪는 사람들을 도와서 이들이 어려움을 해결하는 것을 직접적으로 볼 수 있다는 긍정적 결과기대가 높을 경우 코치 직업을 좋아하게 되고 흥미를 갖게 된다. 또한 코칭을 잘할 수 있다는 효능감이 높아지면 코칭을 통해 얻을 수 있는 결과(예, 남을 도울 수 있음)에 대한 기대감도 높아지게 된다.

이러한 가설은 많은 연구에서 지지되었다. 1983년에서 2013년까지 30년에 걸쳐 사회인지커리어이론을 검증하기 위해 실시된 143개 연구결과를 종합한 최근의 메타연구(Lent et al., 2018) 결과에 따르면 자기효능감과 결과기대 및 흥미와의 평균 상관은 각각 .49와 .60이었고, 결과기대와 흥미 간의 평균 상관은 .58이었다. 또한 자기효능감과 결과기대 간의 경로는 .36이었으며, 자기효능감과 결과기대는 흥미 전체 변량의 46%를 설명하였다. 즉, 종합적으로 볼 때 특정 직업과 관련된 활동이나 행동을 잘할 수 있다는 자신감이 높을수록 이러한 활동이나 행동을 통해 긍정적 결과를 얻을 수 있다는 기대

감이 높아지고, 결과적으로 특정 직업에 대한 흥미가 높아지는 것으로 나타
났다.

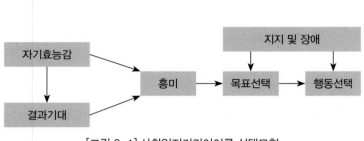

[그림 3-1] 사회인지커리어이론 선택모형

출처: Lent & Brown (2019).

2) 선택모형

선택모형(choice model)은 [그림 3-1]에서 보듯이 자기효능감, 결과기대 그
리고 흥미가 목표선택에 영향을 준다는 것을 가정한다(Lent & Brown, 2019).
즉, 코치에 관심이 있으면 코치를 자신의 직업 목표로 선정하게 되며, 코칭
에 대한 자기효능감과 긍정적 결과기대도 코치를 목표로 선정하는 데 영향을
줄 수 있다. 한편, 목표를 선택하게 되면 목표에 도달하기 위한 특정 활동을
계획하고 이를 실행하려는 노력(행동선택, choice action)을 하게 된다(예, 코치
가 되기 위해 코칭 관련 대학원을 알아보거나 코칭공부를 시작함 등). 또한 목표와
관련 행동을 선택하는 데 긍정적인 영향을 주는 지지(support) 변인들과 장애
(barrier)가 되는 변인들이 있음을 가정한다. 예를 들어, 코치가 되는 데 부모
나 주변 친구들이 이를 적극 지원해 줄 수 있다. 하지만 집안의 경제적 어려
움으로 인해 대학원 진학을 위한 등록금을 마련하는 것이 장애요인으로 작용
할 수 있다.

Lent 등(2018)의 메타연구에서 이러한 가설은 모두 지지되었다. 흥미와 목
표선택과의 상관은 .60이었고, 자기효능감과 결과기대는 목표선택과 .47과

.57로 유의하게 관련되었다. 목표선택과 행동선택 간의 상관은 .50으로 유의하였다. 지지와 장애는 목표선택과 유의하게 관련되었으며, 상관 크기는 각각 .36과 -.22로 나타나서 지지가 좀 더 높게 관련되었다. 즉, 코칭에 관심이 있으면 코치를 목표로 선택하며 코치가 되기 위한 구체적 행동을 하게 된다. 또한 코칭을 잘할 수 있다는 자기효능감과 코칭을 통해 얻을 수 있는 결과에 대한 기대감도 코치를 목표로 선택하는 데 영향을 주게 된다. 이 과정에서 코치를 목표를 선택하는 데 도움이 되는 변인이 있으며, 반대로 장애로 작용하여 목표를 선택하는 데 방해가 되는 변인도 있는 것으로 나타났다.

3) 수행모형

수행모형(performance model)은 [그림 3-2]에서 보듯이 능력과 과거 수행이 미래의 학업 또는 직업 수행과 지속성에 직접적 영향을 주거나 또는 자기효능감과 수행목표를 통해 간접적인 영향을 주는 것을 예측한다(Brown et al., 2008). 또한 능력과 과거수행은 결과기대를 통해 수행목표에 영향을 주고, 결과적으로 미래의 직업수행과 지속성에 영향을 준다는 것을 가정한다. 예를 들어, 학업에 대한 인지능력이 우수하고 지난 학기 학점이 잘 나온 경우 학업에 대한 효능감이 높아져서 다음 학기 목표학점을 좀 더 높게 세우게 되며, 이를 달성하기 위해 더 많은 노력을 하게 되어 목표를 달성하게 된다는 것이다. 또한 이 과정에서 다음 학기 좋은 학점을 받아 장학금이나 부모의 인정 같은 결과를 기대할 경우 수행목표(높은 학점)를 세우고 이를 달성할 가능성이 높아지게 된다.

Brown 등(2008)은 메타연구를 통해 대학생의 학점에 초점을 두고 분석을 실시하였다. 먼저, 대학 학점을 통해 측정한 수행을 예측하는 모형의 경우, 분석 결과 SAT(미국의 대학입학능력검사)로 측정한 능력은 자기효능감(.70), 목표(.18) 및 수행(.45)과 모두 유의하게 관련되었다. 즉, 인지능력이 우수할

수록 대학 공부를 잘할 수 있다는 자신감이 생기고, 이로 인해 좀 더 도전적인 학업목표(예, 높은 학점)를 세우며 열심히 공부해서 결과적으로 높은 학업성적을 얻게 되는 것으로 설명할 수 있다. 또한 자기효능감도 목표(.49) 및 수행(.50)과 유의하게 관련되었다.

다음으로, 대학을 그만두지 않고 계속 다니고 있는지를 통해 측정한 지속성을 예측하는 모형의 경우, 능력은 자기효능감(.70), 목표(.18) 및 지속성(.25)과 모두 유의하게 관련되었다. 또한 자기효능감도 목표(.49) 및 수행(.36)과 유의하게 관련되었다. 종속변인이 달라질 경우 상관의 크기를 비교해 보면 수행이 종속변인일 때보다 지속성이 종속변인일 때 상관의 크기가 작게 나타났다. 한편, 능력이 아닌 고등학교 학점을 과거수행으로 측정하여 선행변인으로 두고 분석한 결과도 이와 유사하게 다른 변인들과 모두 유의하게 관련된 것으로 나타났다.

상관분석이 아닌 경로분석을 통해 각 변인 간 인과관계에 대해 모형검증을 실시한 결과에서는 종속변인이 학업수행이든 지속성이든 상관없이 부합도가 높게 나타났다. 하지만 선행변인이 SAT를 통해 측정한 인지능력인 경우의 모형 부합도가 고등학교 학점을 통해 측정한 경우보다 더 좋게 나타났다. 또한 목표와 지속성과의 경로는 유의하였지만, 목표와 수행 간의 경로는 유의하지 않은 것으로 나타났다. Brown 등(2008)은 목표와 수행 간의 경로가 유의하지 않게 나타난 이유에 대해 두 가지로 설명하고 있다. 첫째, 자기효능감이 높을

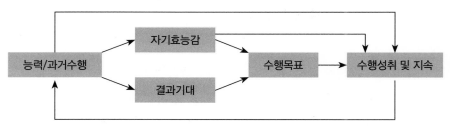

[그림 3-2] 사회인지커리어이론 수행모형

출처: Brown et al. (2008).

수록 목표를 도전적으로 세우게 되는데, 이러한 자기효능감은 학업성적을 높이는 데도 동기적으로 충분한 영향을 주기 때문에 목표가 추가적으로 학업성적을 높이지 못한다는 것이다. 둘째, 대부분의 연구에서 목표를 특정 과목에서 좋은 학점을 받겠다는 것으로 측정하지 않고 대학을 졸업하겠다는 광범위한 목표로 측정하였기 때문에 이러한 목표와 구체적인 학업성적과의 연계성이 부족하여 상관이 유의하지 않게 나왔을 가능성이 있다는 것이다.

4) 커리어자기관리 사회인지모형

Lent, Morris, Penn과 Ireland(2019)는 최근 연구에서 Lent와 Brown(2013)의 커리어자기관리 사회인지모형(social cognitive model of Career Self-Management: CSM)을 종단적으로 검증하기 위해 대학생 420명을 대상으로 설문을 실시하였다. [그림 3-3]에 제시되어 있는 커리어자기관리 사회인지모형은 앞에서 설명한 사회인지커리어이론을 확장하여 직업탐색과정에 좀 더 초점을 두는 모형으로서 기존 모형에서 제시하고 있는 자기효능감, 결과기대 등의 변인을 포함하면서 성격변인을 추가하였다는 점에서 차이가 있다. 또한 '무엇'을 선택하는지에 대한 강조보다는 주어진 환경에서 자신의 커리어를 '어떻게' 관리해 나갈 수 있을지에 초점을 두었다. 효능감 측정에서도 기존에는 특정 과제나 활동을 잘할 수 있다는 내용 효능감에 중점을 두었다면, 커리어자기관리 사회인지모형에서는 커리어를 잘 관리해 나갈 수 있다는 과정효능감을 중시한다.

모형검증을 위해 Lent 등(2019)은 1차 조사에서 커리어 탐색 및 의사결정자기효능감(문항 예, "어떤 커리어가 내 성격에 맞는지 파악할 수 있다."), 커리어 탐색 활동을 통해 얻을 수 있는 긍정적 결과를 의미하는 결과기대(문항 예, "내가 다른 커리어에 대해 알게 된다면 커리어결정을 더 잘 내릴 수 있을 것이다."), 커리어 탐색목표(문항 예, "나는 지금보다 커리어 탐색을 위해 더 많은 시간을 보내려

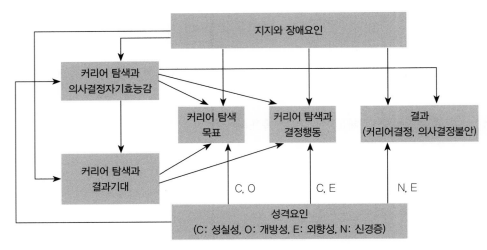

[그림 3-3] 커리어자기관리 사회인지모형

출처: Lent & Brown (2013).

고 한다."), 커리어 탐색행동(문항 예, "관심 있는 커리어를 찾아보기 위해 인터넷 탐색을 했다."), 커리어결정에 대한 사회적 지원(문항 예, "내가 커리어를 선택하는 데 도움을 주는 사람이 있다."), 성실성, 커리어결정수준(문항 예, "현 시점에서 커리어 방향을 어느 정도 결정하였습니까?"), 의사결정불안(문항 예, "커리어를 선택하는 생각을 할 때 걱정이 된다.") 등의 변인을 측정하였다. 2차 조사는 1차 조사 4개월 후에 실시되었으며, 1차 조사와 동일한 변인을 측정하였다. 마지막 3차 조사는 3개월 후에 실시되었고, 커리어결정수준과 의사결정불안만을 측정하였다.

Lent와 Brown(2013)의 모형은 커리어 탐색 및 의사결정자기효능감이 결과기대에 영향을 주고 이를 통해 목표와 탐색행동을 영향을 주며 결과적으로 커리어결정수준과 의사결정불안에 긍정적인 영향을 주는 것으로 가정하였다. 또한 사회적 지원과 성실성은 커리어 탐색 및 의사결정자기효능감, 커리어 탐색목표, 커리어 탐색행동에 유의한 영향을 준다는 가설을 수립하였다. 추가적으로, 커리어결정수준이 높아질 경우 이에 따라 자기효능감과 결과기대가 증가될 가능성이 있기 때문에 2차 조사에서의 커리어결정이 1차 조사에서의 자기효능감과 결과기대에 영향을 준다는 양방향 경로도 포함하였다.

분석 결과, 대부분의 가설은 모두 지지되었지만 가설과는 달리 성실성과 사회적 지원은 탐색행동에 유의한 영향을 주지 않았다. 하지만 시점 1에서의 성실성은 시점 2에서의 사회적 지원을 유의하게 예측했으며, 사회적 지원은 시점 3에서의 커리어결정을 유의하게 설명하였다. 이러한 결과는 성실성이 높은 사람이 사회적 지원 시스템을 적극적으로 활용하게 되고, 이를 통해 커리어결정수준이 향상될 수 있음을 시사한다.

5) 사회인지커리어이론의 코칭 시사점

그렇다면 앞에서 기술한 사회인지커리어이론을 커리어코칭 시 어떻게 활용할 수 있을지에 대해 생각해 보도록 하자. 앞에서 기술한 흥미모형, 선택모형, 수행모형, 커리어자기관리 사회인지모형을 구분하여 기술하는 것보다 통합하여 설명하는 것이 좀 더 이해가 쉬울 것으로 판단하여 전체 과정을 기반으로 설명하고자 한다. 필자는 먼저 피코치가 과거 경험으로부터 시작하여 최종 목표를 달성하기까지의 전체 과정 중에서 어떤 시점에 머무르고 있는지를 파악하는 것이 중요하다고 판단한다. 이에 따라 피코치와 코칭을 진행해 나가는 방법이 다르기 때문이다. 예를 들어, 피코치가 특정 직업에 대한 흥미나 관심이 전혀 없다면 어떤 직업에 흥미가 있는지를 찾는 데 코칭의 목표를 두고 진행할 필요가 있다. 이를 위해 흥미모형에서 제시한 흥미의 선행변인인 자기효능감에 초점을 두고 피코치가 어떤 활동이나 행동에 대해 관심이 있고 잘할 수 있다는 자신감이 있는지 탐색하는 것이 중요하다. 만약 특별한 자신감이 없다면 수행모형에서 언급하고 있는 과거 수행에 초점을 두고 업무나 일상생활에서 피코치의 과거 성공경험을 이끌어 낸다. 성공경험에 대한 성찰을 통해 피코치가 인식하고 있지 못했던 특정 활동이나 행동에 대한 자신감을 이끌어 낼 수 있으며, 이를 통해 특정 직업 분야에 대한 흥미가 생성될 수 있다. 또한 이 과정에서 해당 직업이나 분야를 통해 얻을 수 있는 긍정적 기대감이 무엇인지 물어봄으로써 피코치의 결과기대감을 높이고, 결과적으로 해당 직업에 대한 흥미 수준을 높이는 것이 가능하다. 만약 이러한 피코치와의 상호작용을 통해 특정 직업분야에 대한 흥미를 이끌어 내는 것이 어렵다면 흥미검사를 활용하는 것도 도움이 된다. 다양한 커리어심리검사를 활용하여 피코치에게 적합한 직업을 도출하는 방법에 대해서는 제5장에서 자세히 설명하고자 한다.

만약 피코치가 특정 직업 분야에 대한 흥미는 있지만 단순히 관심만 가지고 있을 뿐 무엇을 해야 할지 구체적인 목표를 세우지 못하고 있다면, 이는 앞에서 기술한 '선택모형'에서 흥미에서 목표로 연결되지 못하고 있음을 의미한다. 이러한 상황에서 코치는 피코치가 해당 분야에 대한 흥미가 어느 정도인지를 먼저 확인할 필요가 있다. 흥미를 가지고 있다는 것이 확인되면 어떠한 이유 때문에 구체적인 목표를 정하지 못했는지를 파악하는 것이 중요하다. 아마도 목표를 정하는 과정에서 부모의 반대가 있거나 피코치가 관심 있는 분야가 사회적으로 충분한 인정을 받지 못하고 있다는 장애요인이 영향을 줄 가능성이 있다. 따라서 목표를 정하는 과정에서 피코치가 인식하는 어려움이나 장애요인이 무엇인지를 파악하고 이를 어떻게 극복할 수 있을지를 논의한다. 예를 들어, 부모의 반대가 심하다면 부모에게 어떠한 방법으로 설득할 것인지에 관한 구체적 방법을 피코치와 논의한다. 역할연기를 통해 코치를 부모로 생각하고 피코치가 직접 설득해 보는 연습을 하는 것도 도움이 된다.

또한 직업을 선택하는 과정에서 피코치가 도움을 받을 수 있는 자원에 대해 생각해 보도록 한다. 가족을 포함해서 주변 지인 가운데 피코치의 선택에 대해 지지해 주고 실질적인 도움을 줄 수 있는 사람이 누구인지를 생각해 보고 구체적인 도움을 청하는 방법에 대해 논의한다.

피코치가 구체적인 직업 목표를 정하게 되면 코치는 피코치가 목표달성을 위한 구체적인 실행계획을 수립하고 이를 실행할 수 있도록 격려할 필요가 있다. 실행계획은 가능하면 구체적으로 수립하도록 한다. 그래야 실행가능성이 높아지기 때문이다. [그림 3-1]의 '선택모형'에서도 볼 수 있듯이, 지지와 장애요인은 행동에도 영향을 미칠 수 있기 때문에 피코치와 실행과정에서 나타날 수 있는 장애요인과 이에 대한 극복 방안에 대해서도 얘기를 나눈다. 또한 실행가능성을 높이기 위하여 피코치에게 도움을 줄 수 있는 지지자원은 무엇이 있고 어떠한 방법으로 도움을 청할 수 있을지에 관한 얘기를 나눈다.

만약 피코치가 자신에게 적합한 커리어를 탐색하는 방법에 대해 자신감이 없고 잘 모르고 있다면 커리어자기관리모형을 토대로 코칭을 진행하는 것이 바람직하다. 앞의 모형에서 보듯이 피코치가 커리어 탐색 및 결정에 대한 자기효능감이 낮아서 이러한 문제가 나타날 수 있다. 구체적인 커리어 탐색 행동에는 어떠한 것들이 있는지를 피코치와 찾아보면서(예, 워크넷에 있는 직업심리검사) 이러한 행동을 하기 위한 자기효능감이 어느 정도인지를 척도질문을 통해 파악해 본다. 예를 들어, 워크넷에 있는 직업심리검사를 해 보는 행동을 하는 것에 대한 자신감이 10점 만점(1점: 매우 낮다, 10점: 매우 높다) 가운데 몇 점 정도인지를 물어본다. 피코치의 점수가 낮다면 어떤 이유 때문에 자신감이 낮은지를 물어보고, 이유를 파악한 후 어려움을 해결할 수 있는 구체적 방안을 찾는다. 사람들이 특정 행동을 하는 것이 어렵다고 생각하는 중요한 이유로 해당 행동을 해 보지 않았기 때문에 막연한 불안감이 있기 때문일 가능성이 크다. 이러한 경우 해당 행동과 관련된 과거의 성공 경험을 이끌어 내는 것이 도움이 된다. 이를 통해 해당 행동에 대한 자신감이 증진될 수 있기 때문이다.

3. 커리어구성이론

1) 커리어구성이론의 기본 개념

커리어구성이론(career construction theory)은 개인이 자신의 삶을 돌아보면서 자신이 어떻게 살아왔는지에 대해 탐색해 보고 이를 이야기로 만들어 얘기하고 자신이 말한 내용에서 새로운 의미를 스스로 찾아내어 자신이 어떠한 사람이고 어떤 업무환경에서 일하고 싶다는 이야기를 구성하며, 이를 토대로 궁극적으로 자신에게 적합한 커리어를 찾는 과정을 의미한다(Savickas, 2005). 즉, 자신이 어떤 사람이라는 것을 과거 경험을 토대로 능동적으로 자기만의 이야기를 만들어 가는 과정을 중요시한다.

예를 들어, 개인이 어렸을 때 테레사 수녀에 관한 영화와 TV 다큐멘터리를 보면서 테레사 수녀를 역할모델로 삼고 자신도 남을 위해 봉사하거나 도와주는 일을 하고 싶다는 생각이 들었고, 청소년기에도 학교 동아리 활동 등을 통해 지역사회에 봉사하는 활동을 했던 경험을 이야기하게 된다. 이어서 그러한 경험을 통해 자신에게는 남을 위해 봉사한다는 가치가 중요한 의미로 자리 잡았고 이를 위해 사회복지사가 되는 것이 적합하다는 것을 깨닫게 되었다고 말하게 된다. 커리어코치 또는 커리어 상담자는 다양한 질문을 통해(구체적인 질문 방법은 제4장 참조) 개인이 질문과 관련된 과거 경험을 떠올리면서 이것이 자신에게 어떤 의미가 있는지를 성찰하고 자신이 주도적으로 자신의 이야기를 만들어 가면서 궁극적으로 자신에게 적합한 커리어를 찾도록 이끌어 가게 된다.

따라서 커리어구성이론을 이야기를 중심으로 하는 제3의 커리어개입 물결(wave)이라고도 한다(Hartung & Santilli, 2018). Hartung과 Santilli(2018)에 따르면, 제1의 커리어개입 물결은 Parsons에서 시작한 특성−요인이론과 같이 개인과 직업을 연결해 주는 것을 의미한다. 제2의 커리어개입 물결은 주로 근로자를 대상으로 생애 전반에 걸쳐서뿐 아니라 다양한 삶의 역할에 대해 생각해 보고 이를 관리하는 데 초점을 두며, Super의 생애발달이론이 대표적이다.

커리어구성이론에서는 피코치가 자신의 삶에 대한 성찰을 토대로 자신의 이야기를 만들어 가는 것이 중요하기 때문에 커리어와 관련된 심리검사를 실시하지 않아도 된다. 물론 필요에 따라 특정 심리검사를 활용할 수는 있다. 하지만, 예를 들어 흥미검사를 실시한 경우, 단순히 흥미유형을 제시하기보다는 개인이 왜 그러한 흥미를 갖게 되었는지, 흥미와 관련된 어떠한 경험을 했는지 등의 질문을 통해 해당 흥미유형이 자신에게 적합한지를 스스로 판단하게 하는 노력이 필요하다. 커리어구성이론을 토대로 커리어코칭을 진행하는 경우, 코치는 무엇보다 피코치가 성찰과 통찰을 경험할 수 있도록 유도하는 것이 중요하다. 피코치가 과거 경험에 대해 충분히 성찰하면서 이를 통해 자신이 어떠한 사람이라는 것에 대해 통찰하고 의미부여를 하는 것이 중요하기 때문이다.

Savickas(2013)에 따르면, 커리어구성이론의 기본은 자아에 대한 해석에 있다. 자아에 대한 관점은 배우로서의 자아(self as actor), 에이전트로서의 자아(self as agent), 저자로서의 자아(self as author) 등 세 가지로 구분된다. 배우로서의 자아는 적극적인 탐색 없이 자신에게 주어진 것을 그대로 받아들이는 다소 수동적인 자아를 의미한다. 어린 시절 아이들은 가정에서 부모의 지도나 안내에 따라, 또는 TV나 책에서 접하게 되는 역할 모델을 따라 자신이 누구와 같이 되겠다는 자아개념을 형성하게 된다. 즉, 자신이 주도적으로 자신의 특성을 파악하고 이와 관련된 직업을 찾아나가는 과정에서 자아를 형성하게 되는 것이 아니라 가정에서 부모를 포함한 주변의 영향을 받아 '나는 저러한 사람이 되어야겠다.'는 인식을 내면화하게 된다. 따라서 특정 직업을 고려할 수는 있지만, 왜 그러한 직업을 선택하려고 하는지 그 직업이 자신에게 어떤 의미가 있는지에 대해서는 고려하지 않게 된다.

예를 들어, 이 단계에서 아이들은 부모의 의견도 그렇고 별다른 생각 없이 재판 드라마에서 피고를 변호하는 변호사가 보여서 변호사가 되고 싶다는 생각을 할 수 있다. Savickas가 이러한 자아를 배우로서의 자아로 명명한 이유는, 필자의 판단으로는 배우는 기본적으로 각본에 나와 있는 대로 연기를 하기 때문에 다소 제한된 역할을 하기 때문인 것으로 여겨진다.

개인이 청소년기에 접어들게 되면 가정의 영향에서 조금씩 벗어나면서 학교나 학원(한국의 경우) 등의 영향을 받게 되면서 자신에게 적합한 커리어에 대해 더 많은 생각과 경험을 하게 되고 좀 더 주도적으로 커리어를 탐색하게 되는데, 이 과정에서 커리어 선택을 통해 자신이 달성하고자 하는 목표가 무엇인지 인식하게 된다. 즉, 단순히 특정 커리어를 선택하는 것이 아니라 이를 통해 달성하고자 하는 목표가 무엇인지 먼저 인식하고 특정 커리어 선택이 이러한 목표를 충족시킬 수 있는지를 판단하게 된다. 예를 들어, 이 단계에서 자신이 변호사가 되고자 하는 이유는 억울하게 피해를 보는 사람들을 돕기 위한 목표가 있고 이를 달성하기 위해서임을 깨닫게 된다.

Savickas는 이러한 단계에서의 자아를 에이전트로서의 자아로 명명하였다. 필자는 스포츠나 연예계에서 에이전트는 당사자는 아니지만 자신의 전문적 경험을 통해 고객을 대신해서 나름대로 주도권을 가지고 고객을 위한 계약 목표를 세우고 이를 성사시키는 역할을 하기 때문에 이와 같이 명명한 것으로 판단한다.

이 자아 단계에서는 주도적으로 커리어를 탐색하고 선택하기 위해 외부환경 변화(예, 직업세계의 변화 등)를 인식하고 이에 잘 적응할 수 있는 자원을 갖추고 적절히 대처하는 행동이 중요하게 된다. Savickas는 이 단계에서 커리어적응의 중요성을 강조하면서 커리어적응모형을 제시하였다. 이 모형에 관해서는 다음 절에서 설명하고자 한다.

마지막으로 자아 단계는 저자로서의 자아이다. 청소년기를 지나 성인기에 접어들면서 개인은 학교를 떠나 사회에 진출하게 되면서 이제 구체적으로 커리어를 선택해야 한다. 이 과정에서 그동안 배우로서의 자아 및 에이전트로서의 자아 경험을 통합하여 커리어 목표를 좀 더 명료화하게 되며 이러한 커리어 추구가 자신에게 어떤 의미를 갖는지를 인식하게 됨으로써 해당 커리어를 내면화하게 된다. 예를 들어, 이 단계에서 개인은 변호사가 되려는 것이 자신에게 어떤 의미가 있는지를 성찰하게 되고 사회 정의를 바로잡아 자신이 사회에 기여한다는 의미가 있다는 것을 인식하게 된다. 이 과정을 통해 개인은 공정성과 사회에 대한 기여가 자신에게 중요한 생애주제(career theme)임을 깨닫게 된다.

이러한 생애주제를 인식하는 과정에서 개인이 자신의 과거 경험을 돌이켜 보고 이를 이야기로 옮기는 과정이 저자가 자신의 생각을 글로 써 나가는 과정과 유사하기 때문에 Savickas는 이 자아단계를 저자로서의 자아로 명명한 것으로 판단된다. 따라서 커리어코치는 커리어코칭 과정에서 피코치가 자신의 다양한 과거 경험을 성찰하면서 이야기를 스스로 풀어 나가고 이야기를 통합하여 생애주제를 도출하게 하며, 궁극적으로 자신에게 적합한 커리어를 선택하도록 함께 나아갈 필요가 있다.

2) 커리어적응모형

Savickas(2013)는 앞에서 설명하였듯이 에이전트로서의 자아단계에서 커리어적응의 중요성을 강조하면서 커리어적응모형(career adaptation model)에 대해 설명한 바 있다. 커리어적응모형에서 중요한 점은 에이전트로서의 자아에서도 설명했듯이 개인이 주도적인 역할을 한다는 점이다. 또한 커리어와 관련된 외부환경의 변화가 지속적으로 일어나고 있기 때문에 이에 적응할 필요성이 있고, 적응하기 위해서는 적응자원이 있어야 함을 강조한다.

적응과정을 좀 더 구체적으로 살펴보면 Savickas는 커리어적응준비 (career adaptivity), 커리어적응성(career adaptability), 커리어적응반응(career adapting), 커리어적응결과(career adaptation) 등의 네 가지 커리어 개념을 제시하고 있다. 첫째, 커리어적응준비는 개인이 커리어 변화에 적응할 준비가 얼마나 되어 있는지에 관한 특성을 의미한다. 즉, 적응에 필요한 융통성과 적응하려는 의지가 얼마나 있는지가 중요하다.

둘째, 커리어적응성은 커리어 환경변화에 적응할 수 있는 개인적 자원을 의미한다. 커리어 환경변화에 적응하기 위해서는 준비만 되어 있어서는 안 되고 적응할 수 있는 자원, 즉 힘을 가지고 있어야 함을 기술한다. Savickas는 네 가지 심리사회 자원을 제시하고 있는데, 이는 관심, 통제, 호기심, 자신감으로 구성되어 있다.

Savickas(2013)에 따르면, 커리어 관심(concern)은 경력적응성 네 요인 가운데 가장 중요한 차원이다. 관심 요인은 미래지향적인 특성을 의미한다. 좀 더 구체적으로 설명하면, 관심 요인이 높은 사람은 미래에 대해 생각하고 미래를 위해 준비하고 계획하는 강점을 가진다. Savickas(2012)가 개발한 경력적응성 척도(career adaptability scale)에서 관심 요인에 해당하는 문항의 예로는 "내 미래 모습은 어떨지에 대해 생각한다." "미래에 대해 준비를 한다." "목표설정을 위한 계획을 세운다." 등이 있다. 〈표 3-1〉에서 보듯이 이러한 강점을 가진 사람은 계획적인(planful) 태도를 갖게 되고 지금의 노력이 미래의 성공과 연계된다는 믿음을 형성하게 된다. 역량 측면에서는 이러한 태도와 믿음을 가진 개인은 미래를 위해 계획하고 준비하는 행동을 주기적으로 하게 되어 계획수립(planning) 역량이 증진된다(〈표 3-1〉 참조). 한편, 이러한 관심이 부족한 사람은 커리어에 냉소적이고 염세적이 되며, 아무런 계획을 세우지 않는 커리어 무관심(indifference)이라는 문제점을 가지게 된다(〈표 3-1〉 참조).

두 번째로 중요한 차원은 통제(control)이다(Savickas, 2013). Savickas는 이 차원을 자기조절을 촉진하는 내적 과정으로 개념화하고 있다. 즉, 자기 스스로 직업환경에 대해 신중하게 생각하고 조직화하며 무엇을 할 것인지에 관한 결정을 내리는 과정을 의미한다. 〈표 3-1〉에서 보듯이 관련 태도 및 믿음은 결정을 내리는(decisive) 것과 관련되며 관련 역량은 의사결정(decision making)이다. 경력적응성 척도에서 통제요인과 관련된 문항의 예로는 "나 스스로 결정을 내린다." "내 행동에 대해 책임을 진다." 등이 있다. 이러한 통제가 부족하게 되면 결정을 내리지 못하고 우유부단해지는 커리어 미결정 (indecision) 같은 문제점에 직면하게 된다(〈표 3-1〉 참조).

세 번째 차원은 호기심(curiosity)으로서 일종의 정보추구행동으로 볼 수 있다. Savickas는 이 요인을 자신과 직업환경 사이의 부합에 관해 탐구하고 탐색하는 차원으로 개념화하였다. 자신에 대한 이해를 토대로 커리어 선택과 관련된 다양한 정보를 추구하고 커리어 환경을 탐색하는 행동으로 이해할 수 있다. 경력적응성 척도에서 이 요인에 속하는 문항으로는 "내 주변 환경을 탐색한다." "개인적으로 성장할 기회를 찾는다." "선택을 하기 전 대안들을 탐색한다." 등이 있다. 〈표 3-1〉에서 보듯이 관련된 태도 및 믿음은 탐구심이 많은(inquisitive) 것을 의미하고, 관련 역량은 탐색(exploring)을 나타낸다. 또한 이러한 호기심이 부족하게 되면 커리어 환경에 대한 정보가 부족하여 비현실적(unrealism)인 판단을 내릴 수 있다. 예를 들어, 호기심이 부족하게 되면 직업환경 변화에 대한 탐색을 덜 하게 되고 점차 사라져가는 직업을 잘못 선택할 수 있을 것이다.

마지막 차원은 자신감(confidence)이다. Savickas에 따르면, 이 차원은 직업선택과 관련된 다양한 행동을 성공적으로 해낼 수 있다는 자기효능감을 의미한다. 이 요인에는 "일을 잘 처리한다." "장애를 극복한다." "내 능력을 다 발휘한다." 등의 문항이 포함되어 있다. 자신감이 증진되면 〈표 3-1〉에서 보듯이 관련되어 자신의 행동이 효과가 있다는(efficacious) 태도와 믿음을 갖게 되며 문제해결(problem solving) 역량이 증진된다. 한편, 이러한 자신감이 부족하게 되면 커리어 관련 행동을 실행하고 목표를 달성하려는 의지가 억제 (inhibition)되는 문제가 발생하게 된다(〈표 3-1〉 참조).

〈표 3-1〉 경력적응성 차원

적응성 차원	태도 및 믿음	역량	경력문제
관심	계획적인	계획수립	무관심
통제	결정을 내리는	의사결정	미결정
호기심	탐구심이 많은	탐색	비현실성
자신감	효과가 있는	문제해결	억제

출처: Savickas (2013).

커리어적응모형에서 세 번째 개념인 커리어적응반응은 적응준비와 적응성을 토대로 구체적인 적응행동을 실행하는 것을 의미한다. Savickas, Porfeli, Hilton과 Savickas(2018)는 대학생을 대상으로 이들의 적응반응을 측정하기 위한 커리어구성척도(Career Construction Inventory)를 개발한 바 있다. 이 척도는 직업 자기개념 명료화(crystalizing a vocational self-concept), 직업정보탐색(exploring to gather information about occupation), 직업선택결정(deciding to commit to an occupational choice), 실행준비(preparing to implement that choice)의 네 가지 요인으로 구성되어 있다. 표소휘와 양은주(2020)는 이들이 개발한 척도를 국내외 대학생과 대학원생을 대상으로 타당도를 검증하였다. 직업 자기개념 명료화에 속하는 문항으로는 "나의 재능과 능력을 인식한다." 등이 있으며, 직업정보탐색 요인에는 "나에게 맞을 수도 있는 직업에 대해 조사한다." 등의 문항이 있다. 직업선택결정 요인은 "내가 정말로 원하는 직업이 무엇인지를 결정한다."와 같은 문항을 포함하며, 실행준비 요인은 "내가 선호하는 직업을 위해 훈련을 시작한다." 등의 문항으로 구성되어 있다.

마지막 개념은 커리어적응결과(career adaptation)이다. 개인이 커리어적응준비와 적응자원을 거쳐 구체적인 커리어적응반응을 보이게 되며, 이를 통해 개인이 커리어와 관련해 원하는 결과를 얻게 되는지를 의미한다. 일반적으로 커리어적응모형 검증에 관한 연구에서 커리어적응결과는 커리어나 직무에 대한 만족, 고용가능성, 업무성과 등의 변인을 통해 측정하게 된다 (Rudolph, Lavigne, Zacher, 2017).

3) 관련 연구

커리어구성이론에 관한 연구는 적응모형에 관한 설문지 연구에서부터 커리어구성이론을 토대로 구성한 상담 프로그램의 효과성을 검증하는 연구까지 다양한 연구가 진행된 바 있다. 여기서는 이 가운데 일부 연구를 소개하고자 한다. 먼저, 김혜영(2022)은 커리어적응모형 검증을 위해 모형에서 선행변인으로 나오는 커리어적응준비는 외부환경 변화에 적응하기 위한 준비가얼마나 잘 되어 있는지를 의미하는데, 자율성, 유능성 및 관계성 등의 인간의기본심리욕구가 충족될 경우 변화에 적응할 수 있는 준비가 되어 있다고 가정하여 기본심리욕구(Deci & Ryan, 1985)를 통해 측정하였다. 커리어적응성과 커리어적응반응은 각각 앞에서도 설명한 경력적응성척도와 커리어구성척도를 통해 측정하였다. 마지막으로, 커리어적응결과는 개인이 자신이 선택한 커리어에 대해 얼마나 몰입하는지를 측정하는 진로몰입과 학교생활에얼마나 잘 적응하는지를 알아보는 대학생활적응 척도를 통해 측정하였다.

대학생 731명으로부터 자료를 얻어 분석한 결과, 커리어적응준비는 커리어적응성과 커리어적응반응을 통해 커리어적응결과에 순차적으로 유의한영향을 미치는 것으로 나타났다. 즉, 커리어적응성과 커리어적응반응의 순차적 매개효과가 입증되었다. 이러한 결과는 개인의 기본심리욕구가 어느정도 충족이 되면 변화에 준비할 수 있게 되고, 이를 통해 적응역량이 높아져서 실제 적응할 수 있는 행동을 하게 되며, 결과적으로 성과가 나타난다는 커리어적응모형을 입증하는 것으로 해석할 수 있다.

Maree(2016)는 커리어구성이론을 토대로 상담을 진행한 후 이 가운데 특정 회기를 녹화하고 녹화 동영상을 내담자와 함께 시청하면서 내담자가 상담

과정에서 어떠한 성찰과 통찰이 이루어졌는지를 분석하였다. 사례연구를 통해 분석한 결과, 상담과정에서 다양한 성찰과 통찰이 이루어졌음을 파악할 수 있었다.

[참고문헌]

김혜영(2022). 대학생의 기본심리욕구, 진로적응성, 진로구성, 진로몰입, 대학생활적응 및 부모진로지지의 구조적 관계: 진로적응모형을 중심으로. 광운대학교 대학원 박사학위논문.

표소휘, 양은주(2020). 한국판 학생 진로구성척도(Korean Student Career Construction Inventory)의 타당화 연구: 초기 성인기를 중심으로. 한국심리학회지: 학교, 17(2), 145-164.

Atli, A. (2016). The effects of trait-factor theory based career counselling sessions on the levels of career maturity and indecision of high school students. *Universal Journal of Educational Research, 4*(8), 1837-1847.

Brown, S. D., Tramayne, S., Hoxha, D., Telander, K., Fan, X., & Lent, R. W. (2008). Social cognitive predictors of college students' academic performance and persistence: A meta-analytic path analysis. *Journal of Vocational Behavior, 72*(3), 298-308.

Deci, E. L., & Ryan, R. M. (1985). *Intrinsic motivation and self-determination in human behavior.* NY: Plenum Press.

Lent, R. W., & Brown, S. D. (2013). Understanding and facilitating career development in the 21st century. In R. W. Lent & S. D. Brown (Eds.), *Career development and counseling: putting theory and research to work* (2nd ed.). New York: Wiley.

Lent, R. W., & Brown, S. D. (2019). Social cognitive career theory at 25: Empirical status of the interest, choice, and performance models. *Journal of Vocational Behavior, 115*, 103316.

Lent, R. W., Morris, T. R., Penn, L. T., & Ireland, G. W. (2019). Social-cognitive predictors of career exploration and decision-making: Longitudinal test of the career self-management model. *Journal of Counseling Psychology, 66*(2), 184-194.

Lent, R. W., Sheu, H.-B., Miller, M. J., Cusick, M. E., Penn, L. T., & Truong, N. N. (2018). Predictors of science, technology, engineering, and mathematics choice options: A meta-analytic path analysis of the social-cognitive choice model by gender and race/ethnicity. *Journal of Counseling Psychology, 65*(1), 17-35.

McDaniels, C. (1994). Frank Parsons: His heritage leads us into the 21st century. *Journal of Career Development, 20*(4), 327-332.

Parsons, F. (1989). *Choosing a Vocation. Garrett Park*. MD: Garrett Park.

Rudolph, C. W., Lavigne, K. N., & Zacher, H. (2017). Career adaptability: A meta-analysis of relationships with measures of adaptivity, adapting responses, and adaptation results. *Journal of Vocational Behavior, 98*, 17-34.

Savickas, M. L. (2012). Career adapt-abilities scale: Construction, reliability, and measurement equivalence across 13 countries. *Journal of Vocational Behavior, 80*, 661-673.

Savickas, M. L. (2013). Career construction and practice. In Steven D. Brown & Robert W. Lent (Eds.), *Career development and counseling: Putting theory and research to work* (pp. 147-183). New Jersey: John Wiley & Sons, Inc.

Savickas, M. L., Porfeli, E. J., Hilton, R. L., & Savickas, S. (2018). The student career construction inventory. *Journal of Vocational Behavior, 106*, 138-152.

제2부
커리어 탐색 및 가이드 기법

생애설계 커리어 기법

앞서 제3장에서 Savickas의 커리어구성이론에 대해 설명한 바 있다. 이 장에서는 커리어구성이론을 토대로 Savickas가 커리어 상담을 진행하는 과정에 대해 설명한 생애설계(life design) 커리어 기법 내용을 코칭 상황에 맞게 일부 수정하여 소개하고자 한다. 이 장의 앞부분(1, 2, 3절)에서 기술하는 내용은 Savickas의 『생애설계상담매뉴얼(Life design counseling manual)』(2015)을 토대로 탁진국(2019)이 집필한 『코칭심리학』의 제12장에서 다룬 내용을 일부 수정한 것이다. 제3장에서도 설명하였지만, Savickas의 커리어 상담 진행방법의 핵심은 개인에게 자신이 선호하는 인물, 영화, 텔레비전, 격언 등을 비롯하여 어린 시절의 경험에 대한 질문에 답하게 하고, 자신이 답변한 내용을 토대로 자신의 특성에 관해서 스스로 생각해 보고 판단해서 자신에 대한 다양한 삶의 자화상 문장을 완성한 후 이와 관련된 커리어를 찾는 것이다.

1. 커리어 구성 인터뷰

생애설계 커리어 기법에서의 첫 단계는 커리어 구성 인터뷰(career construction interview)로서 커리어와 관련해 피코치가 살아온 과정 및 경험을 파악하고 이를 통해 피코치가 자신에게 적합한 자신만의 테마(theme)를 도출하는 데 목적이 있다. 이를 위해 피코치에게 자신이 선호하는 ① 역할모델, ② 즐겨 보거나 읽는 영화, TV 프로그램, 잡지, 웹사이트, ③ 선호하는 이야기(소설, 영화 등 모두 포함), ④ 선호하는 격언, 명언, 속담, ⑤ 어린 시절의 기억나는 경험의 다섯 가지 주제에 대해 얘기하도록 한다.

1) 역할모델

피코치가 커리어를 선택하는 과정에서 자신이 좋아하거나 존경하는 역할모델의 직업을 선택하는 경우가 많이 있기 때문에 역할모델이 누구인지를 물어보는 것이 중요하다. Savickas(2015)는 만약 하나의 질문만 한다면 바로 역할모델이라고 하면서 커리어 선택 과정에서 역할모델의 중요성을 강조하였다. 역할모델과 관련된 질문으로는 다음과 같다.

- 어렸을 때 당신이 존경한 사람은 누구였나요?
- 당신의 영웅은 누구였나요?
- 어렸을 때 부모 이외에 존경한 사람 세 명은 누구였나요? 그들은 당신이 알거나 알지 못하는 사람이어도 되고, 슈퍼영웅처럼 가상의 사람이거나 만화의 캐릭터 또는 책이나 미디어의 캐릭터라도 상관없어요.

세 명의 역할모델이 정해지면, 커리어코치는 피코치에게 각 역할모델의 어떤 점이 좋은지 물어보면서 이들이 어떤 성격특성을 가지고 있는지를 알아본다. 신체적인 특성이 아닌 내면적인 특성(예, 사고, 감정, 중시하는 가치 등)에 대해 형용사로 얘기하도록 한다. 한 명의 역할모델당 적어도 4개 정도의 형용사를 도출하도록 격려한다. 추가로, 피코치는 역할모델과 어떤 점에서 유

사하거나 다른지 물어본다. 역할모델들의 공통점과 차이점에 대해 물어보는
것도 도움이 된다. 피코치가 특정 단어를 반복적으로 얘기한다면 이 단어가
커리어를 선택할 때 중요한 핵심단어가 된다. 어린 시절의 역할모델을 생각
해 내기 어려운 피코치에게는 청소년 시절의 역할모델을 물어보면 된다.

2) 즐겨 보거나 읽는 영화, TV 프로그램, 잡지, 웹사이트

여기서의 질문은 피코치가 관심 있어 하거나 좋아하는 업무환경과 활동 유
형을 파악하기 위한 것이다. 즉, 피코치의 흥미유형을 파악하기 위한 것으로
볼 수 있다. 흥미는 개인이 선호하는 활동이기 때문에 피코치의 흥미를 파악
하기 위해서는 피코치가 직간접적으로 자주 접하게 되는 환경특성이 무엇인
지를 인식할 필요가 있다. 흥미인식을 위해 흥미검사를 실시할 수도 있지만
커리어구성이론에서는 피코치에게 다음과 같은 질문을 통해 피코치의 이야
기를 듣는 것을 선호한다. 코치는 다음의 질문을 통해 피코치가 업무환경과
관련된 이야기를 하도록 이끌어 갈 필요가 있다.

- 평소에 어떤 잡지를 읽거나 구독하나요? 좋아하는 잡지 세 가지를 말해
  주세요.
- 잡지에서 재미있게 읽은 이야기를 해 주세요.
- 그 이야기에서 무엇이 당신의 마음을 사로잡나요?
- 특별히 그 이야기를 좋아하는 이유는 무엇인가요?

만약 피코치가 좋아하는 잡지가 없거나, 피코치의 흥미에 관한 더 많은 정
보를 얻고 싶다면, 좋아하는 TV 프로그램이나 웹사이트에 대해서 물어본다.

- 평소에 즐겨 보거나 다시 보는 TV 프로그램은 무엇인가요?

• 평소에 자주 들르는 웹사이트는 무엇인가요?

여기서는 피코치가 왜 특정 활동을 좋아하고 자주 찾는지를 설명하도록 하는 것이 중요하다. 커리어코치는 피코치가 특정 TV 프로그램을 좋아한다고 하더라도 좋아하는 이유가 다를 수 있기 때문에 피코치의 설명을 충분히 듣는 것이 중요하다. 이를 통해 피코치는 자신이 왜 특정 잡지나 TV 프로그램 등을 좋아하는지를 파악함으로써 자신의 흥미를 좀 더 명확히 이해할 수 있게 된다.

하지만 국내의 경우 미국만큼 잡지의 종류가 다양하지 않기 때문에 필자의 판단으로는 피코치가 선호하는 잡지 질문을 통해 피코치의 흥미를 이끌어 내는 것은 쉽지 않을 수 있다. 실제로 대학원 수업시간에 학생들을 대상으로 잡지에 관한 질문을 한 경우 대부분의 학생이 국내에서 특별히 선호하는 잡지가 없다는 대답이 많았다. 커리어코칭 시 코치는 이 부분에 대해 주의할 필요가 있다.

3) 선호하는 이야기(소설, 영화 등 모두 포함)

여기서의 질문은 피코치가 향후 새로운 일을 할지를 판단할 때 활용할 수 있다. 즉, 커리어 전환 결정을 할 때 도움이 될 수 있다. 개인이 좋아하는 영화나 책에서 나오는 이야기는 개인이 자신의 커리어를 새롭게 계획하고 전략을 수립하는 데 도움이 된다. 예를 들어, 모험적인 삶의 살았던 유명 인물의 자서전을 읽고 자신도 과거에 꿈꿔 왔지만 포기하고 있었던 오지 탐험가로서의 직업에 대해 다시 생각해 볼 수 있다. 피코치가 선호하는 이야기는 향후 그들이 어떻게 살지 또는 다음에 할 것이 무엇인지를 반영해 줄 수 있다. 이 과정에서 물어볼 수 있는 질문은 다음과 같다.

• 최근에 책이나 영화에서 좋아했던 이야기는 무엇인가요?

여기서 코치는 질문할 때 '최근' 또는 '지금'을 강조할 필요가 있다. 즉, 지금
까지 본 책이나 영화 중 가장 좋아한 이야기가 아니라 최근에 본 책이나 영화
임을 상기시키는 것이 중요하다. 이 질문은 새로운 환경에서 피코치가 잘 적
응할 수 있을 수 있는 적응자원을 현 시점에서 얼마나 가지고 있는지를 파악
하는 목적으로 활용할 수 있기 때문이다.

4) 선호하는 격언, 명언, 속담

여기서는 피코치가 자신에게 하는 조언은 무엇인지를 파악하기 위한 것이
다. 생애설계상담의 목적 가운데 하나는 피코치가 자신의 지혜에 귀 기울이
고 이를 존중하는 것이다. 피코치가 좋아하는 격언은 바로 자신에게도 필요
하고 가장 중요한 조언이 될 수 있다. 이 과정에서 물어볼 수 있는 질문은 다
음과 같다.

• 가장 좋아하는 격언(속담)은 무엇인가요?
• 당신은 살아가는 데 좌우명을 갖고 있나요?

만약 피코치가 아무런 격언도 생각해 내지 못한다면, 지금 하나 만들어 보
라고 권유하는 것도 방법이다.

5) 어린 시절의 기억나는 경험

이 과정에서는 피코치가 현재 직면한 커리어 문제점을 어떻게 보고 있는지
그 관점을 이해하기 위한 것이다. 피코치의 어린 시절의 기억은 피코치의 현

재 상황을 이해하는 데 도움이 될 수 있다. 즉, 어린 시절의 초기기억은 코치가 피코치의 삶과 피코치가 세상에 대처하는 방식을 이해하는 데 도움을 줄 수 있다. 가능한 질문은 다음과 같다.

- 당신의 어린 시절 기억에 대해 말해 주세요. 당신이 3~6세 무렵에 당신에게 일어났던 중요한 사건에 대해 세 가지 정도 자세히 얘기해 주세요.
- 만약 당신이 그 기억에 대해 어떤 정서나 감정을 부여한다면, 그것은 무엇인가요?
- 만약 당신이 그 기억으로부터 가장 생동적인 사진을 만들어 낼 수 있다면 어떤 사진이 될까요?
- 각 기억과 관련된 이야기에 대해 신문 뉴스 제목과 같이 제목을 만들어서 얘기해 주세요. 제목을 만들 때 동사가 포함되도록 해 주세요.

이 초기기억은 구체적인 사건에 관한 것이어야 해서 만약 피코치가 "매주 일요일, 할머니 댁에 갔어요."라고 말한다면, 코치는 피코치가 어떤 특정 시점에 관한 얘기를 하는 것인지 물어볼 필요가 있다. 또한 적어도 각 기억에 대해 4개의 문장을 완성하도록 부탁한다.

하지만 필자의 경험으로는 피코치가 어린 시절의 경험에 대해 기억나지 않는다고 대답하는 경우가 자주 있어서 Savickas가 제시하는 연령대에 국한하지 않고 연령을 좀 더 높여서 질문하는 것도 필요하다.

이 인터뷰를 끝내면서 커리어코치는 피코치에게 말하고 싶은 다른 얘기가 있는지 물어보고 오늘 다룬 얘기들을 종합하고 재구성해서 더 큰 이야기로 만든 후 피코치의 커리어 의사결정 및 계획을 수립하는 데 활용할 것임을 말해 준다. 그리고 피코치와 1주 후에 만날 약속을 잡고 종결한다.

2. 생애 자화상 재구성

생애 자화상 재구성(reconstructing a life portrait)은 피코치의 작은 이야기들을 큰 이야기로 재구성하며, 이 과정을 통해 자기 이해를 풍부하게 하고, 관점을 전환하게 하며, 경력전환에서 중요한 것이 무엇인지를 명확히 하고 의사결정을 쉽게 하며 실행을 촉진하는 것이 목적이다. 구체적으로는 피코치가 앞에서 각 질문에 대해 얘기한 구체적인 사건들을 나름대로 재구성해서 새로운 의미를 부여할 수 있는 문장으로 만들게 된다. 이를 생애 자화상 문장(life portrait sentence)이라고 한다.

1) 관점구성

관점구성(frame the perspective)은 피코치가 얘기했던 과거 어린 시절(3~6세) 회상 경험을 통해 기억에 남는 사건을 다시 재구성하여 새로운 관점을 확인하고 이로부터 생애 자화상 문장을 만드는 것이다. 많은 사람이 어렸을 때의 기억에 관해 물어보면 정서적으로 부정적이었으며 심리적으로 힘들었던 경험을 얘기하게 된다. 이러한 경험을 통해 코치는 피코치의 어떤 욕구가 충족되지 않았는지를 인식하게 하고 이와 관련된 문장을 만들어 보도록 한다.

Savickas에 따르면, 이 질문은 커리어 전환으로 고민하는 개인에게 물어보는 것이 도움이 된다. 현 시점에서 어떠한 욕구가 충족되지 않아서 커리어 전환을 고민하고 있는지를 파악하고자 할 때 과거 사건으로부터 충족되지 않은 욕구를 인식할 수 있기 때문이다. 하지만 어렸을 때의 충족되지 않은 욕구를 강조하고 있어서 필자의 판단으로는 정신분석이나 정신역동 분야에 대한 관심이나 지식이 충분하지 않은 커리어코치는 이 부분을 제외하고 넘어갈 수도 있을 것이다. 또한 피코치로부터 부정적인 경험을 이끌어 내는 것이 부담스러운 커리어코치도 이 질문에 대한 정리를 생략할 수 있다.

Savickas(2015)가 제시한 예를 살펴보면, 피코치는 현재 직장을 다니는 35세의 여성으로서(W.W로 부름) 자녀가 초등학교에 입학할 때가 되어 커리어 전환에 대한 고민을 하고 있다. 이 피코치는 어린 시절의 기억에 관한 질문에 대해, 어린 시절 3~4세 때 병원에 입원했었는데, 조명이 어둡고 엄마가 없어서 오랫동안 엄마가 오기를 기다렸고 마침내 엄마가 와서 안심했던 것이 기억에 남는다고 얘기하였다. 이를 통해 코치는 피코치가 관계에 관한 욕구가 있음을 파악할 수 있었다. 피코치는 외롭고 고립되어 있다는 정서를 기술하고 제목으로 '엄마는 어디에 있나요?'를 도출하였다. 또한 '타인으로부터 떨어져서 외로움을 느끼고 타인과 연계되고 싶다.'는 새로운 관점을 도출할 수 있었다. 코치는 피코치가 이러한 관점을 '외롭고 보호가 필요한 사람을 돕는다.'는 보다 적극적인 관점으로 전환하도록 도우며, 피코치는 다음과 같은 문장을 도출하였다.

• 생애 자화상 문장 1: 현재의 전환기에 직면해서 나의 우선적인 관심은 나는 외롭고 버려질까 봐 두렵다는 것이다.

2) 자신의 특성 기록

이 과정에서는 피코치가 역할모델과 이들의 특성에 대해 얘기했던 내용을 토대로 자신의 다양한 특성을 도출하고, 이를 통해 하나의 문장으로 완성하게 된다. 역할모델은 일반적으로 개인이 자신의 정체성을 형성하는 데 영향을 주는 중요 자원으로서의 역할을 한다. 역할모델의 특성에 대해 기술한 내용은 개인의 핵심 자기개념(core self-conceptions)으로 작용하고 개인의 특성으로 나타나게 된다.

앞의 예에서 W.W는 자신의 첫 번째 역할모델로 유명 TV 드라마의 여주인공이었던 원더우먼을 선정하였으며, 그 이유로는 남을 도와주고, 강하지만 폭력적이지 않으며 무엇이든 해결하는 사람이기 때문이라고 얘기하였다. 두 번째 역할모델은 제니아였고, 선정 이유는 강하고 두려워하지 않고 죄 없는 사람들을 보호하며 타인을 위해 노력하기 때문이었다. 마지막 역할모델은 바니로서 낙천적이고 배려하며 항상 남을 돕는 사람으로 기술하였다. W.W 는 세 명의 역할모델에 대한 기술을 통해 다음과 같은 생애 자화상 문장을 도출하였다.

• 생애 자화상 문장 2: 나는 강하고 배려하고 기꺼이 돕는다. 나는 언제나 죄 없는 사람을 보호하지만 폭력적인 방법을 사용하지 않는다.

3) 어린 시절 경험과 역할모델 특성 간의 연계

이 과정에서는 첫 번째 과제인 어린 시절의 경험에서 도출한 관점을 두 번째 과제인 역할모델을 통해서 학습한 해결방법의 형태로 전환하는 연습을 하게 된다. 피코치는 역할모델로부터 자신의 문제점을 해결할 수 있는 방법을 학습하게 된다. 이를 통해 자신이 어린 시절 경험했던 어려움을 해결하는 방법을 찾게 되며, 이를 연결하여 다음의 형식으로 구성된 생애 자화상 문장을 만들 수 있다. 즉, '나는 문제해결을 위해 _____을 _____로 바꾸겠다.'는 형태의 생애 자화상 문장이 가능하다. W.W 사례에서 어린 시절 홀로 남아 엄마가 오기를 기다렸던 어려움이 있었고 역할모델로서 원더우먼이 언제라도 나타나 사람들을 돕는다고 기술한 내용으로부터 다음의 생애 자화상 문장을 도출하였다.

• 생애 자화상 문장 3: 나는 문제해결을 위해 버려진다는 감정을 언제나 외로운 사람을 돕겠다는 마음으로 바꾸겠다.

4) 흥미 명명

Savickas(2014)는 개인의 동기에 영향을 주는 요인으로 욕구, 가치 그리고 흥미의 세 가지 구성개념을 제시하였다. 어린 시절의 기억은 욕구를 파악하기 위한 것이고, 역할모델은 욕구충족을 위해 추구하는 가치를 의미한다. 마지막으로, 흥미는 욕구와 가치를 연결한다. 구체적인 흥미도출을 위해서는 앞에서 피코치가 선호하는 소설이나 TV 프로그램에 관해 이야기한 내용을 참고한다.

Savickas(2015)는 또한 흥미를 도출할 때 가능하면 피코치가 일하고 싶어하는 장소가 어디인지, 어떤 사람들과 상호작용하고 싶은지, 해결하고 싶은 문제는 무엇인지, 그리고 문제해결을 위해 어떠한 절차나 방법을 사용하고 싶은지를 물어보는 것이 도움이 된다고 하였다. 따라서 이러한 내용을 토대로 피코치가 다음의 문장을 완성하도록 하며 이를 통합하여 하나의 생애 자화상 문장을 만들어 보도록 한다.

- 나는 _____와 같은 장소에 관심 있다.
- 나는 _____한 사람들과 같이 있고 싶다.
- 나는 _____와 같은 문제를 해결하는 데 관심 있다.
- 나는 _____와 같은 방법을 사용하는 데 관심 있다.
- 나는 특히 _____, _____, 그리고 _____과 같은 직업에 관심 있다.

W.W는 4개의 TV 프로그램을 언급했는데, 첫째는 〈그레이 아나토미(Grey's Anatomy)〉로서 문제를 해결하고 역경을 극복하며 서로를 돕는 이야기라서 선정하였다. 전문대학에 다니는 부적응자들의 모여서 다양한 학교 내 문제를 해결하는 〈커뮤니티(Community)〉라는 프로그램도 좋아하였으며, 정체불명의 질병을 치료하기 위해 애쓰는 의사들의 모습을 담은 의학 드라마인 〈하

우스(House)〉도 선호하였다. 이러한 내용을 토대로 다음과 같은 생애 자화상 문장을 완성하였다.

- 생애 자화상 문장 4: 나는 팀으로 일하는 것을 좋아하고 학교나 병원에서 따돌림을 받는 사람들을 돕기 위해 상담이나 약과 같은 방법을 사용하는 것을 좋아한다. 특히 나는 심리학자, 사회복지사, 상담자가 되고 싶다.

커리어코치는 추가로 피코치가 이야기한 내용을 토대로 피코치가 어떤 흥미유형에 속하는지를 판단할 수 있다. Holland의 흥미모형을 토대로 피코치가 여섯 가지 흥미유형 가운데 상위 유형이 무엇일지를 판단하고 선정한 상위코드를 기반으로 관련 직업들이 어떠한 것들이 있는지 도출하고 피코치에게 제시할 수 있다. 피코치는 직업목록들을 살펴보면서 자신이 관심 있는 직업에 대해 살펴볼 수 있다.

5) 역할대본

피코치가 책이나 영화에서 본 내용을 토대로 자신이 선호하는 이야기를 할 때 피코치는 이러한 이야기를 통해 현재 자신의 상황을 돌아보게 된다. 이를 통해 이야기의 내용과 자신이 처한 상황을 연계시켜 생각하려 하며, 연계성이 높다고 판단할 경우 이야기의 내용을 현 상황에서의 문제점을 해결하는 데 적용하게 된다. 따라서 이 과정에서는 피코치가 책이나 영화 내용 가운데 자신이 좋아하는 이야기를 통해 답한 내용을 토대로 자신이 향후 무엇을 할지를 기술하는 문장을 완성하도록 한다. 즉, 다음과 같은 문장('내가 좋아하는 이야기로부터 대본을 만든다면 나는 ____을 할 것이다.')을 만들어 본다.

예를 들어, W.W는 〈러닝 위드 시저스(Running with Scissors)〉라는 영화를 가장 좋아한다고 답했다. 영화는 자신만큼이나 문제가 많은 가족의 얘기를 다루고 있다. 어머니는 정신질환으로 아무런 역할도 하지 못하고, 아버지는 집을 떠난 상황이어서 아이들이 스스로를 돌봐야 했다. W.W는 자신도 어렸을 때 그랬던 것처럼 무시당하거나 버려진 아이들을 돌보고 싶었다. 이러한 내용의 이야기를 통해 다음의 생애 자화상 문장을 도출하였다.

- 생애 자화상 문장 5: 내가 선호하는 이야기를 통해 나에 관한 대본을 만들어 보면 나는 관심을 받지 못하고 버려지는 아이들을 돕는 일을 하겠다.

Savickas가 추가적으로 설명한 다양한 예 가운데 하나를 설명하면 다음과 같다. 대기업 부팀장급으로 일하고 있는 28세의 여성은 대학에 다시 가서 다른 전공으로 공부를 해서 새로운 직업을 갖고 싶어 한다. 하지만 부모는 현직장이 안정적이기 때문에 계속 일할 것을 권유하고 있다. 또한 상사도 이제 조금만 있으면 두 직급 이상 승진할 가능성이 높고 연봉도 많이 받을 수 있기 때문에 현 직장에 머물러야 한다고 설득하고 있는 상황이다.

그녀가 선호하는 영화는 디즈니사에서 제작한 〈라푼젤〉이라는 만화영화였다. 라푼젤은 자신의 엄마로 행세하는 마녀에게 속아서 성에 갇혀 지내게 되는데, 마녀는 라푼젤의 마법 머리카락으로 젊음을 유지하기 위해 라푼젤을 속이고 있었다. 라푼젤은 밖으로 나가 세상을 구경하고 싶어 했고 기회를 틈타 나갔다가 자신이 공주이고 부모가 따로 있다는 것을 알게 된다. 우여곡절 끝에 라푼젤의 머리카락이 잘리게 되는데, 이로써 마법의 힘을 잃었지만 오히려 이로 인해 앞으로 자신이 위험에 빠지지 않을 것임을 인식하고 만족하게 된다.

이 이야기를 하면서 그녀는 생애 자화상 문장으로 '나는 성을 떠나 다른 사람들을 돕기 위해 마법의 힘을 발휘하고자 한다.'를 완성하였다. 추가 질문과정에서 그녀는 자신이 학교에 공부하러 가는 것을 막는 상사를 라푼젤에서 성 밖으로 나가지 못하게 하는 마녀로 비유하였다. 또한 회사를 떠나게 되면 마법의 힘을 잃지 않을까 걱정이 되기도 했다. 하지만 용기를 내어 회사를 떠나는 결정을 내렸고, 마법의 힘을 발휘하여 타인을 돕기 위해 간호학 전공을 하기로 결정하였다.

이와 같이 역할대본을 통해 코치는 피코치가 자신이 향후 무엇을 할지에 관해 얘기하도록 이끌어 가는 것이 중요하다. 따라서 코치는 피코치가 선호하는 이야기가 향후 자신이 하고 싶은 일과 어떠한 연관성이 있을지를 깨달을 수 있도록 유도할 필요가 있다.

6) 충고 활용

앞의 커리어 구성 인터뷰에서 피코치가 선호하는 격언에 관해 질문한 바 있다. 격언은 피코치에게 문제를 해결할 수 있는 지혜를 제공한다. 피코치는 격언을 자신의 것으로 수용함으로써 자신이 처한 상황에 적용하여 문제를 해결할 수 있는 전략으로 활용할 수 있다. 따라서 이러한 격언을 수용하여 자신에게 할 수 있는 충고로 활용하는 것이 중요하다. 코치는 피코치가 답한 내용을 토대로 다음과 같이 자신에게 어떤 충고를 할 수 있는지를 작성토록 한다. "현재 내가 나 자신에게 해 줄 수 있는 최고의 충고는 _____."

예를 들어, W.W는 "폭풍이 지나가기를 기다리지 말고 빗속에서 춤추는 방법을 배운다."라는 격언을 소중하게 생각했다. 그 이유는 더 이상 과거에 묻혀서 살지 않고 타인을 도와주는 자신의 삶을 살아야 할 필요성을 인식했기 때문이었다. 따라서 다음과 같은 생애 자화상 문장을 완성하였다.

- 생애 자화상 문장 6: 내가 자신에게 할 수 있는 최고의 충고는 폭풍이 지나가기를 기다리지 말고 빗속에서 춤추는 방법을 배우는 것을 시작하는 것이다.

7) 통합

마지막 통합 과정은 앞의 각 과제에서 작성했던 내용을 다 모아서 연결시키는 것이다. W.W의 경우, 여섯 가지의 생애 자화상 문장을 종합해 보면 심리, 상담 분야나 사회복지 분야에서 일을 하는 것이 적절할 것으로 판단된다.

3. 평가

Savickas는 개인에게 적합한 커리어를 찾는 과정에서 필자가 처음에 기술한 심리검사에 대한 의존을 줄이고 피코치의 이야기에 초점을 둔다는 특징이 있다. 특히 이 과정에서 어린 시절의 기억이나 경험을 중시한다는 특징이 있다. 어떤 방법이 더 효과적이라고 말하기는 어렵다. 개인마다 선호하는 방법이 다를 수 있기 때문이다. 하지만 필자가 Savickas가 제시한 방법을 수업을 통해 실습했을 때 가장 문제가 되는 부분은 3세에서 6세 때의 어린 시절의 기억이 나지 않는다는 학생이 많았다는 점이다. 또한 국내에서 일반인이 자주 보는 잡지가 많지 않아 잡지를 통해 이야기를 도출해 내는 것이 쉽지 않았다. 이러한 부분은 이 방법의 단점으로 작용할 수 있을 것이다. 독자들도 여러 가지 방법을 활용하여 시도해 보고 자신에게 적절한 방법을 선택하면 좋을 것으로 판단된다.

또한 Savickas가 제시한 방법을 코칭으로 진행할 때 코치는 피코치가 자신의 경험을 재구성하고 이를 문장으로 완성하는 과정에서 코칭철학에 입각하여 피코치 스스로 주도적으로 해 나가도록 격려하는 자세가 필요할 것이다.

4. 사례

여기서는 Savickas(2013)가 생애설계기법을 통해 커리어 상담을 진행한 사례를 독자의 이해를 돕기 위해 요약 정리하고자 한다. 내담자 엘레인은 20세의 대학교 2학년이며, 아직 전공을 결정하지 못하고 있는 상황이었다. 어머니는 엘레인이 의대 예과 전공을 하여 학부 졸업 후 의대로 진학할 것을 희망하지만, 엘레인은 의대가 자신에게 맞는지 확신하기 어려웠고 공학 분야 중 화학공학에 다소의 관심을 갖고 있었다.

첫 번째 회기를 통해 상담자는 먼저 엘레인에게 3명의 역할모델에 대해 얘기해 달라고 질문하였다. 엘레인은 유명한 소설책인 『빨간머리 앤』의 여주인공인 앤이 어려운 상황에서도 굴하지 않고 목표를 수립하고 달성하기 위해 노력하며 결과적으로 자신이 원하던 것을 성취한 것에 대해 감명을 받았다고 했다. 두 번째로는 〈시간의 주름(Wrinkle in Time)〉이라는 영화에 나오는 여주인공이 집단을 이끌며 미지의 생명체와 맞서 싸우는 모습 때문에 그녀를 역할모델로 생각한다고 답했다. 마지막으로 유명 소설책 『초원의 작은 집』에 나오는 여주인공 로라가 경쟁을 즐기며 경쟁자들을 능가하는 것을 보고 역할 모델로 삼게 되었다고 답하였다.

두 번째로 좋아하는 잡지, 책, TV 프로그램에 관한 질문에 대해, 엘레인은 잡지로는 『보그(Vogue)』, 광고 캠페인 때문에 『비즈니스위크(Businessweek)』, 남성복을 다루는 『디테일즈(Details)』를 좋아한다고 하였다. 선호하는 텔레비전 프로그램은 〈레이번과 셜리(Laverne and Shirley)〉라는 시트콤이었으며, 이유는 이들이 규범에서 벗어나는 행동을 많이 하지만 별다른 어려움에 처하지 않기 때문이라고 하였다.

좋아하는 이야기로는 아일랜드 출신 소녀가 혼자의 힘으로 미국으로의 긴 여정을 떠나는 내용에 관한 '메리 케이 멜로이를 찾아서(The search of Mary

Kay Malloy)'라고 답하였다. 선호하는 속담이나 격언으로는 두 가지를 들었는데, 하나는 '나는 모든 것에 호기심이 많다.'였고 다른 하나는 '할 때는 제대로 하라.'였다. 어렸을 때 기억나는 경험으로는 할머니, 할아버지, 삼촌과 삼촌 여자친구와 함께 디즈니랜드에 놀러갔던 때를 떠올렸다. 캠핑카 뒤쪽에서 할머니와 노래 부르고 춤추려고 했는데, 할머니는 다칠지 모르니 앉으라고 얘기했고, 삼촌의 여자친구한테 가서 얘기하려고 했지만 그녀도 가만히 앉아 있으라고 해서 기분이 안 좋았던 내용이었다. 엘레인은 이 이야기의 제목을 '어린애가 움직이지 못하게 해서 짜증이 났던 상황'으로 요약하였다.

상담자는 엘레인으로부터 이러한 이야기를 듣고 몇 가지 정리를 하였다. 먼저 엘레인이 많이 사용한 동사에 집중하면서 그녀가 '간다(going)'와 관련된 단어, 노래 부르거나 춤을 추거나 등과 같이 움직이는 단어, 또한 얘기하는 단어 등이 여러 번 나타남을 확인하였다. 따라서 이를 통해 엘레인은 움직이는 활동을 선호하며, 이러한 행동을 하지 못하도록 압박을 받을 때 스트레스를 받는다는 것을 인식하였다.

또한 역할모델에 관한 얘기를 통해 엘레인이 편안하고 안정적인 삶보다는 경쟁적이고 열정적이고 권위에 대항하고 목표를 수립하고 인내심을 중요시함을 알게 되었다. 움직이고 얘기하고 싶은데 가만히 앉아 있으라고 해서 짜증이 났다는 어린 시절 경험에 관한 얘기를 통해서는 현 시점에서 의학 예과 전공을 권하는 어머니와의 갈등 상황을 반영하며, 가만히 앉아 있는 것은 결정을 내리지 못하고 있는 현 상황의 은유로 해석할 수 있었다.

상담자가 엘레인의 홍미유형을 분석해 보면, 패션잡지나 남성의복, 광고와 같은 잡지에 대한 선호, 규범에서 벗어나려는 행동 등을 볼 때 예술형이 강한 것으로 해석할 수 있다. 또한 집단을 이끌며 생명체와 싸우거나 목표를 수립하고 달성하기 위해 매진하며 경쟁을 즐기는 행동 등을 통해 진취형의 홍미유형도 가지고 있다고 판단할 수 있었다. 좋아하는 이야기를 통해서는 자신을 찾아 여정을 떠나는 내용으로부터 엘레인도 자신의 정체성이 확립

되지 않아 이를 명확히 하는 작업이 필요함을 이해할 수 있었다. 마지막으로, 호기심이 많고 일을 할 때는 제대로 한다는 격언을 중요시하는 내용을 통해 상담자는 엘레인이 자신의 정체성을 찾기 위해 노력하려는 의지가 있음을 알 수 있었다.

이러한 분석을 통해 상담자는 지금까지의 엘레인의 삶을 표현하면 '혁신적인 리더'의 특성을 갖고 있고 여행과 모험을 즐기고 자신을 찾으려 노력하고 호기심이 많지만 성실한 성향을 가지고 있는 것으로 요약할 수 있었다.

상담자는 분석한 내용을 토대로 엘레인과 두 번째 회기를 진행하였다. 상담자는 먼저 엘레인이 현재 직면하고 있는 상황이 미지의 생명체에 맞서 싸우려는 것과 유사함을 언급하였다. 엘레인도 이를 통해 어머니의 압력에 굴하지 않고 자신 스스로 커리어를 찾겠다는 의지를 보여 주었다. 흥미유형에 관한 간단한 설명을 통해 엘레인도 자신이 예술형과 진취형에 대한 흥미가 있음을 충분히 인식하였다.

전공선택과 관련해 상담자는 의학이 엘레인에게 얼마나 적합한지를 질문하였고, 만약에 이 분야를 선택한다면 어떤 분야가 적절할지를 생각해 보도록 하였다. 예술형에 대한 흥미 때문에 의학 분야를 선택한다면 성형외과나 피부과가 어떨지에 대해 논의하였다. 창의적이고 독립적인 리더가 되는 것에 대해서 얘기를 나누었고, 광고 및 마케팅에 대해서도 논의하였다. 움직이고 여행을 다니고 모험을 추구하는 활동에 대해서도 얘기를 나누고, 이러한 활동에 관한 엘레인의 얘기를 경청하였다. 추가적으로, 가정 내 갈등 해결을 위해 상담을 받거나 자기주장 역량 강화를 위해 자기주장에 관한 워크숍에 참여하며 여름에 집에서 떠나 인턴을 해 보는 것에 대해서도 논의하였다.

이러한 대화를 진행하면서 상담자는 엘레인이 전공을 정하기 위해 구체적인 행동을 해 볼 것을 격려하였으며, 엘레인도 좀 더 자신감을 갖고 문제를 해결하겠다는 의지를 보이면서 상담을 마무리하였다. 상담을 종료하기 전에 올 여름에 다시 만나 얘기를 나누기로 약속하였다.

여름에 상담자는 다시 엘레인을 만났다. 엘레인은 그동안 자기주장 증진 교육을 이수하였고, 부모와의 관계개선을 위해 학교 상담자와 다섯 번을 만나 상담을 받았고, 놀이 공원에서 여름 아르바이트를 하고 있고, 컴퓨터과학과 광고 과목을 이수하였으며, 화학공학을 전공으로 하고 컴퓨터과학을 부전공으로 선택했다고 설명하였다.

추후 엘레인이 학교를 졸업한 후 상담자는 엘레인을 만날 기회가 있었으며, 엘레인은 큰 화학회사에서 컴퓨터시스템분석자로 일을 하고 있었다. 이 일을 하면서 엘레인은 미국 전역을 출장다닐 기회가 많이 있어서 만족하고 있으며, 어머니와도 사이가 좋아졌다고 말하였다. 6년 후 엘레인은 화학공학 컨설팅 석사학위를 받고 화학제품 설계 컨설턴트로서 일을 하게 되었으며, 취미로 옷을 디자인하며 만족스러운 삶을 살고 있었다.

5. 관련 연구

Hartung과 Santilli(2018)는 Savickas(2012)가 커리어구성이론에서 설명하고 있는 내용을 토대로 개인이 이를 실습할 수 있는 『나의 커리어 이야기(My Career Story: MCS)』라는 워크북을 제작하였다. 이 워크북은 Savickas가 제시한 커리어구성인터뷰 질문을 토대로 3개의 파트로 구성되었다. 첫 번째 파트는 '나의 이야기 전달(Telling My Story)'로 구성되어 있다. Hartung과 Santilli가 예를 든 엘리사의 스토리를 간단히 소개하면 다음과 같다(〈표 4-1〉 참조). 엘리사는 49세의 이탈리아 여성으로서 이탈리아의 대학에서 장애인을 돕는 센터에 근무하고 있으며, 자신의 커리어 목표에 혼란이 와서 워크숍에 참여하여 MCS를 작성하게 되었다. 엘리사는 참여를 통해 자신의 커리어 목표를 명료화하고 이를 달성하기 위한 자신감을 증진시키기를 기대하였다.

〈표 4-1〉 엘리사의 스토리 요약

- 고려 직업: 기업의 커리어 상담사, 대학상담센터나 직업안내소의 커리어 상담사, 커리어 교육 및 커리어 상담과 관련된 프리랜서
- 역할모델:
  - 애나: 초등학교 때 선생님. 친전하고 차분하며 공감을 잘 해 주었음. 이 분의 인내심, 친절, 자신이 하는 일에 대한 믿음을 존경함
  - 하이디: 활력과 에너지를 가졌던 친구. 지지적이고, 충성심이 강하며 어려움에 대처하는 능력이 우수함
  - 우리스: 용감하고 지적이고 호기심이 많으며 위험과 미지의 세상에 도전하려는 의지가 높음
- 선호 잡지/TV 프로그램:
  - 『La Stampa』(뉴스잡지): 이탈리아의 정치, 경제, 사회 및 문화발전에 대해 정직하고 재치 있는 번역 때문에 좋아함
  - 『Intermazionale』(주간지): 외국 언론에 관한 재미있는 기사. 다른 관점에서 정보를 제공하기 때문에 좋아함
  - 『La Republica』(뉴스잡지): 민주주의 가치를 중시하고 문화 및 건강에 관한 내용 때문에 좋아함
- 선호 책 또는 영화: 루 안드리아 살로메의 자서전. 정신분석가이자 저자인 그녀는 용감하고 독특하고 개방적이고 지적이며 시인이기도 하고 철학자이기도 함. 자신의 생각과 열정대로 살았으며 경험, 호기심과 실험을 통해서만 새로운 것을 인식할 수 있음을 주장하였음
- 유명 격언: 삶이 있는 곳에 희망이 있다. 건강이 무엇보다 우선이다.

두 번째 파트는 '나의 이야기 경청(Hearing My Story)'으로서 파트 1에서 엘리사가 자신에 대해 얘기한 내용을 다시 요약하여 기술해 보는 것이다. 모두 다섯 가지(자신, 환경, 대본, 성공공식, 자기조언) 영역에 대해 생애 자화상을 기술하게 된다. 먼저 자기 '자신'이 어떤 사람인지를 정리하는 것이다. 파트 1의 역할모델에서 답한 내용을 토대로 엘리사는 자신을 지적이고 용감하고 모험을 찾는 탐험가로 기술하였다. '환경'은 자신이 일하는 업무환경을 의미한다. 엘리사는 파트 1의 선호하는 잡지와 TV 프로그램에서 얘기한 내용을 토대로 다양성 가치를 중시하고 사람을 중시하며 서로 협력하는 업무환경을 선호하는 것으로 기술하였다. '대본'은 선호하는 책이나 영화에서 자신이 기

술한 내용을 토대로 업무와 관련해 무엇을 선호하는지를 기술하는 것이다. 엘리사는 용감하고 자유롭게 살고 자신의 생각과 결과를 두려워하지 않는 열정을 가지고 행동하는 것을 선호한다고 작성하였다. '성공공식'은 앞에서 기술한 세 가지 내용을 토대로 자신의 삶과 커리어에 대한 미션을 하나의 문장으로 기술하는 것이다. 엘리사는 자신의 강점(지적이고 용감하고 타인을 배려함 등)을 살릴 수 있는 곳에서 일하는 것을 선호한다고 기술하였다. 마지막으로, '자기조언'은 파트 1의 유명 격언에서 기술했던 내용을 토대로 다시 작성하는 것으로서 엘리사는 스스로에게 "삶이 있는 곳에 희망이 있다."라는 조언을 하면서 낙천성을 유지하겠다는 다짐을 하였다.

두 번째 파트의 마지막에서는 자신이 작성한 내용을 토대로 고려하고 있는 직업 목록을 도출한다. 이 과정에서 자신의 Holland 흥미유형 결과를 토대로 추가 직업을 도출할 수도 있다. 엘리사는 직업지도상담자, 연구관리자, 외국인 대상 이태리어 선생, 아이들과 청소년을 위한 만화영화제작자, 인적자원담당자, 프로젝트 코디네이터 등의 직업을 열거하였다.

마지막 파트는 '나의 이야기 실행(Enacting My Story)'으로서 자신의 이야기를 실행하기 위한 구체적인 계획을 수립하는 것을 다룬다. 엘리사는 두 개의 목표를 도출하였다. 단기목표로는 장애대학생 대상으로 직업지도서비스 통합시스템 구축을 위한 제안서를 쓰는 것이었다. 중기목표로는 단기목표가 이루어지지 않을 경우 조직 내에서 교육관련 다른 부서로 옮기거나 커리어교육 및 상담활동을 하는 것으로 정하였다. 상담자는 엘리사에게 이러한 목표를 자신에게 중요한 사람들에게 알릴 것을 권유하면서 마무리하였다.

한편, Hartung과 Santilli(2018)는 이탈리아 대학교에서 직업지도 및 커리어교육 석사 과정에 재학 중인 10명의 연구참여자를 대상으로 앞에서 기술한 『나의 커리어 이야기』 프로그램의 타당도를 검증하고자 하였다. 참여자들은 『나의 커리어 이야기』 워크북을 받고 다양한 질문에 답한 후 연구자에게 제출하였다. 연구진들은 이들의 답변 내용을 토대로 각 참여자에 대한 생애 자화상 문장을 작성하였으며, 이 내용을 연구참여자 각자가 작성한 생애 자화상 문장과 비교하여 그 유사성을 분석하였다. 잠재의미분석(latent semantic analysis) 기법을 통해 분석한 결과, 전체 문장 내용의 유사성은 .81이 될 정도로 높게 나타나서 『나의 커리어 이야기』 워크북에 타당도가 있음을 입증하였다.

[참고문헌]

탁진국(2019). 코칭심리학. 서울: 학지사.

Hartung, P. J., & Santilli, S. (2018). My Career Story: Description and intial validity evidence. *Journal of Career Assessment, 26*(2), 308-321.

Savickas, M. L. (2013). Career construction and practice. In S. D. Brown & R. W. Lent (Eds.), *Career development and counseling: Putting theory and research to work* (pp. 147-183). New Jersey: John Wiley & Sons, Inc.

Savickas, M. L. (2014). Work values: A career construction elaboration. In M. Pope, L. Flores, & P. Rottinghaus (Eds.), *Values in vocational psychology* (pp. 3-19). Charlotte, NC: Information Age Publishing.

Savickas, M. L. (2015). *Life design counseling manual.*

커리어심리검사를 활용한
커리어 선택

이 장에서는 피코치에게 적합한 커리어를 안내해 주기 위해 흥미, 적성, 성격, 직업가치관 등의 다양한 커리어 관련 심리검사를 실시하고, 각각의 검사 결과를 통합하는 방법에 대해 설명하고자 한다. 하나의 검사만 실시하는 것이 아니라 다양한 검사를 실시하여 결과를 통합함으로써 커리어 선택으로 인해 고민하는 피코치에게 더욱 적합한 커리어를 제시할 수 있을 것이다. 이 장에서 설명하는 내용은 필자가 『코칭심리학』(2019)의 제12장에서 간단히 기술한 내용을 토대로 이를 상세하게 확장하여 기술한 것이다.

1. 검사통합 필요성

개인에게 적합한 커리어를 안내해 주기 위한 심리검사로는 크게 흥미검사, 적성검사, 성격검사 그리고 직업가치관검사를 들 수 있다. 흥미검사는 개인이 어떤 분야에 관심이 있는지를 측정하는 것이며, 적성검사는 개인이 어떤 분야나 부분에 상대적으로 우수한 능력 또는 적성이 있는지에 관한 정보를 제공한다. 성격검사는 평소 개인의 일상적인 행동을 파악하며, 직업가치관검사는 개인이 직업을 선택하는 과정에서 무엇을 중시하는지를 측정함으로써 개인의 직업선택을 돕기 위한 정보를 제공한다.

이와 같이 다양한 유형의 검사가 개인의 서로 다른 특성을 측정하여 개인에게 적합한 정보(직업 또는 학과)를 제공하고 있기 때문에 한 가지 검사만 실시할 것이 아니라 다양한 검사를 실시하여 그 결과를 통합함으로써 개인에게 좀 더 적합한 커리어를 안내해 줄 것으로 기대할 수 있다. 그러나 현실적으로는 다양한 검사 결과를 통합하는 이론이나 모형이 없기 때문에 실제 커리어 코칭 또는 상담 현장에서는 각각의 검사가 따로 사용되고 있거나 통합되어 사용될 경우에도 흥미와 성격(주로 MBTI), 또는 흥미와 적성만을 통합하여 개인에게 적합한 커리어 정보를 제공하고 있는 실정이다.

Lowman(1991)은 커리어 상담 과정에서 다양한 검사 결과를 통합할 필요가 있음을 인식하고 개인에게 적합한 직업정보를 제공하기 위해 흥미, 능력 그리고 성격을 통합할 것을 제안하였다. 그러나 그가 제시한 사례를 살펴보면, 각 특성별로 지나치게 많은 검사를 실시할 것을 요구하고 있어서(예, 세 가지 흥미검사, 16가지 능력검사, 5가지 성격검사) 현실적으로 현장에서 응용하는 데 어려움이 있다. 또한 이러한 다양한 검사결과를 어떻게 통합해야 한다는 구체적이고 체계적인 방법을 제시하지 못하고 있다는 문제점이 크다.

따라서 필자(탁진국, 2017, 2019)는 이러한 문제점을 해결하기 위하여 개인의 네 가지 특성(흥미, 적성, 성격, 직업가치) 모두를 측정하는 검사들을 실시하고, 실시 결과 나타나는 검사 결과들을 통합하여 개인에게 적합한 커리어 정보를 제공하는 방법을 간략하게 설명하였다. 이 장에서는 이러한 통합방법에 대해 다양한 검사 결과를 보여 주며 자세하게 설명하고자 한다.

네 가지 특성에 대한 평가 결과를 통합하는 가장 손쉬운 방법은 미국에서 많이 사용하고 있는 DISCOVER(ACT, 1999)로 불리는 프로그램과 같이 각 특성에 대한 평가 결과를 통해 제시되는 직업목록을 분석하여 네 가지 특성 검사 결과에서 공통적으로 나타나는 직업을 선택하는 것이다. 이 방법을 기계적 방법으로 명명하고자 한다. 이 방법은 손쉽게 개인에게 적합한 직업정보를 제공할 수 있다는 장점이 있으나, 실제적으로는 여러 단점을 가지고 있다.

먼저, 자신에게 적합한 직업을 얻을 수 있는 방법이 단순하기 때문에 전문가의 도움을 받지 않고도 누구나 검사를 통해 자신에게 적합한 직업을 파악할 수 있게 된다. 따라서 고객이 굳이 전문적인 커리어코치를 찾아와서 커리어코칭을 할 필요가 없다는 점이다. 또한 현실적인 문제점은 네 검사에서 모두 동일하게 중복되어 나타나는 직업이 극히 드물다는 것이다.

필자가 커리어코칭 관련 수업시간에 학생들에게 흥미, 적성 및 직업가치관검사를 실시하고 각 검사에서 제시되는 직업 가운데 모든 검사 결과에서 공통으로 나타나는 직업을 찾아보게 한 결과, 공통적으로 나오는 직업이 하나도 없는 경우가 많았다. 또한 국내에서 실시되는 성격검사의 경우 직업정보가 제시되지 않는 경우도 있기 때문에 네 가지 검사를 실시하고 결과에서 나타난 공통 직업을 찾는 것은 현실적으로 불가능한 일이다.

필자(탁진국, 2017, 2019)는 네 가지 다른 특성을 측정하는 검사들을 단계적으로 실시하고 매 단계별로 검사 결과를 통합해 나가는 방법을 제시하였다. 통합과정에서 실시하는 검사와 관련해서 주로 정부관련 기관에서 온라인을 통해 무료로 실시할 수 있는 검사들을 활용하였다. 그러나 커리어코치의 경험이나 선호도에 따라 얼마든지 다른 검사개발 기관에서 개발한 검사를 사용해도 별다른 문제는 없다. 여기서는 네 가지 검사를 실시하고 그 결과를 통합하는 구체적인 과정을 단계별로 자세하게 기술하고자 한다.

2. 1단계: 흥미검사 실시

먼저, 네 가지 유형의 검사 가운데 진로정보를 제공하는 데 있어서 가장 기본이 되는 특성은 필자의 판단으로는 흥미검사로 볼 수 있다. 무엇보다 자신이 좋아하는 일을 해야 자신의 직업이나 직무에 만족하면서 일을 할 수 있기 때문이다. 일을 하는 데 있어서 업무능력이 부족하다 하더라도 자신이 좋아하는 일을 하다 보면 시간이 지나면서 능력이 향상될 수 있다. 또한 자신이 추구하는 가치가 일을 통해 충족되기 힘들다 하더라도 이러한 불만은 자신이 좋아하는 일을 한다는 만족감으로 인해 상쇄될 수 있을 것이다. 또한 흥미는 적성, 성격, 가치와 관련성이 큰 것으로 나타나고 있으며, 개인의 적성(Barrick, Mount, & Gupta, 2003)과 성격(Ackerman, 2000)에도 영향을 주는 것으로 볼 수 있다.

다음으로, 흥미검사 결과를 통합 과정에서 기반으로 하는 또 다른 중요한 이유는 대부분의 흥미검사는 모두가 동일하게 Holland의 RIASEC 육각형 모형을 토대로 여섯 가지 흥미유형에 관한 정보를 제공한다는 점이다. 다른 특성 검사들은 검사마다 측정하는 요인이 다르기 때문에 통합모형에서 기본 토대로 활용하기 어렵게 된다. 예를 들어, 성격검사의 경우 성격 5요인검사에서는 다섯 가지 성격요인에서의 점수를 제공하며, Cattell(1949)의 성격요인검사는 16가지 성격요인 점수를 제공한다. 적성검사의 경우에도 검사마다 적성요인의 수와 요인 이름 및 내용이 다른 경우가 대부분이다. 직업가치관검사의 경우도 동일한 문제점이 존재한다. 따라서 성격, 적성 및 직업가치관검사를 통합과정에서 기반이 되는 검사로 활용할 경우 어떤 종류의 검사를 사용하는지에 따라 토대가 되는 요인이 달라지기 때문에 통일된 통합방법을 제공하기 어렵게 된다.

마지막으로, 흥미검사의 경우 Holland가 제시한 코드별 직업목록이 있기 때문에 흥미검사 결과를 통해 피코치에게 적합한 다양한 흥미코드를 파악하고 이러한 코드에 연계되는 직업목록을 일차적으로 도출할 수 있다는 장점이 있다. 성격, 적성 또는 직업가치관검사는 이러한 직업목록을 제시하지 못한다.

성격, 적성 및 직업가치관검사의 경우에도 각 검사 결과에 따라 개인에게 적합한 직업명을 제공하고 있다. 다음에서도 자세히 설명하겠지만, 검사가 개인의 특성을 완벽하게 측정할 수는 없기 때문에 검사 결과에서 기계적으로 제공하는 직업명 이외에도 검사 결과를 토대로 개인의 다양한 특성을 파악하고 관련된 직업에 대해 추가로 살펴볼 필요가 있다. 예를 들어, 적성검사에서 상위 3개 적성요인(예, 언어력, 수리력, 공간지각력)을 토대로 개인에게 적합한 직업명을 제공하게 되는데, 만약 순위상으로 네 번째 추리력이 세 번째 공간지각력과 점수상에서 별다른 차이가 없다면 동일한 검사를 다시 할 경우 순서가 변경될 가능성이 있다. 따라서 추리력도 해당 개인에게 적합한 적성요인으로 간주하고 추리력을 포함할 경우 적합한 직업에 대해서도 고려할 필요가 있을 것이다. 하지만 적성검사는 추리력이 포함될 경우 개인이 자신에게 어떠한 직업들이 적합한지에 대한 정보를 찾아볼 수 있는 참고자료나 책자를 제공하지 못하고 있다. 이는 성격검사나 직업가치관검사에서도 동일하다. 흥미검사에서만 개인의 다양한 흥미유형 조합에 따라 다르게 나타나는 직업목록을 제공하고 있다.

이와 같은 다양한 이유 때문에 필자는 검사 결과 통합과정에서 흥미검사를 기반으로 하여 결과를 통합하는 방법에 대해 설명하고자 한다. 흥미검사 결과를 설명하기에 앞서서 먼저 흥미유형에 대해 살펴보고자 한다.

1) 흥미유형에 대한 이해

Holland(1985)는 흥미유형은 여섯 가지로 구분될 수 있다고 주장하였다. 앞에서도 기술했듯이, 현 시점에서 대부분의 흥미검사는 Holland가 제시한 여섯 가지 흥미유형에 대한 정보를 결과로 제시하며, 이러한 흥미유형을 토대로 이에 적합한 직업목록을 제시한다. 처음부터 흥미검사가 여섯 가지 유형에 관한 정보를 제공한 것은 아니었다. Strong이 1927년에 처음 개발한 흥미검사에서는 개인이 좋아하는 활동을 측정하고 이를 토대로 적합한 직업정보를 제공하였다. Holland가 1965년 여섯 가지 흥미유형에 관한 모형을 제시한 이후 대부분의 흥미검사는 문항은 다소 다르지만 결과에서 여섯 가지 유형에 관한 정보를 제공하고 있다.

Holland가 제시한 여섯 가지 흥미유형은 현장형(Realistic), 탐구형(Investigative), 예술형(Artistic), 사회형(Social), 진취형(Enterprising) 그리고 사무형(Conventional)이며, 각 유형의 알파벳 첫 글자를 이어서 RIASEC이라고도 부른다. 크게 보면 여섯 가지 유형이지만, 현장형의 반대가 되는 유형이 사회형이고, 탐구형의 반대는 진취형, 예술형은 사무형의 반대라서 세 가지 유형에 대해 이해하면 다른 세 가지 유형은 쉽게 이해할 수 있다.

먼저, 현장형에 대해 설명하면 현장형의 사람이 선호하는 활동은 사물, 도구, 기계 등을 다루는 것으로서 실내활동뿐 아니라 실외에서의 활동도 포함한다. 예를 들면, 실내에서 장비를 가지고 물건을 만들거나 고치는 활동, 야외에서 낚싯대를 가지고 낚시를 하거나 캠핑 장비를 가지고 캠핑하는 활동, 농기구를 가지고 농사하는 활동 등이 포함된다. 이러한 활동들은 일반적으로 혼자서 일을 하게 되는 경우가 많다. 따라서 현장형인 사람은 사람들과 접촉해서 얘기하며 상호작용하는 활동을 선호하지 않는다. 현장형이 학교에서 선호하는 과목은 보통 체육이나 기술이며, 싫어하는 과목은 사회나 심리학 등이다. 이들의 성격상의 장점은 성실하고 솔직하며 끈기가 있다는 점이다. 반면에 무뚝뚝하고 비사교적이고 융통성과 통찰력이 부족한 성격상의 단점이 있다. 대표적인 관련 직업으로는 엔지니어, 기계공, 정비공, 운동선수, 농부, 어부 등이 있다.

사회형은 현장형과 반대가 되는 유형이다. 즉, 현장형인 사람이 선호하는 활동을 싫어하고, 반대로 현장형이 싫어하는 활동을 선호하는 경향이 있다. 따라서 사회형인 사람이 선호하는 활동은 사람들과 만나서 상호작용하고 사람들에게 도움을 주기 위해 봉사하고 가르치는 활동 등이다. 반면, 도구나 장비 등을 가지고 일하는 활동을 선호하지 않는 편이다. 이들이 학교에서 좋아하는 과목은 사회나 심리학 등이고, 싫어하는 과목은 체육이나 기술 등이다.

사회형의 성격특성으로는 사회성이 좋고 남을 도와주려 하고 이해심이 많으며 원만하다는 장점이 있다. 대표적인 관련 직업으로는 교사, 사회복지사, 간호사, 목사, 상담심리학자 등이 있다.

탐구형의 사람은 과학 및 자연현상을 관찰하고 이를 창의적으로 탐구하는 활동(예, 수학 및 과학문제 해결하기, 별자리 관찰 등)을 선호하며, 반복적인 활동과 사람을 다루는 것을 좋아하지 않는다. 학교에서 좋아하는 과목은 과학, 수학, 화학 등이 있으며, 정치관련 과목을 싫어한다. 성격상의 특장점은 호기심이 강하고 분석적이고 논리적이며 합리적이라는 강점을 가지고 있지만, 내향적이고 리더십 능력이 부족하거나 잘난 체하는 경향이 있다. 대표적인 관련 직업으로는 과학자, 의사, 수학자 등이 있다.

진취형은 탐구형의 반대가 되는 유형이다. 따라서 타인을 설득하고 이끌어 가는 활동을 선호하지만, 자연현상 및 과학적 현상을 탐구하고 연구하는 활동을 싫어하는 편이다. 학교에서 좋아하는 과목은 사회나 정치이고, 싫어하는 과목은 과학, 화학, 물리, 수학 등이다. 성격상의 장점은 통솔력이 강하고 적극적이고 외향적이며 야심이 강하다는 특성이 있지만, 공격적이고 경쟁심이 강하다는 단점이 있다. 진취형과 관련된 대표적인 직업으로는 정치가, 영업/판매 담당자, 사업가, 법률가 등이 있다.

예술형인 사람은 춤추기, 그림 그리기, 조각, 사진 찍기, 음악연주, 음악회 가기, 영화보기 등과 같이 창의적이고 자유로운 다양한 예술 활동을 좋아한다. 반면에 정형화되어 있거나 반복적인 단순한 활동을 싫어하는 경향이 있다. 음악이나 미술과 같은 예술 관련 과목을 선호하지만, 수 계산을 다루는 기초 수학 과목을 싫어하는 편이다. 성격특성은 상상력이 풍부하고 창의적이고 독립심이 강하며 개방적이라는 강점이 있지만, 무질서한 편이고 기분 내키는 대로 일을 처리하거나 현실성이 부족하다는 단점이 있다. 대표적인 관련 직업으로는 음악가, 화가, 작가, 디자이너, 건축가, 사진사 등이 있다.

사무형은 예술형의 반대이다. 사무형인 사람이 좋아하는 활동은 자료를 정리하거나 기록하는 단순 업무를 선호하는 반면, 창의적인 활동을 부담스러워하는 편이다. 꼼꼼하고 성실하며 차분하다는 강점을 가지고 있지만, 상상력이 부족하고 새로운 시도를 하지 않으려 하고 답답하며 보수적인 성향이 있다. 사무형에 해당하는 대표적인 직업으로는 은행창구사무원, 비서, 경리사무원, 단순 사무원 등이 있다.

이러한 여섯 가지 흥미유형은 육각형 모형(hexagon model)이라고도 불린다. [그림 5-1]에서 보듯이 여섯 가지 흥미유형을 연결하면 육각형 모양이 되기 때문이다. 이 육각형에서 서로 마주 보고 있는 두 개의 흥미유형이 서로 반대가 되는 유형이다. 앞에서 설명했듯이 현장형과 흥미가 반대가 되는 유형은 그림에서 반대쪽에 있는 사회형이고, 탐구형의 반대는 진취형이며, 예술형은 사무형과 흥미가 반대가 된다.

또한 육각형 그림에서 서로 가까운 거리에 있을수록 흥미가 더 비슷함을 의미한다. 따라서 현장형과 흥미가 가장 유사한 유형은 탐구형과 사무형이며, 거리가 더 먼 예술형과 진취형과는 흥미가 많이 다르며, 가장 거리가 멀고 마주보고 있는 사회형은 흥미가 반대가 될 정도로 완전히 다르게 된다. 탐구형의 경우에도 가장 흥미가 유사한 유형은 현장형과 예술형이며, 사회형 및 사무형과는 흥미가 다르며 서로 마주보면서 거리가 가장 먼 진취형과는

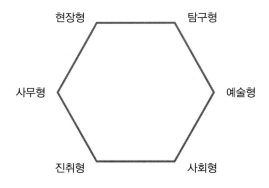

[그림 5-1] Holland의 육각형 모형

흥미가 전혀 다르게 된다.

흥미검사를 하게 되면 여섯 가지 흥미유형에 대한 점수가 나오게 된다. 그렇다면 커리어코치 입장에서는 피코치가 각 유형의 점수가 서로 비슷하게 나오는 것이 좋을까, 아니면 서로 간에 차이가 많게 나오는 것이 좋을까? 만약 모든 유형에서 점수가 비슷하게 나온다면 이 피코치는 특정 유형에 대한 뚜렷한 흥미가 없다는 것을 의미하기 때문에 커리어코치가 적합한 직업을 권유하기가 매우 어렵게 된다. 쉽게 얘기하자면, 이 피코치는 모든 분야에 대한 흥미가 비슷하기 때문에 많은 직업을 선택하는 것이 가능하게 되어 이 중에서 어떠한 직업이 가장 적합하다는 결정을 내리기가 힘들어진다. 반면 특정 유형에 대한 흥미가 높게 나오고 다른 유형들은 낮게 나온다고 한다면 이 개인은 흥미유형에 관련된 직업 중에서 자신에게 가장 적합한 직업을 선택하면 되기 때문에 커리어코치의 일이 좀 더 쉬워지게 된다.

2) 흥미유형의 안정성

개인의 특성은 시간이 경과함에 따라 어느 정도 변화하게 된다. 개인의 흥미도 나이가 먹으면서 새로운 경험을 하게 되면 특정 활동에 대한 흥미가 생기게 되어 변화가 가능하다. 시간이 경과함에 따라 흥미의 변화가 어느 정도나 나타나는 것인지에 관한 연구에 따르면 전반적으로 흥미가 안정적인 것으로 나타나고 있다.

Xu와 Tracey(2016)는 7학년에서 8학년(12세에서 14세)까지의 학생 3,191명, 9학년에서 10학년(14세에서 16세)까지의 학생 6,818명, 11학년에서 12학년(16세에서 18세)까지의 학생 1,078명 등 청소년을 대상으로 이들의 흥미가 3년간의 기간에 걸쳐 얼마나 안정적인지 또는 변화하는지를 분석하였다.

다양한 분석 결과, 먼저 여섯 가지 흥미유형의 순서는 학년, 성별, 평가 시점에 상관없이 동일하게 나타났다. 이는 기본 흥미구조는 변화가 없음을 의미한다. 다음으로, 각 흥미유형의 평균 점수에 대한 분석 결과 모든 흥미유형이 시간이 지남에 따라 감소되는 것으로 나타났다. 각 흥미유형에 대한 시점과 성별, 시점과 학년 간의 상호작용은 대부분 유의하지 않은 것으로 나타났다.

시점을 통합해서 분석한 집단 간 분석에서 성별은 대부분의 흥미유형에서 유의한 것으로 나타났다. 남성은 여성보다 현장형, 사무형에서 점수가 높았고, 여성은 사회형, 진취형 및 예술형에서 점수가 높았다. 이 중에서도 현장형과 사회형에서의 점수 차이가 상대적으로 큰 것으로 나타났다. 학년과 관련된 분석에서는 7, 8, 11, 12학년 학생들이 9학년과 10학년 학생들보다 현장형과 사무형에서 점수가 높았다.

흥미 안정성을 분석하기 위한 다른 방법으로 6가지 흥미유형 점수의 순위가 시간이 변할수록 유사하게 나타나는지를 검증하였다. 두 시점 간(1년차와 2년차, 1년차와 3년차)의 순위를 상관분석을 통하여 분석하였으며, 결과는 성별 및 학년에 상관없이 .47에서 .75까지의 상관을 보여서 흥미가 안정적임을 보여 주었다.

흥미 프로파일에서의 차이도 흥미유형의 안정성을 분석할 수 있는 방법이다. 특정 시점에서 여섯 가지 흥미유형에서 점수들의 차이를 계산할 수 있는데, 이 값이 다른 시점에서 계산한 값과 차이가 난다면 프로파일이 변화되었다고 가정할 수 있다. 분석 결과, 시간의 변화에 따른 흥미 프로파일의 차이는 유의한 것으로 나타났는데, 시점 1과 시점 3 간의 차이가 시점 1과 2 간의 차이보다 더 큰 것으로 나타났다. 하지만 효과 크기는 작은 것으로 나타났다. 또한 남학생이 여학생보다 프로파일 차이가 더 큰 것으로 나타났다. 마지막으로, 좀 더 어린 학생들이 시간 변화에 따른 흥미 프로파일에서의 변화가 크게 나타났다.

이러한 결과는 전체적으로 청소년기와 성인 초기 학생들의 흥미유형이 안정적이라는 것을 나타내 준다. 또한 이 결과는 청소년의 진로를 예측하는 과정에서 Holland(1997)가 주장하는 개인-환경 부합이론의 적용이 적절함을 시사하는 결과로 해석할 수 있다. Holland의 개인-환경 부합이론의 핵심은 개인의 흥미를 통해 이에 적합한 진로를 찾는 것을 의미한다. 만약 흥미가 시간이 경과함에 따라 안정적이지 못하고 크게 변화한다면 특정 시기에 진로를 적절하게 예측한다 해도 시간이 지나게 되면 이러한 예측의 정확도가 떨어지게 될 것이다. 하지만 이 연구에서 나타난 것처럼 6학년부터 12학년에 해당하는 학생들 모두 3년에 걸쳐 측정한 흥미유형이 안정적이었기 때문에 흥미를 토대로 진로를 예측하는 모형의 타당성이 적합한 것으로 해석할 수 있다.

3) 흥미검사 결과 해석

여기서는 흥미검사 결과에서 제공하는 내용에 대해 설명하고자 한다. 현재 국내에서 할 수 있는 다양한 흥미검사 가운데 고용노동부 산하 한국고용정보원에서 운영하는 워크넷(http://www.work.go.kr)에서 무료로 제공하는 흥미검사에 대해 설명하고자 한다. 성인인 경우, 워크넷 홈페이지에 들어가면 상단에 있는 다양한 메뉴바 가운데 '직업·진로'에서 '직업심리검사'를 선택하고, '성인용 직업심리검사 실시'를 클릭한다. 선택 후 화면에서 제공되는 다양한 심리검사 가운데 직업선호도검사 'L형'을 선택하고, 문항에 답하면 된다. 직업선호도검사는 'L형'과 'S형'이 있는데, 'L형'을 선택해서 하게 되면 성격 5요인검사 결과도 알아볼 수 있기 때문에 흥미검사 결과만 제시하는 'S'형보다는 'L'형을 권유한다. 만약 피코치가 청소년이라면 워크넷 홈페이지에서 상단 메뉴바의 '직업·진로'를 선택하고 '직업심리검사' 가운데 '청소년 심리검사'를 클릭한 후 '청소년 직업흥미검사'를 선택하면 된다. 심리검사 목록 가운데 '청소년 심리검사 실시'를 선택한 후 '청소년 직업흥미검사'를 선택하면 된다. 워크넷 이외에 교육부 산하 한국직업능력연구원에서 운영하는 커리어넷(http://www.career.go.kr)에 접속하여 무료로 흥미검사를 할 수 있다. 청소년의 경우 홈페이지 상단 메뉴바에서 '진로심리검사'를 클릭하고 '중·고등학생용 진로심리검사'에서 '직업흥미검사(H)'를 선택하면 된다. 커리어넷은 성인을 위한 흥미검사는 제공하지 않고 있다.

[그림 5-2]는 직업선호도검사 L형에 대한 간단한 설명을 보여 주는데, 워크넷의 결과 예시에 나와 있는 내용을 가져온 것으로서 L형 검사는 흥미, 성격 그리고 생활사에 관한 정보를 제공한다고 기술되어 있다. 흥미검사는 개인의 흥미를 측정하는 검사로서 여섯 가지 흥미유형에서의 점수를 제공한다. 성격은 개인의 성격을 다섯 가지 성격유형으로 구분하여 점수를 제공한다. 생활사검사는 개인의 과거와 현재의 다양한 생활경험을 알아보는 검사이다. 필자의 판단으로, 일반적으로 개인의 진로를 파악하고 선택하는 과정에서 생활사검사는 잘 활용되고 있지 않아서 커리어 안내를 위한 검사 통합과정에서는 생활사는 고려하지 않는다.

• 직업선호도검사(L형) 길잡이

−직업선호도검사는 개인의 현재 보유능력이나 학력, 전공, 자격, 가치관 등은 반영하지 않고 오로지 흥미성향과 성격, 생활사 등에 관련된 정보만을 제공합니다.

−따라서 검사결과를 토대로 직업이나 진로를 결정하고자 하실 때에는 검사결과에 반영되지 않은 자신의 능력, 자격, 적성, 가치관 등을 함께 고려하실 필요가 있습니다.

−이 검사의 결과는 개인이 직업이나 직무를 선택할 때 참조자료로 활용할 수 있으며, 또한 자기소개서 작성이나 면접 준비 시 자신을 객관적이고 구체적으로 소개하기 위한 기초자료로 활용할 수 있습니다.

• 검사결과 바르게 읽기

직업선호도검사는 원점수와 표준점수라는 두 가지 검사 점수를 사용합니다.

원점수(raw scores)	표준점수(standard scores)
일반적으로 결과해석에 편리하도록 점수전환을 하게 되는데, 원점수란 전환을 위한 기초 점수입니다.	타인과의 비교를 위해 원점수를 해석하기 편리하게 전환한 검사 점수입니다.

[그림 5-2] 직업선호도검사 L형 소개

출처: 워크넷(https://www.work.go.kr).

먼저, [그림 5-2]에서 원점수와 표준점수에 관한 설명이 간단히 기술되어 있다. 흥미검사는 모두 204개의 문항으로 구성되어 있는데, 각 문항에 대해 응답자는 '좋아함' '관심없음' '싫어함'의 세 가지 선택지 가운데 하나를 선택하도록 되어 있다. 흥미검사는 모두 여섯 가지 흥미유형에서 개인의 점수를 제시하는데, 원점수는 각 흥미유형 문항에서 개인이 '좋아함'으로 체크한 개수를 의미한다. 이 점수가 높을수록 자신이 여섯 가지 흥미유형에서 다른 유형에 비해 상대적으로 특정 흥미에 대한 관심이 높다는 것을 의미한다.

표준점수는 자신의 특정 흥미유형에서의 점수가 다른 사람들과 비교해서 얼마나 높거나 낮은 수준인지를 알려 주는 점수이다. 개인의 원점수는 다른 유형과 비교해 특정 흥미유형의 수준이 높은지 또는 낮은지를 알 수 있지만, 특정 유형에서 다른 사람들과 비교해 얼마나 높은 수준인지는 알 수 없다. 타인과의 비교를 위해 원점수를 변형해서 표준점수를 구하게 된다. 대부분의 심리검사에서 제시하는 표준점수는 T점수로서 이 점수는 z점수에 10을 곱하고 50을 더해서 구하게 된다. T점수를 구하는 공식은 다음과 같다.

$$T = (z \times 10) + 50$$

[그림 5-3]은 특정 검사를 통해 구한 수많은 개인의 T점수들의 분포를 그래프로 그린 것을 보여 준다. 그림에서 X축은 T점수의 분포를, Y축은 특정 점수를 받은 사람의 수를 나타낸다. [그림 5-3]에서 보듯이 중간점수의 사람이 가장 많고 점수가 낮거나 높을수록 해당 점수에 해당하는 사람 수는 작아진다. 이 공식에서 z가 0이면 T점수는 50이 되는데, 이는 다른 사람들의 점수와 비교하여 백분위로 계산하면 50%가 되는 중간에 해당하는 점수이다. 따라서 표준점수인 T점수 50 아래 백분위점수를 보게 되면 50%로 나오게 된다. z점수가 1.0인 경우 T점수는 60이고, 이 점수 이상을 받은 사람은 16% 정도 된다. 이 경우 백분위점수는 84%가 된다. z가 −1.0일 경우 T점수는 40이 되며, 이

점수 아래에 16% 정도가 있으며, 해당되는 백분위점수는 16이다. T점수가 70인 경우 상위 2%에 해당하는 높은 점수임을 알 수 있다.

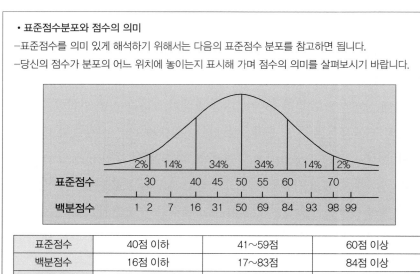

[그림 5-3] 표준점수 분포 그래프

출처: 워크넷(https://www.work.go.kr).

이와 같이 심리검사에서 개인의 점수를 표준점수로 제시하는 경우가 많은데, 이러한 검사를 규준참조검사(norm referenced test)라고 한다. 규준참조검사에서는 결과를 제시할 때 특정 개인의 점수를 다른 사람들과 비교하여 얼마나 높은지 또는 낮은지의 정도에 관한 정보를 제공한다. 개인의 특성을 측정하는 대부분의 심리검사에서 결과를 표준점수로 제시하는 이유는 원점수로 제시할 경우 이 점수를 통해 해당 특성에서 점수가 얼마나 높거나 낮은지를 적절하게 설명하기가 어렵기 때문이다. 예를 들어, [그림 5-4]의 흥미검사 결과에서 원점수로 보면 예술형(A)이 19로서 점수가 가장 높다. 하지만 이 19점에 대해 흥미가 얼마나 높은 수준인지를 정확하게 말하기는 어렵다. '매우 높다' 또는 '높다' 등의 결과를 말할 수 있는 근거가 되는 점수가 몇 점인지를 정하기 어렵기 때문이다. 몇 점 이상이 되어야 '매우 높다'는 표현을 할 수 있을까? 총점의 90% 이상이 적절할지 또는 95%가 적절할지 모두가 동의하는 기준을 정하기는 쉽지 않다.

반면, 결과를 원점수 대신 표준점수로 제시하면 다른 사람과 비교해 어느 정도나 높은 수준인지에 관한 구체적 정보를 제시할 수 있게 된다. 원점수 19점은 [그림 5-4]에서 보듯이 표준점수 53에 해당하며, 이 점수는 해당 개인의 예술형에 대한 흥미는 다른 사람들과 비교해 대략 상위 45% 수준이라는 것을 말해 준다. 물론 이 정보는 다른 사람과 비교 시 해당 개인의 상대적 위치를 말해 주는 것이지 예술형에서의 흥미가 절대적으로 어느 정도의 수준인지를 말해 주지는 못한다. 하지만 다른 사람들과 비교해 얼마나 흥미가 높은지에 관한 구체적 정보를 제공해 준다는 장점이 있다.

다음은 자신의 흥미코드는 무엇인지를 살펴본다. [그림 5-4]에서 보듯이 흥미코드는 'AE'로 나타나 있다. 여섯 흥미유형 점수 가운데 원점수를 기준으로 보면 A형이 19점으로 가장 높고, E형이 18점으로 두 번째로 높기 때문이다. 흥미코드는 여섯 가지 유형 중 점수가 가장 높은 두 개 유형을 순서대로 선택하여 제시된다. 하지만 [그림 5-4]에서 원점수가 아닌 표준점수로 점수가 높은 두 개 유형을 선택하게 되면 E형이 58로 가장 높고 R형이 54로 두 번째로 높기 때문에 흥미코드는 ER이 될 수 있다.

직업선호도검사 중 흥미검사 결과에서 흥미코드는 원점수를 토대로 제시된다. 하지만 다른 흥미검사에서는 표준점수를 토대로 흥미코드를 제시한다. 예를 들어, 흥미검사 가운데 가장 먼저 개발된 Strong 흥미검사의 경우에도 흥미코드는 표준점수를 토대로 제시된다. 또한 성격이나 적성 등과 같은 개인 특성을 측정하는 대부분의 심리검사는 앞에서 설명한 규준참조검사로서 결과를 제시할 때 표준점수 또는 백분위 정보를 제시하고 있다. 따라서 필자는 심리검사 결과를 해석하는 과정에서 일관성을 위해서도 직업선호도검사의 흥미코드 결과도 표준점수를 토대로 제시하는 것이 적합하다고 판단한다.

한편, 흥미검사 결과를 해석하는 과정에서 고려해야 할 점은 흥미코드의 개수이다. [그림 5-4]에서 보듯이, 직업선호도검사에서 흥미결과는 두 개의 흥미유형으로 구성된 흥미코드를 제공한다. 하지만 Strong 흥미검사의 경우에는 상위 세 개의 흥미유형을 선정한 흥미코드를 제공하고 있다. 그렇다면 몇 개의 흥미유형을 제공하는 것이 바람직한 것일까? 일반적으로 흥미코드를 구성하는 흥미유형의 개수가 많을수록 적합한 직업은 제시된 여러 흥미유형을 모두 충족시켜야 하기 때문에 직업이 좀 더 구체적이 되는 경향이 있다.

홍길동님의 대표 흥미코드는 'AE'입니다.

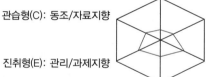

현실형(R): 실행/사물지향

관습형(C): 동조/자료지향　　　　　탐구형(I): 사고/아이디어 지향

진취형(E): 관리/과제지향　　　　　예술형(A): 창조/아이디어 지향

사회형(S): 자선/사람지향

• 직업 흥미유형별 점수

당신의 흥미코드: AE(예술형/진취형)					
구분	현실형(R)	탐구형(I)	예술형(A)	사회형(S)	진취형(E)	관습형(C)
원점수	9	10	19	15	18	12
표준점수	54	51	53	46	58	48

• 원점수
원점수는 스스로가 좋아하거나 싫어한다고 주관적으로 여기는 흥미 정도입니다.
• 표준점수
표준점수는 타인과 비교하였을 때의 흥미 수준을 말하며 보조적으로 활용할 수 있습니다.

[그림 5-4] 직업선호도검사 결과

출처: 워크넷(https://www.work.go.kr).

예를 들어, 사회형(S) 하나로만 구성된 흥미코드를 제시한다고 가정하자. 이 경우 제시되는 대표적인 직업으로는 사회형만 충족시키면 되기 때문에 초등학교 또는 중등학교 교사가 될 수 있다. 하지만 중등학교의 경우 초등학교와는 다르게 과목마다 다른 교사가 있기 때문에 중등교사가 되고 싶은 사람의 경우 구체적으로 어떤 과목 교사가 나한테 적합한 것인지 궁금할 수 있다. 이 경우 만약 SI와 같이 두 개의 흥미유형으로 구성된 흥미코드가 제시된다면 적합 직업은 사회형과 탐구형을 동시에 충족시켜야 하며, 결과적으로 수학 또는 과학교사가 해당될 수 있다. SR이 나온다면 체육교사가 적합할 것이고, SA가 나온다면 음악이나 미술교사가 적합한 직업이 될 수 있다. 따라서 하나가 아닌 두 개의 흥미유형을 하나의 흥미코드로 제시하게 되면 이에 따라 제공되는 직업명이 좀 더 구체적이 될 수 있다.

일반적으로 청소년을 대상으로 흥미코드를 제시할 경우에는 두 개의 흥미유형을 포함하는 경우가 많다. 청소년은 사회생활의 부족으로 다양하고 구체적인 경험을 충분히 하지 못했기 때문에 세부적인 직업을 제시하는 것보다 좀 더 광범위한 직업을 제시하는 것이 바람직할 수 있다. 또한 청소년의 경우 검사를 받는 시점에서 당장 직업을 선택하는 것이 아니라 추후 일정 시기가 지난 다음에 직업을 선택하게 된다. 따라서 검사를 받는 시점에서 세밀한 직업정보를 제시하는 것보다 특정 커리어 방향에 대한 정보를 제공하는 것이 도움이 될 수 있을 것이다.

4) 흥미코드 선정

이제 피코치에게 적합한 흥미코드를 정하는 방법에 대해 살펴보자. [그림 5-4]의 직업선호도검사 결과에서는, 앞에서 설명했듯이 무조건 원점수 기준으로 상위 두 개 흥미유형을 선정하여 흥미코드를 제시하고 있다. 하지만 경우에 따라서 세 번째 흥미유형의 점수가 상위 두 개 흥미유형의 점수와 큰 차이가 없는 상황도 충분히 나타날 수 있다. 세 번째뿐 아니라 네 번째 흥미유형의 점수도 유사한 경우가 나타날 가능성이 있다. 이러한 경우 검사를 다시하게 되면 흥미유형 점수의 순서가 변경될 가능성이 충분하다. 또한 순서가 변화되지 않는다 하여도 세 번째 또는 네 번째 흥미유형에 대해서도 첫 번째와 두 번째 흥미유형과 별다른 차이 없이 유사한 흥미를 가지고 있음에도 불구하고 이러한 흥미유형을 무시하고 관련된 직업정보를 탐색하지 않는 것은 매우 부적절하다고 할 수 있을 것이다.

따라서 필자는 결과에서 제시하는 흥미코드만을 피코치에게 적합한 유일한 흥미코드로 받아들이지 말고 다른 흥미유형에서의 점수를 살펴보면서 피코치가 선택할 수 있는 가능한 흥미코드의 수를 넓힐 것을 추천한다. [그림 5-4]에서의 결과를 보면서 설명하면, 먼저 앞에서 설명했듯이 흥미코드를 선정하는 과정에서 원점수보다는 표준점수인 T점수 결과를 토대로 진행하고자 한다.

[그림 5-4]의 표준점수 결과를 보면, 여섯 가지 유형 가운데 진취형(E)이 58로 가장 높고, 다음은 현실형(R)이 54가 되어 흥미코드는 ER이 된다. 하지만 세 번째 흥미유형인 예술형(A)의 표준점수를 보게 되면 53으로서 두 번째 흥미유형인 현실형과 큰 차이가 없다. 이러한 경우 흥미코드를 ER로만 국한하지 않고 EA도 자신에게 적합한 흥미코드로 선택하는 것이 바람직하다. 또한 네 번째 탐구형(I)도 T점수 51점으로서 세 번째 현실형과 큰 차이가 나지 않기 때문에 자신의 흥미코드에 포함시킬 것인지를 고려해 볼 수 있다.

이 과정에서 몇 점 정도 차이가 나는 흥미유형을 흥미코드로 선정할 것인지에 관한 명확한 기준은 없다. [그림 5-3]에서 보듯이, 표준점수 간의 차이는 50점을 기준으로 중간에 있는 점수 간의 차이가 양극단에 있는 점수들에서의 차이보다 더 크게 된다. 예를 들어, T점수 50과 55점 간의 차이는 백분위로 계산하면 50점이 50%이고 55는 69%가 되어 19% 차이가 난다. 하지만 70점과 75점 간의 차이는 70점이 백분위 98%에 해당되기 때문에 75점에 해당하는 백분위는 [그림 5-3]에 구체적으로 나와 있지 않지만, 많아 봐야 2%가 안 된다. 이러한 이유 때문에 일률적으로 표준점수에서 몇 점 이내의 차이가 나면 해당 흥미유형을 흥미코드로 고려해야 한다는 결론을 내리기 어렵게 된다. 따라서 표준점수에서 점수 차이를 백분위에서의 차이로 환산하여 판단하는 것이 적합할 것이다. 백분위에서의 차이를 정확하게 계산하기 위해서는 두 T점수를 각 z점수로 환산한 후 두 z점수에 해당하는 백분위를 찾아서 그 차이를 계산해야 한다. 구글이나 네이버에서 '표준정규분포표'라고 입력하면 z점수에 해당하는 백분위를 구할 수는 있다. 하지만 매번 이를 계산하는 것은 현실적으로 번거로울 수 있다.

따라서 필자는 이러한 구체적인 계산 방법보다는 정확도는 다소 떨어질 수 있지만 실무적으로 사용하기 쉬운 다른 방법을 제시하고자 한다. 특정 흥미유형에서의 T점수가 50이면, 이는 해당 흥미유형에서 개인의 흥미 정도가 다른 사람들과 비교해 중간인 50% 수준인 것을 의미한다. T점수가 50을 넘게 되면 해당 흥미유형에서의 흥미가 평균 이상 된다는 것을 의미가 되기 때문에 일차적으로 흥미코드로 선택하는 것을 고려할 필요가 있다. 또한 T점수가 50을 넘는 경우 두 T점수에서 차이는 동일하지만 백분위에서의 차이가 가장 큰 것은 특정 흥미유형에서의 T점수가 50인 경우이다. [그림 5-3]에서 보듯이, T점수가 50인 경우 가장 많은 사람들이 몰려 있기 때문이다. 이때 다른 흥미유형에서의 T점수가 53이라면, 이때 T점수상으로는 3점이지만 백분위는 약 11% 차이가 난다. 이 11% 차이는 3점의 차이가 나는 어떤 다른 두 T점수에서의 차이보다 크게 된다. 예를 들어, T점수 53과 56도 동일한 3점 차이지만 백분위 차이는 11%보다 작게 된다. 따라서 대략적으로 두 흥미유형에서의 T점수가 3점 차이가 되면 백분위에서 최대 11% 이내의 차이가 되기 때문에 T점수 3점 정도 이내의 차이가 나는 흥미유형을 추가 흥미코드로 선택하는 것을 고려해 볼 수 있다. 하지만 이 방법은 명확한 근거가 없는 대략적인 가이드라인을 제시하는 것이라서 반드시 이 방법을 따를 필요는 없다.

필자는 일차적으로 이러한 기준으로 특정 흥미유형을 추가 선택할 것을 고려하고, 최종적으로는 피코치와 상의해서 피코치가 해당 유형에 대한 흥미를 어느 정도나 가지고 있다고 생각하는지를 확인하여 결정하는 것이 바람직하다고 판단한다. 피코치가 해당 유형에 대한 흥미가 별로 없다고 얘기하는 경우에는 점수 차이가 적다 하더라도 선택하지 않는 것이 좋다. 검사결과에 대해 피코치가 동의하고 수용해야만 최종 도출되는 직업에 대해서도 신뢰하고 수용할 가능성이 높기 때문이다.

[그림 5-4]의 결과를 토대로 두 개의 흥미유형으로 구성된 흥미코드를 선택해 보면, 먼저 표준점수 상위 유형인 ER이 일순위가 된다. 표준점수에서 53점으로 세 번째 흥미유형인 예술형(A)의 표준점수가 현실형(R)과 비교 시 별다른 차이가 없기 때문에 EA도 가능하다. 표준점수 크기에서 네 번째인 탐구형(I)은 51점으로 두 번째 크기인 현실형(R)의 54점과 3점 차이로서 백분위에서 보면 약 11% 정도 차이가 난다. 이러한 경우, 앞에서도 설명했듯이 피코치의 의견을 듣고 피코치가 이 유형에도 충분히 관심이 있다는 표현을 하면 EI도 선택할 수 있다. 만약 피코치가 탐구형에 대한 흥미가 많지 않다고 하면 EI는 선택하지 않으면 된다.

이러한 다양한 흥미코드는 진취형(E)을 가장 흥미가 높은 유형으로 가정한 경우이다. 하지만 E유형과 R유형 간의 표준점수 차이가 4점이고, 이 차이는 백분위에서 13%정도의 차이가 된다. 만약 피코치가 진취형이 현실형보다 더 높은 점수로 나온 것에 대해 충분히 이해하지 못하고 두 흥미유형에서 어느 한쪽에 대한 흥미가 높다고 확신하지 못하는 경우라면 RE 코드도 가능할 수 있다. 하지만 피코치가 자신이 진취형에 대한 흥미가 현실형보다 더 높다는 것을 충분히 인식하고 있다면 RE 코드는 고려하지 않아도 된다. 만약 RE 코드를 선택하지 않는다면 AR과 IR도 고려하지 않을 수 있다. 선택하는 흥미코드가 너무 많을 경우 이에 따라 고려해야 할 직업 수가 크게 증가하기 때문에 여기서는 ER, EA, EI 코드 등 3개만 선택하고자 한다. 그러나 표준점수 1순위와 2순위 흥미유형 간의 차이가 적다면 2순위가 흥미코드에서 먼저 나오는 경우도 고려할 필요가 있다.

앞에서도 기술했지만, 직업선호도검사에서는 두 개의 흥미유형으로 구성된 흥미코드를 제시하고 있다. 하지만 Strong 흥미검사에서 제시하는 흥미코드는 세 개의 흥미유형으로 구성되어 있다. 따라서 [그림 5-4]의 결과에서 세 개의 흥미유형으로 구성된 코드를 제시한다면 표준점수 순서에 따라 ERA가 된다. 추가로 고려해야 할 흥미코드는 EAR이다. R과 A 간의 차이가 적기 때문이다. 만약 I를 고려한다면 좀 더 다양한 흥미코드가 가능할 것이다. 예를 들어, ERI, EIR, EAI, EIA 등이 가능하다.

어떠한 흥미코드를 선정할 것인지에 관한 기준은 명확하지 않다. 반드시 기억해야 할 중요한 점은 흥미검사 결과에서 제시하는 하나의 흥미코드만 개인에게 적합한 유일한 것으로 받아들여서는 안 된다는 점이다. 흥미유형 간에 점수 차이가 적을 경우 검사를 다시 하게 되면 충분히 그 순서가 변경될 가능성이 있다. 이러한 점을 고려하여 커리어코치는 피코치와의 충분한 대화를 통해 전문가적인 관점에서 피코치에게 적합한 다양한 흥미코드를 선정할 필요가 있다.

5) 직업선정

이러한 작업을 통해 피코치에게 적합한 다양한 흥미코드를 선정하였으면 다음은 각 흥미코드에 해당하는 직업을 찾으면 된다. Holland가 만들어 놓은 직업코드를 참고하면 쉽게 특정 흥미코드에 해당하는 직업을 찾을 수 있다. 현재 국내에서는 가이던스에서 판매하는 Holland 간편진로코드분류표(안창규, 안현의, 2013)를 활용하여 두 개의 흥미유형으로 구성된 흥미코드에 해당하는 직업을 찾을 수 있다. 3개의 흥미유형으로 구성된 흥미코드에 해당하는 직업을 찾기 위해서는 역시 가이던스에서 판매하는 Holland의 SDIS 진로코드탐색지(Holland & Messer, 2018)를 참고하면 된다.

먼저, 두 개의 흥미유형으로 구성된 흥미코드는 앞의 예에서 ER, EA, EI로 선정했기 때문에 간편진로코드분류표에서 각 코드에 해당하는 직업을 찾으면 된다. ER에 해당하는 직업은 모두 41개가 제시되어 있으며, 대표적인 직업으로는 생산관리자, 자동차딜러, 통신판매원 등이 있다. EA에 해당하는 직업으로는 47개가 있으며, 직업의 예를 들면 TV프로듀서, 광고컨설턴트, 영화기획자, 방송취재기자 등이 있다. EI에 포함되는 직업의 예로는 검사, 마케팅전문가, 산업 및 조직심리학자, 정보시스템관리자, 전자상거래개발자 등이 있으며, 모두 52개의 직업이 제시되어 있다.

세 개의 흥미유형을 토대로 한 흥미코드에 해당하는 직업은 진로코드탐색지에서 제시하는 직업명을 참고로 하면 된다. 앞의 예에서 세 개의 흥미유형에 해당하는 흥미코드는 ERA, EAR, ERI, EIR, EAI, EIA 등으로 매우 다양하다. ERA에 해당하는 대표적 직업으로는 미술관관리자, 연예인매니저, 조명기사 및 영사기사, 도시재생전문가 등이 있으며, 모두 30개 직업이 제시되어 있다. EAR에 해당하는 직업은 모두 32개가 제시되어 있다. 게임기획자, 드라마작가, 음향감독, 드라마프로듀서 등의 직업이 이 코드에 해당된다. ERI에 해당하는 직업으로는 검찰수사관, 일반의사, 정보통신컨설턴트, 해군장교 등이 있다. 진로코드탐색지에는 모두 42개 직업이 제시되어 있다. EIR에 해당하는 직업으로는 산업엔지니어, 정보시스템관리자, 프로파일러, 펀드애널리스트, 해외시장정보분석원 등이 있으며, 책자에는 모두 42개 직업이 제시되어 있다. EAI에 해당하는 직업은 책자에 모두 34개가 제시되어 있으며, 일반적으로 알려진 대표적인 직업으로는 방송프로듀서, PR전문가, 사진기자, 영화기획자, 골동품판매원 등이 있다. 마지막으로, EIA에 해당하는 직업은 모두 33개가 제시되어 있으며, 구체적인 직업을 살펴보면 빅데이터전문가, 여행설계사, 운동감독, 카지노딜러, 피부미용사 등이 있다.

코치는 이러한 직업들을 피코치와 같이 살펴보면서 피코치가 전혀 관심이

없다고 하거나 현실적으로 실현 가능하지 않은 직업(예, 50대 성인인데 의사가
나온 경우)이 나온 경우 이를 제외할 수 있다. 또한 피코치가 청소년인 경우
직업에 대해 잘 모르는 경우가 많기 때문에 코치가 알고 있는 직업에 대해서
는 어느 정도 설명해 줄 필요가 있다. 코치도 해당 직업에 대한 지식이 부족
할 경우 피코치가 한국고용정보원에서 운영하는 워크넷(https://www.work.
go.kr)을 활용해 해당 직업에 대한 충분한 정보를 얻도록 지도할 필요가 있
다. 워크넷에서 직업정보를 얻는 방법은 홈페이지에 접속한 후 상담의 메뉴
바에서 '직업 · 진로'를 클릭하고 다시 '직업정보'를 선택한 후 '한국직업사전'
을 선택한 후 직업명을 직접 입력하고 검색을 클릭하면 된다. 해당 직업에 대
한 간단한 직무개요, 어떤 일을 하게 되는지를 설명하는 수행직무 그리고 필
요한 정규교육, 숙련기간, 직무기능, 작업강도 등의 부가직업정보에 대해 알
려 준다. 2020년을 기준으로 직업의 수는 12,823개로 나와 있다. 해당 직업에
대해 좀 더 상세한 정보를 원할 경우 '직업정보'에서 '한국직업정보'를 클릭하
고 들어가서 '키워드검색'에 해당 직업을 입력하고 '검색'을 클릭하면 된다.
국내의 대표직업 540여 개에 대해 다양하고 상세한 정보를 제공하고 있다.
예를 들면, 해당 직업에서 하는 일부터 시작해서 해당 직업을 얻기 위해 필요
한 교육이나 훈련에 관한 정보, 해당 직업의 평균 임금, 직업만족도, 향후 전
망에 관한 정보를 제공한다. 또한 해당 직업을 잘하기 위해 어떠한 능력과 지
식이 요구되고 어떠한 환경(예, 실내 또는 실외 등)에서 일하게 되는지, 해당 직
업을 하는 데 적합한 성격, 흥미, 가치관은 무엇인지에 관한 정보 등도 제공
하고 있다.

또한 '직업정보'에서 '한국직업전망'을 클릭하면 국내 대표 직업 19개 분야
196개에 대한 향후 10년간 일자리 전망에 관한 정보를 얻을 수 있다. 196개
각 직업별로 향후 일자리가 감소, 유지 또는 증가할 것인지에 관한 자세한 정
보를 제공한다.

앞의 예에서 두 가지 흥미유형으로 구성된 흥미코드는 ER, EA, EI 등으로

세 가지 흥미유형을 포함한 흥미코드보다 좀 더 간단하기 때문에 여기서는 이 흥미코드를 토대로 직업목록을 도출하여 설명하기로 한다. 간편진로코드 분류표에서 제시하는 세 가지 흥미코드에 속하는 전체 직업은 140개이다. 이 목록을 피코치와 같이 살펴보면서 피코치와 충분한 대화를 통해 피코치가 관심이 없다고 분명하게 얘기하는 직업과 관심은 있지만 현실적인 이유 때문에 어렵다고 말하는 일부 직업을 제외한 후 피코치가 선택한 직업목록을 작성한다. 여기서는 향후 적성, 성격, 직업가치관검사와의 통합방법에 관한 설명을 위해 일부 직업을 선택해야 하기 때문에 필자가 판단하여 대표적인 일부 직업만 선택하여 설명하고자 한다. 앞에서 각 흥미코드에서 설명한 직업만 선택하고자 한다. ER에 해당하는 직업 가운데 생산관리자, 자동차딜러, 통신판매원을 선택하고, EA에 해당하는 직업으로는 TV프로듀서, 광고컨설턴트, 영화기획자, 방송취재기자를 선택하며, EI 중에서는 검사, 마케팅전문가, 산업 및 조직심리전문가, 정보시스템관리자, 전자상거래개발자 등 모두 12개 직업을 선택한다. 이를 표로 제시하면 〈표 5-1〉과 같다.

〈표 5-1〉 흥미검사를 통해 선정된 직업목록

직업명	
• 생산관리자	• 방송취재기자
• 자동차딜러	• 검사
• 통신판매원	• 마케팅전문가
• TV프로듀서	• 산업 및 조직심리전문가
• 광고컨설턴트	• 정보시스템관리자
• 영화기획자	• 전자상거래개발자

3. 2단계: 흥미와 적성의 통합

1) 적성검사 실시

홍미검사를 통해 피코치에게 적합한 다양한 직업 목록들을 선정하였으면, 다음은 적성검사 결과와 통합하는 것이다. 일반적으로 능력은 성격과 특정 영역에 대한 홍미의 영향을 받는다(Ackerman, 2000). 특정 영역에 홍미가 있어서 해당 영역에서 필요한 활동을 하다 보면 해당 영역에서의 능력이 쌓이게 된다. 홍미와 적성 간의 관계를 분석한 연구는 드물다. Tracey와 Hopkins (2001)는 4,679명의 고등학교 3학년 학생들을 대상으로 홍미검사(UNIACT)와 15개의 능력(예, 독해력, 수리력, 공간지각, 리더십, 창의성 등)을 측정하는 IWRA(Inventory of Work-Relevant Abilities) 자기보고식 능력검사를 실시하고, 이들이 미래에 원하는 직업을 선택하도록 하였다.

분석 결과, 홍미검사와 능력검사는 직업선택 확신성 변량의 27%와 19%를 설명하는 것으로 나타났다. 또한 두 검사는 직업선택 확신성 전체 변량의 31%를 설명하는 것으로 나타나 직업선택 확신성을 예측하는 데 있어서 두 검사 간에 관련성이 있음을 알 수 있다. 이 연구결과는 커리어코칭 시 홍미검사와 능력검사를 같이 실시할 경우 두 검사가 서로 중복되는 부분이 있기는 하지만 각 검사가 진로를 안내하는 데 독자적으로 기여할 수 있는 부분이 있다는 것을 말해 주고 있다.

적성검사의 종류를 크게 구분해 보면 주어진 시간 내에 정답을 맞히는 극대수행검사 방식의 적성검사와 자신이 해당 적성 또는 능력을 얼마나 가지고 있는지를 스스로 체크하는 자기보고식 적성검사가 있다. 극대수행방식의 적성검사는 객관적으로 자신의 적성 또는 능력을 파악할 수 있다는 장점이 있으나, 이러한 유형의 적성검사들이 대부분 시간이 길기 때문에(최소 1시간 이상) 피코치의 동기수준이 낮은 경우 집중해서 검사에 응답하기 어렵다는 단점이 있다. 반면, 자기보고식 적성검사는 짧은 시간 내에 응답할 수 있다는 장점이 있으나, 자신의 적성을 주관적으로 판단하여 응답하기 때문에 나타난 적성수준의 객관성이 의문시될 수 있다는 단점이 있다.

극대수행방식의 적성검사를 하고 싶다면 워크넷에서 제공하는 적성검사를 하면 된다. 피코치가 청소년인 경우에는 상단 메뉴바의 '직업·진로'를 선택하고 '직업심리검사' 가운데 '청소년 심리검사 실시'를 클릭한 후 '고등학생 적성검사'를 선택하면 된다. 성인인 경우, '직업·진로'에서 '직업심리검사'를 선택하고 '성인용 심리검사 실시'를 클릭한 후 '성인용 직업적성검사'를 선택하면 된다. 검사를 끝까지 하는 데 걸리는 시간은 고등학생 적성검사는 65분, 성인용 적성검사의 경우 80분 정도이다.

피코치가 자기보고식 적성검사를 할 경우 커리어넷(https://www.career.go.kr)에 들어가서 상단 메뉴바 가운데 '진로심리검사'에서 '중·고등학생용'을 클릭하고 들어가면 다양한 심리검사 목록이 있는데, 이 중에서 '직업적성검사'를 선택하여 진행하면 된다. 성인의 경우, '진로심리검사'에서 '대학생·일반용'을 클릭하고 다양한 심리검사 가운데 '주요능력효능감'을 선택하면 된다.

가능하다면 필자는 두 가지 유형의 적성검사를 모두 실시하는 것을 권유하고 싶다. 피코치에 따라 두 가지 유형의 검사 결과가 다르게 나오는 경우가 있기 때문이다. 특히 자기보고식 적성검사에서 자신이 낮다고 생각한 적성요인이 극대수행방식의 검사에서는 높게 나타나는 경우가 있게 된다. 예를 들어, 청소년인 피코치가 학교에서 영어와 국어는 성적이 최상위권인데 수학은 중상위권이라고 가정하자. 이 피코치는 수학을 못하는 것은 아니지만 최상위권인 영어와 국어에 비교하면 부족하기 때문에 자신은 수학을 잘 못한다고 생각할 수 있다. 이 경우 커리어넷에서 자기보고식 적성검사인 '직업적성검사'를 하게 되면 자신은 수리력이 부족하다고 응답하게 되어 수리력 점수가 낮은 것으로 나올 가능성이 있다. 하지만 실제 수학 실력이 중상 수준이기 때문에 극대수행방식인 워크넷의 '고등학생 적성검사'에서는 표준점수가 중 상위 수준으로 나올 가능성이 크다.

따라서 어떠한 방식의 적성검사를 했는지에 따라 결과가 다르게 나올 가능 성이 있다. 이 피코치 학생이 자기보고식 적성검사를 했다면 대학교 학과 선 택 시 공대를 갈 수 있는 수리능력을 가지고 있음에도 불구하고 결과적으로 는 수리력이 낮게 나와서 공대와 관련된 학과 정보는 제시되지 않을 것이다. 만약 워크넷에서 적성검사를 했다면 수리력이 중상위권으로 나오게 되고 다 른 적성요인에서의 점수를 고려해야겠지만, 결과적으로 공대 관련 직업정보 가 제시될 가능성이 있다.

이와 같이 두 가지 방식의 적성검사를 모두 사용하여 결과가 다르게 나온 경우, 커리어코치는 피코치가 수리력이 부족하다고 응답한 이유를 물어보고 실제는 그렇지 않다는 것을 일깨워 줌으로써 수리력과 관련된 직업을 생각해 보는 기회를 주는 것이 필요하다. 여기서는 편의상 두 가지 방식 가운데 필자 가 책임연구원으로 개발한 워크넷에 있는 성인용 적성검사를 선정하고 이 결 과([그림 5-5] 참조)를 토대로 통합방법에 대해 설명하고자 한다.

2) 적성요인 선정

앞에서 설명하였듯이 피코치의 적성에 관해 종합적인 판단을 위해 두 가 지 방식의 적성검사를 모두 실시하는 것이 바람직하다. 하지만 두 가지 유형 의 적성검사를 피코치에게 실시하는 것에 대해 피코치가 힘들다는 이유로 부 정적으로 반응할 수 있다. 이 경우 코치가 판단하여 피코치에게 적합한 적성 검사를 하나만 실시하면 된다. 예를 들어, 일반적으로 연령대가 높은 피코치 는 80분이 소요되는 성인용 적성검사를 실시하는 것을 부담스러워하는 경우 가 있어서 이 경우 자기보고식 주요능력효능감 검사를 실시하면 된다. 하지 만 하나의 검사를 선택할 경우, 가능하면 필자는 좀 더 객관적인 정보를 제공하는 워크넷의 적성검사를 실시할 것을 추천한다.

워크넷의 적성검사를 실시하면 적성을 토대로 한 적합 직업목록이 나오는데, 이 직업들을 살펴보고 흥미검사에서 나온 직업목록과 어떤 공통점이 있는지를 살펴볼 필요가 있다. 하지만 동일한 직업이 나오지 않는 경우가 많이 있기 때문에 이 방법은 참고로 살펴보는 정도로 그치는 것이 바람직하다.

흥미와 적성검사의 통합방법은 먼저 적성검사 결과 수준이 높게 나타난 적성요인을 선정하는 것이다. [그림 5-5]는 워크넷에 있는 성인용 적성검사 결과이다. 여기서는 피코치가 성인이라서 성인용 적성검사를 실시한 것으로 가정한다. [그림 5-5]를 보면, 전체 적성요인은 11개로서 각 요인별 점수와 해당 점수에 따른 변환점수와 백분위가 제시된다. 여기서 변환점수는 앞에서 설명한 표준점수와는 다르다. 원점수를 평균이 100이 되도록 변환한 점수이다. 이 점수보다는 백분위를 살펴봄으로써 해당 요인에서의 점수가 다른 사람들과 비교해 상대적으로 어느 정도나 높거나 낮은지를 판단하면 된다. 수준에서 제시하는 정보는 백분위가 상위 10% 이내인 경우 '최상'을 제시하고, 상위 11%에서 20% 사이는 '상', 상위 21%에서 상위 50% 사이는 '중상', 하위 49%에서 하위 20%는 '중하', 하위 19%에서 하위 10%는 '하', 그리고 하위 9% 아래는 '최하'를 의미한다.

이제 전체 적성요인 가운데 피코치가 가지고 있는 상대적으로 높은 요인을 선택할 때이다. 11개의 적성요인 가운데 피코치의 능력을 고려할 때 상대적으로 가장 적성이 높은 요인을 선택한다. 적성요인을 선택할 때 어떤 적성요인을 선정할 것인지는 단순히 백분위가 높은 요인을 기계적으로 선택하지 말고 코치가 피코치와의 대화를 통해 주관적으로 판단하는 것이 바람직하다. 점수 차이가 크지 않은 경우 다시 검사를 하게 되면 적성요인 순서가 달라질 수도 있기 때문이다. 따라서 백분위 점수가 가장 높은 적성요인부터 대략 여섯 번째 정도까지의 적성요인들을 살펴보면서 점수결과와 피코치의 의견을 토대로 높은 적성요인을 선택하는 것이 중요하다. 만약 피코치가 두 번째로 백분위가 높은 적성요인보다 모든 적성요인이 전체적으로 높거나 낮게 나온다 하더라도 이 가운데 상대적으로 더 높은 요인을 피코치와의 대화를 통해 적절하게 선정하는 것이 중요하다. 일반적으로는 대략 3개 정도의 적성요인을 추천한다. 만약 피코치가 세 번째와 네 번째 적성요인이 다 높아서 어떤 것을 선택할지 판단하기 어렵다면 적성요인을 4개 선정해도 된다. 반드시 3개만을 선택해야만 하는 것은 아니다. 편의상 필자가 11개 중에서 3개 정도 선택하면 대략 상위 30% 정도를 고려한 것이라서 피코치가 가지고 있는 능력 가운데 상대적으로 높은 수준의 능력을 적절히 반영해 줄 수 있다고 판단해서 내린 기준이기 때문에 상황에 따라 4개까지 선택할 수 있다.

[그림 5-5]에서 보면, 11개 적성요인 가운데 수준이 '최상'으로 나온 요인이 수리력, 추리력 그리고 공간지각력이다. 여기서는 피코치가 이 3개의 요인이 자신이 생각할 때도 가장 높은 능력이고 네 번째 색채지각력과 다섯 번째 집중력 요인은 상위 3개 적성요인에 비해 상대적으로 부족하다고 인식하는 것으로 가정하여 수리력, 추리력 그리고 공간지각력 3개 요인만 선택한다.

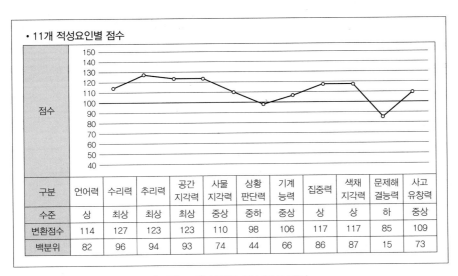

구분	언어력	수리력	추리력	공간지각력	사물지각력	상황판단력	기계능력	집중력	색채지각력	문제해결능력	사고유창력
수준	상	최상	최상	최상	중상	중하	중상	상	상	하	중상
변환점수	114	127	123	123	110	98	106	117	117	85	109
백분위	82	96	94	93	74	44	66	86	87	15	73

[그림 5-5] 성인용 적성검사 결과

출처: 워크넷(https://www.work.go.kr).

3) 흥미와 적성의 통합

다음은 흥미검사 결과에서 얻은 직업 목록 중 적성요인과 관련된 직업을 선택하는 것이다. 이 직업은 피코치가 좋아함과 동시에 직업에서 요구하는 업무능력을 가지고 있기 때문이다. 이때 코치는 피코치가 이 과정을 능동적으로 해 나가도록 격려할 필요가 있다. 피코치는 아무런 노력도 하지 않고 코치가 통합하여 피코치에게 적합한 직업을 제시하는 것은 적절한 코칭 진행방법이 아니다.

흥미검사를 통해 얻게 된 직업 가운데 적성요인을 고려하여 피코치에게 적합한 직업을 선택하는 방법은 다음과 같다. 먼저, 앞의 〈표 5-1〉의 흥미검사 결과를 통해 얻은 직업명을 〈표 5-2〉와 같이 아래쪽으로 열거하고 적성검사 결과를 통해 얻은 적성요인들을 맨 윗줄에 제시한다. 여기서는 [그림 5-5]의 적성검사 결과를 통해 선택한 수리력, 추리력 그리고 공간지각력을 열거한다.

다음은 각 적성요인이 해당 직업을 수행하는 데 있어서 중요하고 필요한

〈표 5-2〉 흥미와 적성검사 결과 통합 방법

직업명	수리력	추리력	공간지각력
생산관리자	○	○	×
자동차딜러	△	○	×
통신판매원	○	○	×
TV프로듀서	△	○	×
광고컨설턴트	○	○	×
영화기획자	△	○	×
방송취재기자	△	○	×
검사	△	○	×
마케팅전문가	○	○	×
산업 및 조직심리전문가	○	○	×
정보시스템관리자	○	○	×
전자상거래개발자	○	○	×

능력인지 아닌지를 판단한다. 중요하고 필요한 능력이라고 판단되면 ○, 중요하지 않아서 굳이 필요하지 않은 능력이라고 판단되면 ×, 중요한 것 같기도 하고 그렇지 않은 것 같기도 하여 판단하기가 애매하면 △로 표시한다. 예를 들어, 〈표 5-2〉의 직업 중 생산관리자 업무를 하는 데 있어서 수리력이 업무를 하는 데 있어서 얼마나 중요하고 필요한지를 판단한다. 워크넷의 『한국직업사전』에서 생산관리자를 찾아보면, 직무개요는 "사업체의 설비, 원자재, 종업원을 효율적으로 활용할 수 있도록 생산업무를 기획 · 조직 · 통제하고 생산정책을 수립한다."이다. 좀 더 구체적으로 수행하는 직무를 살펴보면, "생산소요량, 공장의 생산능력, 생산인력 및 성과 등 생산정책에 관하여 총괄관리자 및 각 부서관리자와 협의하여 자금의 한계, 활용인력, 원자재, 판매 등의 생산계획을 수립한다. 수립된 생산계획에 따른 제반 활동을 지도하고 조정한다. 설비유지나 기계장비의 대체, 생산단가, 품질관리 등에 관해 의사결정을 한다. 직원의 신상관리, 포상, 근무평정, 인력계획 및 노사관계를 유지하기 위한 조직 · 인사 · 노무 관리업무를 총괄한다. 품질 및 생산관리 업무를 위하여 문제가 발생하면 원인을 분석하고 대책을 수립한다. 품질과 생산성을 향상시키기 위해 개선방향과 품질경향 분석을 지시하여 문제를 해결한다. 생산실적을 분석 · 검토하고 총괄관리자에게 생산계획과 실적을 보고한다. 생산 업무에 대한 전반적인 문제를 조정하고 해결한다."로 기술되어 있다. 무엇보다 생산계획을 수립하고 이를 실행하는 것이 주요 업무임을 알 수 있고, 이를 통해 수리력이 중요한 것으로 판단할 수 있다. 또한 워크넷의 '한국직업정보'에서 제조생산관리자들의 '교육/자격/훈련'에서 전공학과 분포를 보면 93%가 공학계열임을 알 수 있다. 이러한 정보를 통해 생산관리자의 업무를 수행하는 데 사칙연산을 이용하여 수리적 문제를 풀어 내고 일상생활에서 접하는 통계적 자료의 의미를 정확하게 해석하는 능력을 의미하는 '수리력'이 중요하고 필요한 능력인 것으로 판단할 수 있으며 '○'로 표시하면 된다.

다음으로, 주어진 정보를 종합해서 이들 간의 관계를 논리적으로 추론해 내

는 능력을 의미하는 '추리력'이 생산관리자의 업무를 하는 데 중요하고 필요한
지를 판단한다. 관리자로서 다양한 생산 관련 정보들을 종합해서 문제를 해결
하는 대안을 제시하는 것이 업무상 중요하고 이 과정에서 정보 간의 관계를 추
론하는 능력이 중요할 것으로 판단할 수 있으며, 따라서 '○'로 표시한다. 공간
지각력과 관련해서 생산라인에서 일하는 종사자의 경우 제품을 조립해야 하
기 때문에 공간지각력이 중요할 수 있지만, 생산관리자의 업무를 하는 데 있어
서는 공간지각력이 중요하지 않을 것으로 판단할 수 있다. 따라서 '✕'로 표시한
다. 다른 직업에 대해서도 이와 같은 방식으로 ○, ✕ 또는 △로 표시하면 되고,
필자가 다른 직업들에 대해 판단한 결과를 〈표 5-2〉에 제시하였다.

　이제는 〈표 5-2〉에서 흥미와 적성을 통합해서 피코치에게 적합한 직업을
선택하면 된다. 이 상황에서 세 개가 ○인 직업들이 많이 있으면 이러한 직업
들만 선택하면 된다. 하지만 세 개가 모두 ○인 직업들이 전혀 없거나 일부
만 있는 경우 ○가 두 개 있고 △가 하나인 직업을 선택한다. 〈표 5-2〉에서
와 같이, 이에 해당하는 직업이 없거나 일부만 있는 경우 다음은 ○가 두 개
이고 ✕가 하나인 직업을 선택한다. 따라서 〈표 5-2〉에서는 ○가 두 개이고
✕가 하나인 직업들을 선택하며, 이에 해당하는 직업들은 생산관리자, 통신판
매원, 광고컨설턴트, 마케팅전문가, 산업 및 조직심리전문가, 정보시스템관
리자, 전자상거래개발자 등 모두 7개이다.

4. 3단계: 흥미, 적성 및 성격 통합

1) 성격검사

　세 번째 단계는 흥미와 적성을 통합하여 얻은 직업목록에 성격검사 결과를
적용하여 통합하는 것이다. 성격검사는 심리학에서 일반인을 대상으로 성격

검사를 실시할 때 많이 사용하는 성격 5요인검사(Big Five Personality; McCrae & Costa, 1997)를 활용하고자 한다. 심리학자들이 성격 5요인검사를 많이 사용하는 가장 큰 이유는 이 검사에서 측정하는 5개 성격요인이 연구자들의 주관적인 판단이 아닌 객관적인 방법을 통해 도출된 것이기 때문이다. McCrae 와 Costa(1997)는 사전에 나오는 개인의 성격과 관련된 단어들을 문항으로 만들어 많은 표집을 대상으로 요인분석을 통해 최종 5개의 성격요인을 도출하였다. 도출된 다섯 가지 성격요인은 외향성, 성실성, 호감성, 개방성 그리고 신경증(정서불안)이다.

성격 5요인검사는 워크넷에 들어가서 무료로 검사를 받을 수 있다. 피코치가 청소년인 경우에는 워크넷 상단 메뉴바의 '직업 · 진로'를 선택하고 '직업심리검사' 가운데 '청소년 심리검사 실시'를 클릭한 후 '청소년 인성검사'를 선택하면 된다. 성인인 경우, '직업 · 진로'에서 '직업심리검사'를 선택하고 '성인용 심리검사 실시'를 클릭한 후 '직업선호도검사 L형'을 선택하면 된다. 커리어넷에서는 성격 5요인검사를 제공하지 않는다.

여기서는 흥미검사 결과가 나오는 직업선호도검사 L형에서 같이 제공되는 성격 5요인검사 결과를 토대로 설명하고자 한다. [그림 5-6]에서 보듯이 외향성, 호감성, 성실성, 정서적 불안정성, 경험에 대한 개방성 등 5개 성격요인에 대한 결과가 제시된다. 먼저, 그래프상에서 각 요인별 점수와 이 점수를 연결한 그림이 제시된다. 그래프에서 제시되는 점수는 앞에서 설명한 T점수에 해당한다. T점수는 평균이 50이며, 다른 사람들과 비교해서 개인의 점수가 상대적으로 얼마나 높은지 또는 낮은지의 정도를 제시한다.

각 성격요인에 대한 설명은 그래프 바로 아래에 제시되어 있다. 외향성은 '타인과의 상호작용을 원하고 타인의 관심을 끌고자 하는 정도'로 기술되어 있으며, 점수가 높을수록 외향성이 높음을 의미한다. 호감성은 '타인과 평안하고 조화로운 관계를 유지하는 정도'를 의미하며, 점수가 높을수록 호감성이 강함을 나타낸다. 성실성은 '사회적 규칙, 규범, 원칙들을 기꺼이 지키려는 정도'를 나타내며, 점수가 높을수록 성실성이 높도록 점수화되었다. 정서적 불안정성은 '정서적으로 얼마나 안정되어 있고 자신이 세상을 얼마나 통제할 수 있으며, 세상을 위협적이지 않다고 생각하는 정도'를 의미하며, 점수가 높을수록 정서적으로 안정되어 있지 못하고 정서적 불안정이 더 강함을 나타낸다. 마지막으로, 경험에 대한 개방성은 '자기 자신을 둘러싼 세계에 대한 관심, 호기심, 다양한 경험에 대한 추구 및 포용력 정도'를 나타내며 점수가 높을수록 개방성이 높음을 의미한다.

[그림 5-6]에서는 성실성과 호감성이 57로 가장 높고 정서적 불안정성이 32로 가장 낮은 것으로 나타났다. T점수가 57이면 앞서 흥미검사 결과에서도

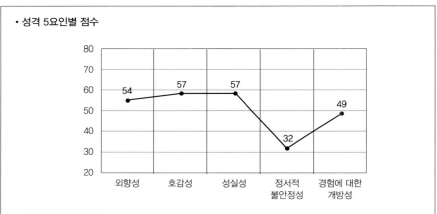

• 성격 5요인별 설명

외향성	타인과의 상호작용을 원하고 타인의 관심을 끌고자 하는 정도
호감성	타인과 편안하고 조화로운 관계를 유지하는 정도
성실성	사회적 규칙, 규범, 원칙들을 기꺼이 지키려는 정도
정서적 불안정성	정서적으로 얼마나 안정되어 있고 자신이 세상을 얼마나 통제할 수 있으며, 세상을 위협적이지 않다고 생각하는 정도
경험에 대한 개방성	자기 자신을 둘러싼 세계에 관한 관심, 호기심, 다양한 경험에 대한 추구 및 포용력 정도

[그림 5-6] 성격 5요인검사

출처: 워크넷(https://www.work.go.kr).

설명했듯이, 상위 약 24%에 해당하는 점수이다. 여기서 정서적 불안정성에 관한 점수를 잘 해석할 필요가 있다. 정서적 불안정성은 점수가 높을수록 정서가 불안정하고 반대로 점수가 낮을수록 정서가 안정적임을 의미한다. 정서적 불안정성 점수가 32이면 정서불안정 정도에서 하위 4%로 정서불안이 매우 낮음을 의미한다. 그만큼 정서적으로 안정되어 있음을 보여 주는 수치이다.

2) 성격과 흥미 간의 관계

Holland의 흥미유형은 성격과 유사성이 있기 때문에(Holland, 1985) 흥미검사 결과와 성격검사 결과가 유사하게 나오는 경우가 많다. 흥미는 개인이 좋아하거나 또는 싫어하는 활동과 관련된 개인의 선호를 의미하고, 성격은 개인의 일반적인 행동경향(개인이 느끼고 생각하고 행동하는 성향)을 나타낸다 (Barrick et al., 2003). 일반적으로 개인은 자신이 선호하고 관심 있어 하는 행동을 하는 경향이 있기 때문에 개인의 흥미와 성격은 서로 관련이 있다고 볼 수 있으며, 개인의 행동경향이 자신의 선호성과 연계될 때 흥미와 성격 간의 관계가 극대화될 수 있을 것이다(Barrick et al., 2003).

흥미유형과 성격 5요인과의 관계를 분석한 연구를 살펴보면 Larson, Rottinghaus와 Borgen(2002)은 여섯 가지 흥미유형과 다섯 가지 성격유형 간의 관계에 관한 12개의 과거 연구를 토대로 메타분석을 실시하였다. 분석 결과, 개방성은 예술형(.48) 및 탐구형(.28)과 유의하게 관련되었고, 외향성은 사회형(.31) 및 진취형(.41)과 유의하게 관련되었으며, 호감성은 사회형(.19)과 유의하게 관련되었다.

Barrick 등(2003)은 흥미유형과 5요인 성격유형 간의 관계에 관한 메타분석을 실시하였는데, 흥미의 진취형은 성격의 외향형과 가장 높게 관련되었고 (=.41), 흥미의 예술형은 성격의 개방성과 가장 높게 관련되었다(=.39). 흥미의 현실형은 어떤 성격유형과도 유의하게 관련되지 않았다. 흥미의 사회형,

사무형 그리고 탐구형은 성격의 호감성, 성실성, 정서안정성과 각각 관련이 크게 나타났다. 탐구형은 경험에 대한 개방성과도 높게 관련되었다.

3) 성격요인 선정

성격검사 결과를 흥미검사와 적성검사 결과에 통합하기 위해서는 개인이 자신에게 적합한 흥미유형과 적성요인을 선택한 것처럼 5개 성격요인 가운데 자신의 평소 모습을 잘 나타내 주는 성격요인을 선정할 필요가 있다. 앞에서 흥미유형과 적성요인에서도 3개씩을 선정했기 때문에 여기서도 특별한 일이 없으면 3개를 선정하고자 한다. '특별한 일'이 의미하는 것은, 예를 들어 5개 성격요인 가운데 2개 요인의 점수가 다른 요인들에 비해 두드러지게 높은 경우이다. 이 경우 2개 성격요인만으로도 개인의 특징적인 성격특성을 잘 나타낸다고 해석할 수 있기 때문에 2개의 성격요인만을 선택해도 된다.

이와 같은 경우가 아니라면 5개 성격요인 가운데 단순히 점수만으로 기계적으로 선택하지 않고 피코치가 자신에게 적합하다고 판단하는 요인 3개를 선택하도록 한다. 성격요인을 선택하는 과정에서 가장 주의할 점은 정서적 불안정성 요인 점수에 대한 해석이다. 예를 들어, [그림 5-6]에서 보듯이 점수상 상위 3개 요인을 선택한다면 T점수가 57인 호감성과 성실성, 54점인 외향성을 선택할 수 있다. 하지만 정서적 불안정성 32점이 의미하는 점은 정서적 불안정성이 하위 4%에 해당할 정도로 매우 낮다는 의미이고, 이를 다르게 표현하면 정서안정성 측면에서는 상위 4%에 해당될 정도로 정서가 매우 안정적임을 나타낸다. 즉, 정서적 불안정성의 점수가 의미하는 백분위를 제대로 인식할 필요가 있다. 따라서 [그림 5-6]의 결과를 토대로 세 가지 성격요인을 선택한다면 정서적 불안정성을 가장 먼저 선택하고, 다음은 동일 점수인 호감성과 성실성을 선택할 수 있다. 이 경우 피코치가 점수 차이가 작은 외향성이 호감성 및 성실성보다 자신에게 더 적합한 것으로 생각하고 있고,

그 이유를 충분히 설명한다면 외향성을 선택하고 호감성과 성실성 중 다른 하나를 추가로 선택하면 된다.

4) 흥미, 적성 및 성격의 통합

홍미검사와 적성검사 결과를 통해 도출한 직업에 성격검사 결과를 통합하는 방법은 홍미와 적성검사 결과를 통합하는 방법과 동일하다. 즉, 홍미검사와 적성검사 결과를 통합하여 도출된 직업 가운데 피코치가 가지고 있는 성격특성이 업무를 하는 데 얼마나 중요하고 필요한지를 판단한다.

예를 들어, [그림 5-6]에서의 결과를 토대로 피코치가 자신의 성격을 잘 나타내는 3개의 요인으로 정서적 불안정성, 외향성 그리고 성실성을 선택했다고 가정하자. 호감성이 외향성보다 T점수가 좀 더 높기는 하지만 피코치는 외향성이 호감성보다 자신에게 더 적합하다고 생각하고 있고, 코치에게 자신의 평소 외향적인 행동을 충분히 설명하여 코치도 이 3개의 요인선택에 동의한 것으로 가정한다. 따라서 피코치의 성격은 정서적으로 안정되어 있고, 외향적이며, 성실한 편으로 간주한다.

이제 〈표 5-3〉에서 제시한 것처럼, 〈표 5-2〉의 홍미검사와 적성검사 결과를 통합하여 도출한 7개의 직업을 아래쪽으로 기술하고 우측 상단에 외향성, 성실성 그리고 정서적 불안정성을 기입한다. 편의상 [그림 5-6]에서는 정서적 불안정성이 낮아서 정서안정성이 높음을 의미하기 때문에 〈표 5-3〉에서는 정서안정성으로 표시하였다. 이어서 각 직업에 대해 각 성격요인이 해당 직업에서 요구되는 업무를 하는 데 중요하고 필요하다고 판단되면 ○를, 중요하거나 필요하지 않다고 판단되면 ×를, 중요한지 아닌지 판단하기 어려우면 △ 표시를 하면 된다.

〈표 5-3〉에서 보듯이, 생산관리자의 경우 업무 수행에 있어서 외향적일 필요는 없다고 판단하여 ×로 표시하였다. 내향적인 관리자라 하더라도 구성

원들을 잘 관리해 나갈 수 있기 때문이다. 성실성에서는 관리자라고 하면 부서의 업무목표에 대한 장단기적 계획을 체계적으로 수립하고 이러한 계획을 구성원들이 실행해 나가도록 점검하고 동기부여하는 역량이 중요하기 때문에 성실성이 중요하다고 판단하여 ○로 표시하였다. 또한 관리자로서 정서적으로 안정성이 높아야 많은 구성원과의 관계를 원만하게 유지할 수 있기 때문에 정서안정성도 중요하고 필요하다고 판단하여 ○로 기입하였다. 통신판매원의 경우 고객을 직접 만나서 영업을 해야 하기 때문에 외향성이 높고 정서적으로 안정성이 높은 사람이 적합하다고 할 수 있고 성실한 태도로 고객에게 지속적으로 다가가는 것이 중요하기 때문에 세 요인 모두 중요한 것으로 판단하여 모두 ○로 표시하였다. 다른 직업들의 경우에도 필자가 판단하여 〈표 5-3〉과 같이 표시하였다.

〈표 5-3〉 흥미, 적성 및 성격 검사 결과 통합과정

직업명	외향성	성실성	정서안정성
생산관리자	×	○	○
통신판매원	○	○	○
광고컨설턴트	○	△	○
마케팅전문가	○	○	△
산업 및 조직심리전문가	×	○	△
정보시스템관리자	×	○	○
전자상거래개발자	×	△	△

〈표 5-3〉에서 보듯이 ○가 세 개 있는 직업으로는 통신판매원 하나가 있으며 ○ 두 개와 △ 한 개가 있는 직업은 광고컨설턴트와 마케팅전문가가 있다. 여기에서는 편의상 이러한 기준(○ 세 개 또는 ○ 두 개와 △ 하나)을 적용하여 통신판매원, 광고컨설턴트 그리고 마케팅전문가 등 세 개의 직업을 선택하고자 한다.

5. 4단계: 흥미, 적성, 성격 및 직업가치 통합

1) 직업가치관검사

직업가치는 개인이 직업을 선택하는 과정에서 중요하게 생각하는 가치를 의미한다. 직업가치관검사는 개인이 직업 선택할 때 중요시하는 가치가 무엇인지 파악하고, 이러한 가치가 충족될 수 있는 직업정보를 제공한다. 예를 들어, 개인이 직업선택 시 무엇보다 오랫동안 직장생활을 할 수 있는 직업안정을 가장 중요한 가치로 생각한다면 이러한 가치가 충족될 수 있는 공무원이나 교사와 같은 직업을 선택하는 것이 적합할 것이다.

직업가치관검사는 워크넷과 커리어넷 사이트에서 무료로 실행할 수 있다. 먼저, 워크넷에서 직업가치관검사를 받는 방법은 다음과 같다. 피코치가 청소년인 경우에는 상단 메뉴바의 '직업 · 진로'를 선택하고 '직업심리검사' 가운데 '청소년 심리검사 실시'를 클릭한 후 '직업가치관검사'를 선택하면 된다. 피코치가 성인인 경우, '직업 · 진로'에서 '직업심리검사'를 선택하고 '성인용 심리검사 실시'를 클릭한 후 '직업가치관검사'를 선택하면 된다. 검사 시간은 청소년과 성인 모두 20분 정도이다. 워크넷의 직업가치관검사는 청소년과 성인용 모두 13개의 직업가치요인에 대한 정보를 제시한다.

다음으로, 커리어넷에서 직업가치관검사를 할 경우 커리어넷 홈페이지에 들어간 다음 피코치가 청소년인 경우 상단 메뉴바 가운데 '진로심리검사'에서 '중 · 고등학생용'을 클릭한 후 '직업가치관검사'를 선택하여 진행하면 된다. 성인의 경우, '진로심리검사'에서 '대학생 · 일반용'을 클릭하고 다양한 심리검사 가운데 '직업가치관검사'을 선택하면 된다. 커리어넷 직업가치관검사는 청소년의 경우 13개 직업가치요인, 성인의 경우 8개 직업가치요인에 대한 정보를 제공한다.

 여기에서는 필자가 책임연구원으로 개발한 워크넷 직업가치관검사 결과를 토대로 통합하는 방법에 대해 설명하고자 한다. [그림 5-7]의 '② 검사점수의 해석'에서 보듯이 13개 직업가치요인별 점수가 그래프로 제시되고, 점수가 높은 3개 요인에 대해 1, 2, 3 순위가 그래프상에 제시된다. 그래프 아래에는 상위 3개 직업가치요인이 무엇이고 하위 3개 직업가치요인은 무엇인지에 대한 간단한 설명이 제공된다. '③ 13개 직업가치'에서는 각 직업가치요인의 의미에 대한 설명과 각 직업가치요인 충족될 수 있는 대표적인 직업명을 제시하고 있다. 예를 들어, '봉사'라는 직업가치요인이 충족될 수 있는 대표적인 직업으로는 국민을 위해 봉사하는 판사, 소방관, 성직자, 경찰관, 사회복지사 등이 있다.

① 검사 이해하기
-이 직업가치관검사는 당신이 직업을 선택할 때 중요하게 생각하는 가치가 무엇인지를 확인해 보는 심리검사입니다.
-당신이 중요하게 생각하는 직업가치를 13개 가치요인을 기준으로 파악하고 이를 바탕으로 당신의 직업가치관에 적합한 직업분야를 안내해 드리고자 합니다.
-당신이 중요하게 생각하는 가치를 충족시킬 수 있는 직업에 종사할 때 당신은 해당 직업에 더욱 만족하게 될 것입니다.

② 검사점수의 해석

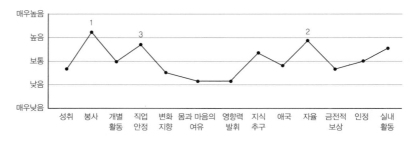

• 검사점수의 의미해석

앞의 그래프는 이 검사에서 측정한 13개 가치요인에서 해당되는 당신의 점수 모양을 보여 줍니다. 그래프가 보여 주듯이 당신이 중요하게 생각하는 가치는 봉사, 자율, 직업안정이고, 상대적으로 중요하게 생각하지 않는 가치는 영향력 발휘, 몸과 마음의 여유, 변화 지향입니다.

③ 13개 직업가치

가치요인	가치 설명	관련 직업
1. 성취	스스로 달성하기 어려운 목표를 세우고 이를 달성하여 성취감을 맛보는 것을 중시하는 가치	대학교수, 연구원, 프로운동선수, 연구가, 관리자 등
2. 봉사	자신의 이익보다는 사회의 이익을 고려하며, 어려운 사람을 돕고, 남을 위해 봉사하는 것을 중시하는 가치	판사, 소방관, 성직자, 경찰관, 사회복지사 등
3. 개별활동	여러 사람과 어울려 일하기보다 자신만의 시간과 공간을 가치고 혼자 일하는 것을 중시하는 가치	디자이너, 화가, 운전사, 교수, 연주가 등
4. 직업안정	해고나 조기퇴직의 걱정 없이 오랫동안 안정적으로 일하며 안정적인 수입을 중시하는 가치	연주가, 미용사, 교사, 약사, 변호사, 기술자 등
5. 변화 지향	일이 반복적이거나 정형화되어 있지 않으며 다양하고 새로운 것을 경험할 수 있는지를 중시하는 가치	연구원, 컨설턴트, 소프트웨어개발자, 광고 및 홍보전문가, 메이크업아티스트 등
6. 몸과 마음의 여유	건강을 유지할 수 있으며 스트레스를 적게 받고 마음과 몸의 여유를 가질 수 있는 업무나 직업을 중시하는 가치	레크리에이션 진행자, 교사, 대학교수, 화가, 조경기술자 등
7. 영향력 발휘	타인에게 영향력을 행사하고 일을 자신의 뜻대로 진행할 수 있는지를 중시하는 가치	감독 또는 코치, 관리자, 성직자, 변호사 등
8. 지식추구	일에서 새로운 지식과 기술을 얻을 수 있고 새로운 지식을 발견할 수 있는지를 중시하는 가치	판사, 연구원, 경영컨설턴트, 소프트웨어개발자, 디자이너 등
9. 애국	국가의 장래나 발전을 위하여 기여하는 것을 중시하는 가치	군인, 경찰관, 검사, 소방관, 사회단체활동가 등
10. 자율	다른 사람들에게 지시나 통제를 받지 않고 자율적으로 업무를 해 나가는 것을 중시하는 가치	연구원, 자동차영업원, 레크리에이션 진행자, 광고전문가, 예술가 등
11. 금전적 보상	생활하는 데 경제적인 어려움이 없고 돈을 많이 벌 수 있는지를 중시하는 가치	프로운동선수, 증권 및 투자중개인, 공인회계사, 금융자산운용가, 기업고위임원 등
12. 인정	자신의 일이 다른 사람들로부터 인정받고 존경받을 수 있는지를 중시하는 가치	항공기조종사, 판사, 교수, 운동선수, 연주가 등
13. 실내활동	주로 사무실에서 일할 수 있으며 신체활동을 적게 요구하는 업무나 직업을 중시하는 가치	번역사, 관리자, 상담원, 연구원, 법무사 등

[그림 5-7] 직업가치검사 결과

출처: 워크넷(https://www.work.go.kr).

2) 직업가치관요인 선정

피코치에게 중요한 직업가치관요인을 선정하는 방법은 앞서 흥미, 적성 및 성격 요인을 선정할 때와 동일하다. 피코치는 그래프에서 제시한 각 직업가치관요인이 '매우 낮음'부터 '매우 높음' 사이에서 어느 수준에 놓여 있는지를 살펴보고 동시에 각 직업가치관요인에 대한 설명을 충분히 읽어 본 후, 자신이 직업을 선택할 때 가장 중요하게 생각하는 직업가치관요인 3개를 선정한다. 상위 요인인 경우 실제 요인별 평균 점수 차이가 크지 않을 수 있기 때문에 커리어코치는 피코치가 결과에서 제시하는 순위를 그대로 수용하지 말고 충분히 생각해 본 후 선정하도록 설명해 줄 필요가 있다. 여기서는 [그림 5-7]에서 제시된 13개 요인 가운데 1위인 봉사, 그래프상에서 4위와 5위에 해당되는 것으로 보이는 실내활동과 지식추구를 선택하고자 한다.

3) 흥미, 적성, 성격, 직업가치관검사 결과의 통합

이제 마지막 단계로서 흥미, 적성, 성격검사 결과를 통해 파악한 직업에 직업가치관검사 결과를 통합하여 피코치에게 적합한 최종 직업을 도출하는 것이다. 통합하는 방법은 앞에서 설명한 다른 검사 결과를 통합하는 방법과 동일하다. 예를 들어, 〈표 5-4〉에서 보듯이 기존 검사 결과를 통합하여 도출한 통신판매원, 광고컨설턴트, 마케팅전문가 등의 직업에 종사할 경우, 봉사, 실내활동, 지식추구 등의 직업가치가 중요한지를 판단한다. 여기서 중요하다는 의미는 해당 직업에 종사할 경우 각 직업가치가 충족될 수 있다는 것을 의미한다. 충족될 수 있다고 판단하면 ○, 충족되지 못하거나 충족되기 어렵다고 판단되면 ×, 판단하기 어려우면 △로 표시하면 된다.

통신판매원의 경우, 이 직업에 종사하게 되면 제품을 많이 판매하는 것이 중요하기 때문에 업무 자체가 어려운 사람을 돕고 남을 위해 봉사하는 것을 중시하는 '봉사'라는 직업가치가 충족될 수 있다고 보기는 어려워서 ×로 표시한다. 실내활동의 경우, 통신판매원은 주로 외부 활동을 하기 때문에 주로 사무실 안에서 일하고 신체활동을 적게 하기를 원하는 실내활동이란 가치는 충족되기 어렵다고 보는 것이 타당하여 ×로 표시한다. 하지만 통신판매원의 경우 판매기술이나 소통역량 향상을 위해 지속적으로 노력하는 과정에서 새로운 지식을 획득할 수 있기 때문에 지식추구가치는 충족될 수 있는 것으로 판단하여 ○로 표시하였다.

광고컨설턴트와 마케팅전문가의 경우, 주로 사무실 안에서 활동하고 지속적으로 새로운 광고 또는 마케팅 관련 지식을 학습해야 하기 때문에 실내활동과 지식추구 가치는 모두 충족된다고 판단하여 ○로 표시한다. 두 직업 모두 기본 업무 자체가 남을 위해 봉사하는 것은 아니지만, 광고컨설턴트의 경우 광고를 어떻게 해야 할지 잘 모르는 조직에 대해 컨설팅을 통해 광고방법에 대해 알려 주는 활동을 하기 때문에 이를 봉사하는 것으로 해석할 수도 있어서 △로 표시하고자 한다. 마케팅전문가의 경우, 자신이 속한 조직의 마케팅 전략을 수립하여 제품을 많이 파는 것이 중요하기 때문에 봉사 가치는 충족되기 어렵다고 판단할 수 있다.

따라서 최종 단계를 통해, 〈표 5-4〉에서 보듯이 최종 직업 선정은 ○ 두 개와 △ 하나를 얻은 광고컨설턴트를 피코치에게 가장 적합한 직업으로 결정할 수 있다. 만약 이러한 기준에 해당하는 직업이 두 개 이상 도출된 경우에는 여러 요인을 고려하여 피코치가 최종 직업을 선택하도록 한다.

먼저, 해당 직업이 현실적으로 얼마나 가능한 것인지를 판단할 필요가 있다. 자신이 마음만 먹으면 충분히 해당 직업에 종사할 수 있는 것이 가능한 경우도 있다. 하지만 특정 전문직의 경우 관련 학과를 나오거나 관련 전문직 시험에 합격해야 하는데 이것이 현실적으로 쉽지 않을 수 있다. 또한 각 직업을 선택할 경우 부모나 지인을 비롯해 주변에서 어느 정도나 지지를 받을 수 있는지에 대해서도 고려할 필요가 있다. 만약 본인은 정말 하고 싶지만 주변에서 반대가 심할 경우 이를 어떻게 극복할 수 있을지에 대해서도 고려해야한다. 반대를 설득할 자신이 없으면 다른 직업을 선택하는 것이 적절할 수도있다.

〈표 5-4〉 흥미, 적성, 성격 및 직업가치관검사 결과 통합과정

직업명	봉사	실내활동	지식추구
통신판매원	X	X	○
광고컨설턴트	△	○	○
마케팅전문가	X	○	○

4) 진행과정에서의 주의점

이와 같이 4단계를 거쳐 피코치의 흥미, 적성, 성격 그리고 직업가치 특성을 통합하여 피코치에게 적합한 직업을 찾을 수 있다. 이 과정에서 주의 깊게고려해야 할 점은 여기서 제시하는 통합과정은 코칭을 통해 진행하는 것이기때문에 코치는 진행과정에서 앞에서 기술한 과정을 피코치와 함께 해 나가는것이 필요하다는 것이다. 코치가 혼자서 결과를 통합하여 피코치에게 적합한 직업을 제시하는 것은 바람직하지 않다. 통합 진행과정에서 코치는 피코치에게 진행방법에 관해 설명해 주고, 피코치가 스스로 진행하도록 지켜보고잘못된 부분이 있으면 지적해 주는 역할만 하면 된다. 또한 코치는 피코치 스스로 자신에게 적합한 흥미, 적성, 성격 및 직업가치를 찾고 각 단계별로 통합하며 최종적으로 직업을 도출하도록 격려하는 자세가 필요하다.

여기에서 제시하는 방법이 개인에게 적합한 직업을 100% 정확하게 찾아준다고 말하기는 어렵다. 하지만 피코치가 자신의 다양한 특성을 고려하여자신에게 적합한 커리어가 무엇이 있을지에 관해 적절한 정보를 제공해 줄수 있을 것으로 판단된다. 특히 어떤 진로나 직업을 선택하는 것이 좋을지 판단하기 어려운 피코치에게 여기에서 제시하는 방법은 피코치에게 미래에 대해 생각해 볼 수 있는 기회와 방향을 제공해 줄 수 있을 것이다.

앞서 기술한 단계별 과정에서 흥미, 적성, 성격 그리고 직업가치의 순서로 통합하는 과정은 경험적으로 입증된 것은 아니다. 그러나 흥미가 직업 선택 시 가장 기본이 된다는 주장(Holland, 1985)을 고려할 때 흥미검사를 처음에 실시하는 것이 바람직할 것으로 판단된다. 적성검사를 두 번째로 실시하는 것은 적성이 흥미의 영향을 받는다는 견해(Ackerman, 2000)를 고려한 것 이외 에도 만약 피코치의 동기수준이 낮아 네 가지 특성에 관한 검사를 다 받으려 고 하지 않을 경우 두 가지 검사만 실시한다면 흥미검사와 적성검사를 실시 하는 것이 바람직하다고 판단했기 때문이다.

개인이 좋아하는 영역이 있다 하더라도 해당 영역에서 요구되는 능력을 충분히 갖추고 있지 못하다면 특정 진로나 직업을 선택할 때 업무를 해 나가 는 데 있어서 많은 어려움이 따를 것으로 기대할 수 있기 때문이다. 또한 흥 미와 성격은 다른 특성과의 관계보다 관련성이 상대적으로 더 높기 때문에 두 가지 검사를 실시할 경우 흥미검사와 적성검사를 실시하는 것이 바람직 할 것이다.

앞에서 각 특성을 측정할 때 워크넷이나 커리어넷에서 피코치가 무료로 할 수 있는 검사를 제시하였다. 여기서는 워크넷에 있는 검사를 위주로 통합과 정을 설명하였다. 하지만 코치가 커리어넷에 있는 검사가 더 익숙하거나 또 는 유료 검사가 더 적합하다고 판단되면 해당 검사를 사용해도 별 다른 문제 가 되지 않는다. 어떠한 검사를 사용하든 여기에서 제시한 단계별 통합방법 에 따라 진행하게 되면 최종적으로 피코치에게 적합한 직업을 도출할 수 있 을 것이다.

한편, 통합과정에서 피코치가 특정 검사 요인과 직업 목록에 나와 있는 직 업을 비교하면서 각 요인이 특정 직업에서 얼마나 중요한지를 판단하는 과정 에서 도움을 주기 위해서는 커리어코치의 다양한 직업에 대한 폭넓은 지식이 요구된다. 커리어코치는 한국고용정보원에서 제공하고 있는 '한국직업사전'

'직업전망서' 또는 'KNOW' 등의 자료를 통해서 평소 다양한 직업의 내용과 각 직업에서 업무를 하는 데 있어서 중요한 흥미, 적성, 성격 및 직업가치 등에 대해 잘 알고 있어야 피코치에게 좀 더 적합한 진로 또는 직업 정보를 제공할 수 있을 것이다.

또한 이러한 통합과정에서 단순히 피코치의 특성만을 고려하여 최종 직업을 선정할 것이 아니라 통합과정에서 검사 결과와 상관없이 피코치가 정말로 원하거나 싫어하는 것, 부모나 주변에서의 바람, 목표달성의 현실성 정도, 경제적 요건, 나이, 교육여건 등의 요인들을 고려하여 어떤 직업이 피코치에게 가장 적합한 것인지를 결정하는 노력이 필요할 것이다.

6. 5단계: 구체적 실행계획 수립

앞에서 피코치에게 적합한 진로나 직업을 정했지만, 이것으로 커리어코칭이 끝나는 것은 아니다. 코치는 피코치가 이러한 진로나 직업을 목표로 삼고 이를 달성하기 위한 구체적인 실행계획을 수립하도록 돕는 노력이 필요하다. 예를 들어, 피코치가 광고컨설턴트라고 하는 직업을 도출하였다면, 이러한 직업을 가지기 위해 향후 어떠한 노력이 필요한지를 가능한 한 구체적으로 세우도록 한다.

만약 피코치가 고등학교 2학년생이라고 가정해 보자. 광고컨설턴트가 되기 위해서는 대학을 졸업하는 것이 유리하기 때문에 먼저 대학의 어떤 학과에 들어갈 것인지를 결정할 필요가 있다. 아무래도 광고관련 학과에 입학하는 것이 도움이 될 것으로 판단한다면 우선적으로는 광고관련 학과가 있는 대학들을 알아보고, 이 가운데 어떤 대학을 1순위로 정할 것인지를 결정해야 한다. 이 과정에서 자신의 고등학교 내신 성적 등도 고려한다. 만약 A라는 대학의 광고관련 학과에 입학하고 싶은데 과거 합격생들의 스펙을 알아보니 현재 자신의 내신 성적이 다소 미흡하다면 단기적으로는 남은 기간 동안 내신 성적을 특정 등급으로 올리는 것이 중요하다. 코치는 피코치가 내신 성적 향상을 위해 상반기에 어떤 공부를 어떻게 할 것인지에 관한 계획을 수립하게 하고, 하반기와 내년에는 어떻게 공부를 할 것인지에 관한 계획도 대략적으로 수립할 필요가 있다.

코치는 피코치가 계획을 실행하는 과정에서 중간 점검은 어떻게 할 것인지도 생각해 보도록 한다. 예를 들어, 중간이나 기말 시험 성적 등으로 진행과정을 점검할 수 있을 것이다. 또한 피코치가 진행과정에서 어떤 장애요인이 있을지도 고려해 보도록 하고, 이를 극복할 수 있는 방법도 도출하도록 권유한다. 마지막으로, 피코치가 이를 실행할 수 있는 동기가 어느 정도나 되는지 파악해 보고, 열심히 노력할 것을 격려하면서 코칭을 마무리한다.

7. 통합방법의 효과성

이연희와 탁진국(2017)은 잠재적 학업중단 위기청소년을 대상으로 탁진국(2017)이 개발한 커리어코칭 프로그램을 기반으로 개발한 진로코칭 프로그램이 학교 적응과 진로결정수준에 미치는 효과성을 검증하였다. 서울시 중학교 2학년에 재학 중인 잠재적 학업중단 위기청소년학생 16명을 실험과 통제집단 각 8명으로 구분한 후 실험집단에게 진로코칭 프로그램을 주 1회 2시간씩 총 6회기 실시하였으며, 효과 검증을 위해 학교적응도와 진로미결정검사를 실시하였다. 코칭 프로그램은 탁진국(2017)이 제안한 흥미, 적성, 성격 및 직업가치관 가운데 흥미, 적성 그리고 직업가치관검사만을 사용하였고, 추가로 강점검사를 실시하여 피코치에게 적합한 직업을 도출하였다. 프로그램 실시 후 자료를 분석한 결과, 진로코칭 프로그램이 진로미결정요인 가운데 직업정보 부족과 외적장애 요인에서 유의미한 영향을 미쳤으며, 코칭종료

4주 후 측정한 추후검사 결과에서도 프로그램 효과가 지속되는 것으로 나타났다. 다른 진로미결정요인과 학교적응도 변인에서도 유의하지는 않았지만 사후검사에서 점수가 향상되는 것으로 나타났다.

[참고문헌]

안창규, 안현의(2013). Holland 간편 진로코드 분류표. 한국가이던스주식회사.

이연희, 탁진국(2017). 진로코칭 프로그램이 잠재적 학업중단 위기청소년의 진로결정 수준과 학교적응에 미치는 영향. 한국심리학회지: 코칭, 1(2), 69-87.

탁진국(2017). 흥미, 적성, 성격 및 직업가치를 통합한 커리어코칭. 한국심리학회지: 코칭, 1(1), 27-45.

탁진국(2019). 코칭심리학. 서울: 학지사.

Ackerman, P. L. (2000). Domain-specific knowledge as the "dark matter" of adult intelligence: gf/gc, personality and interest correlates. *Journal of Gerontology: Psychological Sciences, 55B*(2), 69-84.

ACT (1999). *Research support for DISCOVER assessment components.* Iowa city, IA: Author.

Barrick, M. R., Mount, M. K., & Gupta, R. (2003). Meta-analyses of the relationship between the five-factor model of personality and Holland's occupational types. *Personnel Psychology, 56,* 45-74.

Cattell, R. B. (1949). *The sixteen personality factor questionnaire.* Institute for Personality and Ability Testing.

Holland, J. L. (1985). *Making vocational choices: A theory of vocational paersonalities and work environments* (2nd ed.). Englewood Cliffs, NF: Prentice-Hall.

Holland, J. L. (1997). *Making vocational choices: A theory of vocational personalities and work environments* (3rd ed.). Odessa, FL: Psychological Assessment Resources.

Holland, J. L., & Messer, M. A. (2018). Holland's SDS 진로코드탐색지. 한국가이던스 (주).

Larson, L. M., Rottinghaus, P. J., & Borgen, F. H. (2002). Meta-analysis of Big Six interests and Big Five personality factors. *Journal of Vocational Behavior, 61,* 217-239.

Lowman, R. L. (1991). *The clinical practice of career assessment: Interest, abilities, and personality.* Washington, DC: American Psychological Association.

McCrae, R. R., & Costa, P. T. (1997). Personality trait structure as a human universal. *American Psychologist, 52*(2), 509-516.

Tracey, T. J. G., & Hopkins, N. (2001). Correspondence of interest and abilities with occupational choice. *Journal of Counseling Psychology, 48,* 178-189.

Xu, H., & Tracey, T. J. G. (2016). Stability and change in interests: A longitudinal examination of grades 7 through college. *Journal of Vocational Behavior, 93,* 129-138.

전반적 커리어 기법

제4장과 제5장에서는 피코치의 과거 경험을 얘기하면서 피코치가 자신에 대해 이해하고 이를 통해 적합한 커리어를 도출하는 방법과 다양한 커리어 관련 검사를 활용한 방법에 대해 설명하였다. 개인에게 적합한 커리어를 찾아 주기 위한 프로그램이나 기법을 개발하는 데 관심이 있는 사람이라면 어떠한 내용으로 프로그램을 구성하는 것이 바람직한지에 관한 정보가 중요할 것이다. 이 장에서는 커리어 관련 프로그램을 구성할 때 일반적으로 어떤 내용이 포함되면 좋은지에 대해 살펴보고자 한다.

1. 커리어 기법에 포함될 핵심 요인

Ryan(1999: Brown et al., 2003에서 재인용)은 개인의 커리어 탐색 및 선택을 돕기 위해 개발된 다양한 프로그램의 효과에 관한 62개 연구(전체 참가자 7,725명)를 메타분석하여 이러한 프로그램에 포함된 내용들을 19개 요인으로 구분하였다. Ryan은 19개 요인을 추가 분석하여 이 가운데 5개가 핵심요인임을 제시하였다. 〈표 6-1〉은 19개 요인의 내용에 대한 간단한 설명을 제시하고 있다. 이 가운데 다섯 가지 핵심요인에 대해서는 좀 더 자세히 살펴보고 자 한다.

첫 번째 핵심요인은 워크북과 서면실습(written exercises)이다. 이는 참가 자들이 다양한 직업에 대해 비교분석하고 미래의 커리어 목표를 설정하며 이 러한 목표 달성을 위한 계획을 수립하는 것을 직접 작성하면서 실습할 수 있 는 내용이 포함된 워크북과 자료집이다.

두 번째 요인은 개인별 해석과 피드백으로서 개인별로 검사 결과, 목표, 미 래 계획 등에 대해 피드백을 제공하는 것이다. 즉, 단순한 검사 결과만을 집 단으로 제공하고 간단히 설명하는 것이 아니라 개별적으로 결과에 대해 설명 해 주고 이에 대한 질문과 답변 등 논의가 이루어지는 것이 중요하다.

세 번째는 직업정보로서 프로그램 중에 개인이 고려하고 있는 특정 직업이 나 일에 대해 추가 정보를 찾아보는 기회를 제공하는 것이 중요한 것으로 나 타났다. 제5장의 심리검사를 활용하는 방법에서도 설명하였지만, 커리어코 칭 과정 중 피코치가 관심을 갖고 있는 직업에 대해 직업사전을 찾아보거나 관련 직업종사자와 만나서 물어보거나 또는 관련 책자를 찾아보는 노력을 통 해 해당 직업에 대해 더 많이 알게 되고, 이를 통해 해당 직업에 대한 관심을 끌어올릴 수 있을 것이다.

네 번째는 모델링으로서 프로그램 진행 중 참가자들이 자신에게 적합한 커 리어를 탐색하고 관련 의사결정을 내리고 계획을 실행하는 과정에서 도움을 줄 수 있는 전문가 등을 초빙하여 참가자들에게 자신의 경험 등에 관해 설명 해 주는 내용이 포함되는 것이 중요함을 의미한다.

마지막으로, 지지자원에 대한 관심으로서 프로그램 참가자들이 부모를 비 롯한 주변 사람으로부터 자신의 커리어 선택 및 미래 계획에 대한 이해와 지 지를 이끌어 내는 방법에 관한 내용이 중요한 것으로 나타났다.

또한 Brown 등(2003)은 Brown과 Ryan Krane(2000: Brown et al., 2003에서 재인용)이 분석한 메타분석 자료를 다시 분석하여 이들의 주장을 검증하였

〈표 6-1〉 Ryan이 도출한 19개 개입요인

요인	내용
핵심요인	
워크북과 서면실습	워크북, 기타 서면실습 자료 활용하여 참가자들의 목표, 미래계획, 직업분석 등 작성
개인별 해석과 피드백	검사 결과, 목표, 미래 계획 등에 대한 개인별 피드백 제공
직업정보	직업 및 특정 커리어에 대한 정보수집 기회 제공
모델링	커리어 탐색, 의사결정, 커리어 실행 등에 관한 모델링
지지자원에 대한 관심	커리어 선택과 계획 과정에서 지지자원 형성을 위한 활동
기타 요인	
컴퓨터기반 지원	자기평가, 커리어대안, 직업 및 학교 정보 수집 등이 가능한 컴퓨터 프로그램 활용
자기보고 검사	흥미, 욕구, 기술, 능력, 성격 등을 파악하는 자기보고 심리검사 활용
상담자 지원	상담자가 내담자에게 지지 감정을 전달해 주기 위한 활동
인지 재구조화	비합리적 믿음을 직면시켜서 적응적인 믿음으로 변화시켜 주기 위한 활동
직업탐색	직업정보 탐색 활동
가치명료화	커리어 선택에 도움이 되는 커리어 및 일반 가치 탐색을 위한 활동
카드분류	커리어 선택에 도움을 주거나 커리어 선택에 중요한 변인을 명확히 하기 위한 카드분류 활동
의사결정모형 및 전략	의사결정 과정, 단계, 관련 요인을 이해하는 데 도움을 주기 위한 활동
외부 독서	커리어 개발 모델과 전략 이해를 위한 독서 과제
개인수행 성취	커리어 의사결정과 실행에서 성공경험을 인식하도록 돕는 활동
불안 감소	현재 및 미래 커리어 관련 활동 시 발생하는 불안 감소 및 관리 활동
대리 성취	스킬과 자신감 증진을 위해 과거 성취경험을 반영하도록 돕는 활동
장애 극복	커리어 관련 장애를 인식하고 대처하는 데 도움을 주기 위한 활동
기타	앞서 제시한 범주로 분류하기 어려운 활동

출처: Ryan (1999: Brown et al., 2003에서 재인용).

다. Brown 등은 19개 커리어 프로그램 요인 가운데 중요한 것으로 판단한 5개 요인을 제외한 나머지 14개 요인이 포함된 커리어 프로그램의 효과를 분석하였다. 이들은 이 14개 요인은 내용상 덜 중요하기 때문에 더 많은 요인을 포함하는 커리어 프로그램의 효과가 더 크지 않을 것으로 가정하였다. 분석 결과, 이들의 가설이 지지되었으며, 결과적으로 중요한 5개 요인은 커리어 프로그램 내용에 더 많이 포함되는 것이 효과적이지만 덜 중요한 14개 요인은 더 많이 포함된다고 해서 효과가 더 큰 것이 아니라는 점을 시사한다.

이와 같은 내용을 토대로 커리어코칭 과정에 활용할 수 있는 방법에 관해 생각해 보면, 먼저 일대일 코칭을 진행하는 경우에도 가능하면 피코치가 작성할 수 있는 양식을 만들어서 자신의 커리어 목표 및 이를 달성하기 위한 장단기 계획 등을 직접 작성하도록 하는 것이 더 효과적일 것이다. 또한 흥미, 적성 또는 직업가치관검사 같은 심리검사를 실시한 경우에도 코치가 직접 결과에 대해 설명해 주고 피코치가 이에 대해 얼마나 이해하고 그 결과가 자신의 특성과 적합하다고 수용하는지를 확인하는 노력이 필요하다.

직업정보를 찾는 과정에서도 피코치가 바쁘다고 코치가 찾아 주는 것은 적절하지 않으며, 피코치가 시간을 내어 스스로 직업에 대한 정보를 탐색하도록 유도하고 격려하는 노력이 필요할 것이다. 프로그램 진행과정 중 피코치들이 평소 존경하거나 이상적으로 생각하는 인물에 대해 이들이 어떠한 과정을 거쳐 해당 직업에서 유명한 사람이 되었는지를 탐색하게 하는 내용을 포함시키는 것도 도움이 될 수 있다. 마지막으로, 피코치가 고려하고 있는 커리어에 대해 지지해 줄 수 있는 사람을 주변에서 찾아보고, 그 사람에게 자신의 커리어에 관한 내용을 이야기하고 지지를 얻는 과정을 프로그램에 포함하는 것이 효과적일 것이다.

2. 커리어 프로그램 및 효과

Whiston, Li, Mitts와 Wright(2017)는 1996년부터 2015년 사이에 발표된 진로선택에 도움을 주기 위해 실시된 다양한 개입 프로그램의 효과를 검증하는 연구결과들을 모아 메타분석을 실시하였다. 모두 57개 연구결과를 종합하여 분석한 결과, 전체적으로 개입 프로그램은 효과가 있는 것으로 나타났다.

좀 더 구체적으로 살펴보면, 프로그램의 효과를 검증하기 위해 실시한 다양한 7개 종속변인에 대한 전체적인 평균 효과 크기는 .352로서 유의한 것으로 나타났다. 각 종속변인별로 분석했을 때 진로결정효능감에 대한 효과 크기가 가장 큰 것으로 나타났으며, 직업정체성, 진로성숙 및 진로결정 등을 증진시키기 위한 프로그램들의 효과도 유의한 것으로 나타났다. 하지만 지각된 지지, 지각된 진로장애 그리고 성과기대에 대한 효과는 유의하지 않았다.

이 연구자들은 결과에 영향을 주는 조절변인이 있는지를 알아보기 위하여 연구결과가 가장 많았던(n=32) 진로결정효능감에 대해서만 프로그램의 효과에 관해 추가 분석을 실시하였다. 프로그램을 진행한 방법에 따라 구분했을 때 개인상담이 가장 효과가 컸고, 다음은 집단상담이었으며, 컴퓨터를 통해 혼자 학습한 방법은 가장 효과가 낮았다. 개인상담과 집단상담의 효과는 컴퓨터 학습 방법에 비해 효과 면에서 유의하게 높은 것으로 나타났다. 또한 프로그램에서 실시한 회기 수의 효과를 검증한 결과 5회기가 가장 효과가 큰 것으로 나타났다.

이러한 결과는 피코치의 진로탐색이나 진로설정과 관련된 도움을 주기 위해서는 일대일로 코칭 또는 상담을 진행하는 것이 가장 효과적임을 시사하는 것이다. 컴퓨터 프로그램을 통해 자신에게 적합한 진로를 탐색하는 것도 한 번에 많은 사람이 접속하여 진행할 수 있다는 강점이 있다. 하지만 일대일 커리어코칭은 단순히 피코치에게 적합한 진로를 찾는 데서 끝나는 것이 아니라 설정한 진로목표를 달성하기 위하여 장단기적으로 무엇을 할 것인지에 대한 계획을 수립하고 이를 실행하도록 격려하고 점검하는 내용을 포함하고 있기 때문에 진로목표를 달성하는 데 있어서 더욱 강점이 있다.

Salmela-Aro, Mutanen과 Vuori(2012)는 다양한 연령층에 해당되는 직장인을 대상으로 이들의 커리어 준비성 증진 프로그램을 실시하여 내적업무목표동기를 향상시키고자 하였다. 내적업무목표동기는 개인이 자발적으로 업무와 관련된 목표를 수립하고 이를 달성하기 위해 노력하려는 동기를 의미한다.

연구 참가자들은 31세부터 64세까지의 직장인 718명이었으며, 평균 연령은 50.1세였다. 연구자들은 참가자들을 실험집단과 통제집단으로 무선 할당한 후 실험집단에 대해서는 미시간예방연구센터(Michigan Preventive Research Center: MPRC)에서 개발한 집단 프로그램의 다섯 가지 기본 원리를 적용한 프로그램을 하루 4시간씩 연속 5일간 진행하였다. 집단으로 진행하였고, 한 집단 참가자 수는 8명에서 15명 사이였다. 반면, 통제집단으로 배정받은 참가자들은 관련 자료만 받고 혼자서 숙지하게 하였다.

종속변인인 커리어 준비성은 스스로 자신의 경력을 관리해 나갈 수 있다고 믿는 경력관리자기효능감과 경력관리 과정에서 나타날 수 있는 장애물에 대처해 나갈 수 있는 장애대처로 측정하였다. 또 다른 종속변인인 내적업무목표동기는 개인이 자신의 업무와 관련되어 스스로 수립한 목표를 달성하기 위해 노력하는 정도를 측정하였다.

Salmela-Aro 등이 프로그램 개발 시 토대로 한 다섯 가지 원리는 다음과 같다. 첫 번째는 커리어관리기술훈련(career management skill training)으로서 프로그램의 내용에 관한 것이며, 업무목표설정, 목표달성을 위한 구체적 실행계획 수립, 업무우선순위 관리 방법, 시간관리, 스트레스 관리 및 생애 관리 스킬 학습에 초점을 두었다. 두 번째는 적극적 티칭 및 학습 방법(active teaching and learning method)으로서 프로그램 설계 시 강의 위주가 아닌 토의, 역할연기 등의 방법을 통한 참여자의 자발적 참여 유도에 중점을 두었다. 세 번째는 지원적 학습환경(supportive learning environment)으로서 진행자의 참가자에 대한 배려의 중요성을 인식하고 진행자의 자기표현을 통해 참가자의 신뢰를 얻고 참가자는 이를 모델링하도록 하였으며, 참가자들도 일정 수준 자기표현을 하도록 격려하였다. 이러한 방법을 통해 참가자들이 서로를 신뢰하도록 분위기를 조성하였다. 네 번째는 장애요인에 대한 고려(inoculation against setbacks)로서 참가자들이 실행과정에서 나타날 수 있는 장애요인을 파악하고 이를 해결할 수 있는 방안들을 도출하고 실습하며, 이 가운데 자신에게 적합한 방법을 선택하도록 하였다. 마지막은 경험 있는 진행자(skillful trainer)로서 진행자가 참가자로부터 신뢰를 얻고 참가자들과의 상호작용을 이끌어 내도록 경험 있는 진행자를 모집하였다.

분석 결과, 프로그램 실시 후 실험집단의 커리어 준비성과 내적동기가 유의하게 증가한 것으로 나타났다. 또한 종단적 연구를 통해 분석한 결과, 커리어 준비성은 7개월 후 실험집단 참가자들의 내적업무목표동기를 유의하게 예측하는 것으로 나타났다. 이러한 결과는 조직에서 제공하는 커리어 프로그램을 통해 구성원은 자신의 경력을 스스로 관리해 나가고 장애요인을 극복할 수 있다는 자신감이 향상될 수 있음을 보여 준다. 더 나아가, 커리어 준비성이 증진될 경우 구성원은 자신의 커리어 목표를 수립할 가능성이 높고 이를 달성하기 위해 업무에서 성과증진을 위해 노력하게 된다. 이 과정에서 업무와 관련된 구체적 목표를 설정하고 이를 달성하기 위한 노력을 기울이게 된다.

모든 조직은 구성원들이 자신의 업무와 관련된 구체적 목표를 자발적으로 설정하고 이를 달성하기 위해 열심히 일하도록 동기부여하는 방법을 찾기 위해 노력한다. 이 연구는 이러한 동기부여를 위해 커리어 프로그램을 통해 구성원의 커리어 준비성을 증진시키는 것이 도움이 될 수 있음을 보여 주었다는 점에서 의의가 있다.

3. 국가차원에서의 커리어 프로그램

Watts와 Sultana(2004)는 37개국을 대상으로 이 국가들의 커리어 안내 정책들을 비교하였다. 이 가운데 커리어 프로그램과 관련해 다양한 국가에서 공통적으로 나타나는 내용을 12가지로 정리하였다. 이 절에서는 일부 내용을 소개하고자 한다.

첫째, 학교에서 커리어 교육과 안내에 대한 중요성이 점차 증대되고 있다는 점이다. 특히 학교에서 단순히 커리어 선택을 하는 것뿐 아니라 생애학습과 생애커리어 발달이라는 측면에서 학교에서의 커리어 교육이 강조되고 있다. 이를 위해 컴퓨터 포트폴리오 시스템을 활용하여 학생들이 자신의 커리어에 관한 계획을 수립하고 학습하는 내용을 기록하도록 하고 있다.

둘째, 학교에서의 커리어 교육과 안내가 학생들의 적응과 관련된 개인상담으로 인해 다소 소외되는 경향이 있다는 점이다. 대부분의 국가가 학교에 상담사를 두고 있는데, 일부 학교부적응 학생들에 대한 상담에 치중하다 보니 대다수의 학생에게 필요한 커리어 교육 또는 안내에 소홀해지게 되는 문제가 발생하고 있다. 따라서 일부 국가에서는 학교에 커리어 상담사를 별도로 두고 있기도 하다. 국내에서도 2010년대에 들어서 전문상담교사와 별도로 진로전담교사를 두고 학생들의 진로지도 및 상담 업무를 담당하게 하고 있다.

셋째, 학생들에 대한 커리어 교육 및 안내가 학교 내에서만 이루어지는 것이 아니라 정부 지원을 받는 공공 및 민간 기관에서도 실시되고 있다는 점이다. 국내에서도 각 지방자치단체에 따라서 청소년을 대상으로 진로상담을 제공하는 기관 또는 전문인력을 운영하고 있다.

넷째, 여러 가지 이유로 학교를 그만둔 학생들의 커리어 안내를 위해 다양한 제도 및 정책을 마련하고 있다는 점이다. 국내에서도 학교 밖 청소년들을 대상으로 지자체별로 상담을 제공하고 있다.

다섯째, Watts와 Sultana는 공공의 고용 서비스를 생애학습 및 개발 관점에서 통합하는 노력의 필요성도 강조하고 있다. 많은 국가에서 실직자의 재취업을 위한 단기목표를 설정하고 이에 치중하고 있는 실정이다. 하지만 생애학습 관점에서 일반 직장인을 대상으로 이들의 고용유지 및 환경변화에 대비한 역량 개발 및 증진과 같은 서비스도 제공할 필요가 있다. 이를 통해 문제가 발생한 후 해결하는 것보다 사전에 예방하는 정책에서의 변화가 필요하다는 점을 강조하고 있다. Watts와 Sultana(2004)는 독일과 노르웨이 정부에서 운영하고 있는 커리어 시스템이 이러한 측면에서 우수한 것으로 소개하고 있다. 이러한 필요성은 앞서 제2장 '직업세계에 대한 이해'에서도 기술하였지만, 빠르게 변화하는 직업환경에 적절하게 대응하기 위해 직장인뿐 아니라 비직장인을 대상으로 하는 국가 차원의 커리어서비스 제공의 중요성을 시사한다.

　여섯째, 조직에서 구성원을 위한 커리어 프로그램의 필요성도 강조되고 있다. 대부분의 국가에서 중소기업보다는 대기업에서 커리어 프로그램이 활발하게 진행되는 것으로 나타났다. 제8장 '직장인의 경력관리'에서 기술하겠지만, 21세기 들어서 조직에서의 경력관리보다 개인 스스로의 경력관리의 중요성이 커지고 있다. 하지만 조직에서도 생애학습 및 개발 관점에서 구성원의 경력관리에 더 많은 관심을 가질 필요가 있다.

　마지막으로, 커리어 결정을 하는 데 있어서 커리어 정보(예, 구인·구직 정보)가 매우 중요하다는 점이다. 구인 및 구직에 관한 정확한 정보가 제공되어야 개인은 이를 토대로 올바른 커리어 결정을 내리게 된다. 커리어 정보의 중요성으로 인해 많은 국가에서 정부 차원에서 커리어 정보(예, 구인·구직 정보)를 제공하고 있다. Watts와 Sultana(2004)는 호주의 국가커리어 정보시스템(National Career Information System)이 우수한 것으로 소개하고 있다. 국내에서도 고용노동부 산하의 한국고용정보원에서 다양한 커리어 정보를 제공하는 워크넷을 운영하고 있다.

[참고문헌]

Brown, S. D., Ryan Krane, N. E., Brecheisen, J., Castelino, P., Budisin, I., Miller, M., & Edens, L. (2003). Critical ingredients of career choice interventions: More analyses and new hypotheses. *Journal of Vocational Behavior, 62*, 411-428.

Salmela-Aro, K., Mutanen, P., & Vuori, J. (2012). Promoting career preparedness and intrinsic work-goal motivation: RCT intervention. *Journal of Vocational Behavior, 80*, 67-75.

Watts, A G., & Sultana, R. G. (2004). Career guidance policies in 37 countries: contrasts and common themes. *International Journal for Educational and Vocational Guidance, 4*, 105-122.

Whiston, S. C., Li, Y., Mitts, N. G., & Wright, L. (2017). Effectiveness of career choice interventions: A meta-analytic replication and extension. *Journal of Vocational Behavior, 100*, 175-184.

청소년 대상 커리어 기법

이 장에서는 다양한 커리어 개입기법 가운데 대학생 및 대학원생을 포함한 청소년 대상 커리어 프로그램의 내용과 그 효과에 대해 살펴보고자 한다. 청소년은 일부 집단(중·고등학교 졸업 후 취업한 사람들)을 제외하고는 대부분 직업을 경험해 보지 못한 집단이기 때문에 직장 경험이 있는 성인보다 커리어 코칭을 진행하기가 더 어렵다. 직장 경험이 없기 때문에 단순히 개인특성에 적합한 직업을 찾는 것 이외에도 구직과정에서 자기소개서 쓰는 방법, 면접 요령 등에 대해서도 코칭이 필요하다. 또한 입사 후 조직에 적응하기 위한 방법에 대한 코칭도 고려할 필요가 있다. 이 장에서 기술하는 커리어 기법에 관한 국내 연구의 경우 『한국심리학회지』에 실린 연구를 참고했음을 밝힌다.

1. 중학생 및 고등학생 대상 커리어 기법

다양한 청소년 대상 커리어 프로그램 가운데 먼저 Santilli, Nota와 Hartung (2019)이 중학생을 대상으로 실시한 프로그램의 효과에 대해 살펴보고자 한다. 이들은 이탈리아 중학생을 대상으로 Savickas(2015)의 커리어구성이론을 토대로 개발한 프로그램을 실시하고 그 효과를 검증하였다. 실험집단과 통제집단은 각각 54명으로 구성되었다. 프로그램의 효과검증을 위해 커리어적응성, 희망, 낙관성, 회복탄력성, 미래지향성 등의 종속변인을 사전과 사후에 걸쳐 두 번 측정하였다.

실험집단 참가자 54명에게는 『나의 커리어 이야기(My Career Story: MCS)』 워크북을 활용하여 매주 2시간씩 3주 프로그램을 실시하였다. 프로그램 내용을 자세히 살펴보면, 1주차 프로그램에서는 시작하면서 먼저 참가자가 미래의 중요성, 미래에 대한 책임, 미래에 대한 계획의 중요성에 대해 성찰하도록 하였다. 다음으로, 다양한 흥미와 가치를 갖는 것이 커리어를 결정하는 데 도움이 되며 미래에는 동시에 다양한 일을 하거나 직업을 변경할 수 있음을 교육하였다. 마지막으로, 다음의 네 가지 질문에 대한 답을 작성하도록 하였다. 첫 번째로, 연구 참가자가 어린 시절 역할모델이나 존경했던 영웅은 누구인지에 관한 것이다. 이 질문을 통해 참가자들이 자신의 자아를 찾고 성공적인 삶을 살기 위해서는 어떻게 해야 하는지를 인식하도록 하였다. 두 번째로, 참가자가 몰입하고 싶어 하는 직업흥미와 작업환경과 관련하여 자신이 좋아하는 잡지와 TV 프로그램은 무엇인지 물어보았다. 좋아하는 잡지나 TV 프로그램이 없으면 선호하는 스마트폰 앱이나 비디오게임을 얘기하도록 했다. 세 번째로, 참가자가 책이나 영화에서 선호하는 이야기는 무엇인지 물어보았다. 이를 통해 참가자가 삶에서 직면하는 핵심적인 문제에 대처해 나갈 수 있는 나름대로의 생활신조를 인식하도록 하였다. 마지막으로, 참가자가 선호하는 격언이나 조언에 대해 물어보았다. 이를 통해 참가자가 살아가면서 경험하는 다양한 문제에 대처하는 방법을 인식하도록 하였다.

2주차 프로그램에서는 참가자들이 1주차의 네 가지 질문에 대한 답변을 얘기하면서 동시에 이러한 답변을 토대로 "나는 어떠어떠한 사람이다."라는 자신을 설명하는 내용을 기술토록 하였다. 이에 관해서는 제3장 '커리어 이론'의 '커리어구성이론'에서 자세히 설명한 바 있으니 참고하기 바란다. 또한 프로그램 진행자는 참가자들이 복잡한 노동시장에 대처해 나가기 위한 개인 자원의 중요성과 미래에 대해 긍정적으로 예측하며 미래에 대해 책임을 지는 것의 중요성을 강조하였다. 또한 이 과정에서 커리어적응성과 희망, 낙관성, 회복탄력성 및 미래지향과 같은 긍정적 태도의 중요성도 강조하였다.

마지막 3주차 프로그램에서는 자신이 작성한 자신에 대한 이야기를 실행으로 옮기는 데 중점을 두었다. 먼저, 자신에 관한 다양한 이야기로부터 자신의 강점을 도출하도록 하였고, 자신의 미래에 대한 모습도 상상토록 하였다. 다음으로, 자신의 강점과 미래에 대한 열망을 토대로 두 개의 커리어 목표를 도출토록 하였다. 또한 이러한 목표를 달성하는 데 도움을 줄 수 있는 전문적인 활동에는 무엇이 있는지를 목록화하고, 이러한 활동이 자신의 강점과 연계성이 있는지도 비교하도록 하였다.

한편, 통제집단 참가자 54명에게는 2주에 걸쳐서 진행된 프로그램을 실시하였다. 참가자들은 1주차에서는 2시간 정도 개인의 흥미, 가치, 학업동기 등에 관한 검사에 응답하였다. 2주차에는 참가자의 개인특성에 관한 결과보고서와 이를 토대로 주변에 가능한 고등학교와 직업을 열거한 보고서를 받고, 진행자로부터 검사 결과에 대한 설명을 듣고 서로 논의하였다.

사전과 사후 검사를 실시하고 자료를 얻어 분석한 결과, 커리어적응성과 미래지향성의 두 변인에서 효과가 나타났다. 실험집단에서는 이 두 변인의 사전과 사후 점수에서 유의한 차이가 있었지만, 통제집단에서는 이러한 차이가 나타나지 않았다. 하지만 희망, 낙관 그리고 회복탄력성 등의 변인에서는 집단과 시점(사전 vs. 사후) 간의 상호작용 효과가 유의하지 않아서 프로그램의 효과가 없는 것으로 나타났다.

이러한 결과는 Savickas의 커리어구성이론을 토대로 개발한 커리어 프로그램이 중학생에게도 적용 가능함을 시사한다. 또한 다양한 질문을 통해 중학생이 자신의 특성에 대해 이해하도록 하는 개입방법이 청소년 대상 커리어 프로그램에서도 중요함을 나타내 준다. 또한 이러한 자신의 특성에 대한 이해를 토대로 미래 자신의 모습에 대해 예측해 보면서 구체적인 커리어 목표를 정하는 것이 가능함을 보여 준다. 마지막으로, 이와 같이 중학생을 대상으로 커리어 목표를 정하는 방법이 개인이 커리어를 선택하고 전환하는 데 중요한 자원인 커리어적응성과 미래지향성을 증진시키는 데 도움이 된다는 점을 시사한다.

한편, 여성의 사회참여가 늘어남에 따라 많은 직업에서 남성과 여성 종사자의 비율이 비슷해지고 있다. 하지만 아직도 특정 직업에서는 여성 또는 남성 종사자 수에서 차이가 매우 크게 나타나고 있다. 이러한 결과가 나타난 데에는 여러 가지 이유가 있겠지만, 어려서부터의 직업에 대한 성역할고정관념의 영향으로 남녀 모두 전통적으로 자신과 동일한 성별이 많이 종사하는 직업에 관심을 갖게 되고, 결과적으로 성인이 된 후 이러한 직업을 선택하게 될 가능성이 높아진다. 따라서 직업에 대한 성역할고정관념에서 벗어나도록 하기 위해서는 학생들이 어린 시절부터 자신의 성별에서 비전통적인 직업에 대해 관심을 갖도록 커리어 관련 프로그램을 만들어 실행할 필요가 있다.

Turnera와 Lapan(2005)은 중학생을 대상으로 이들의 비전통적 직업에 대한 성고정관념을 완화시키기 위한 프로그램을 개발하여 실시하고 그 효과를 검증하였다. 이들이 개발한 프로그램은 직업연계커리어개발 프로그램(mapping vocational challenges career development program)으로서 컴퓨터를 활용하여 진행하도록 되어 있다. 모두 3개의 모듈로 구성되어 있는데, 모듈 1은 커리어 탐색으로서 참가자들은 컴퓨터 화면에 제시되는 250개의 직업카드를 차례대로 살펴보게 된다. 각 직업카드에는 직업명을 비롯해 직업에 필요한 교육수준, 근무조건, 필요한 스킬, 연봉, 향후 예측되는 일자리, 일자리를 얻을 수 있는 지역, 관련 전문가 단체 등의 정보가 제시되며, 참가자들은 20분 정도 자신이 관심 있는 직업카드를 살펴보게 된다.

모듈 2는 커리어연계모듈(career mapping module)로서 화면에 Holland의 여섯 가지 홍미유형에 적합한 90개의 직업명(각 홍미유형당 15개 직업)이 제시되는데, 참가자들은 각 직업을 보고 해당 직업에 대한 흥미, 해당 직업에서 일하는 남녀 수에 대한 인식, 해당 직업을 자신이 잘 해낼 수 있다는 효능감, 해당 직업에 대한 부모의 지지, 해당 직업이 자신이 중시하는 가치를 충족시켜 줄 수 있는지를 평정하였다. 이들이 평정한 자료는 컴퓨터 데이터베이스에 입력되고 모든 참가자의 점수 평균을 구해서 컴퓨터 화면에 모듈 3에서 사용할 보고서가 뜨게 된다.

이 보고서는 남학생과 여학생에 따라 각기 다른 내용을 포함하고 있는데, 남학생에게는 남학생의 흥미가 높은 직업에서 많은 남성이 일하고 있으며, 반대로 남학생의 흥미가 낮은 직업에서는 여성이 더 많이 일하고 있다는 것을 쉽게 파악할 수 있도록 도표로 제시하였다. 한편, 여학생에게는 여학생의 흥미가 높은 직업에서 많은 여성이 일하고 있으며, 여학생의 흥미가 낮은 직업에서는 남성이 더 많이 일하고 있다는 내용을 도표로 제시하였다.

모듈 3은 해석모듈로서 프로그램 진행자는 이 보고서를 참가자들에게 보여 주면서 먼저 앞서 제시한 내용을 설명한 후, 각자 흥미가 있기는 하지만 다른 성별 종사자가 더 많을 것으로 생각하는 직업 하나 또는 두 개를 선택하도록 하였다. 참가자는 돌아가면서 각자 논의하고 싶은 비전통적 직업을 하나 선택하였고, 진행자는 참가자들에게 각 직업에서 해야 하는 업무에 관해 얘기하도록 하고 적절한 교육이나 훈련을 받으면 해당 업무를 할 수 있는지를 물어보았다. 이어서 진행자는 해당 직업에 관한 자세한 정보(예, 연봉 수준, 필요한 교육 수준, 해당 직업에서 성공적으로 일하고 있는 남성 또는 여성의 예 등)를 제공하였다.

사전과 사후 검사를 통해 참가자들의 흥미유형 점수를 측정하여 비교한 결과, 여학생은 전통적으로 남학생의 점수가 높은 현장형과 진취형에서 프로그램 후 점수가 유의하게 증가하였다(남학생은 이 두 유형에서 점수 변화가 없었음). 또한 남학생의 경우, 전통적으로 여학생의 점수가 높은 사회형과 사무형에서 프로그램에 참여한 후 점수가 유의하게 증가한 것으로 나타났다.

이러한 결과는 교육 또는 적절한 프로그램을 실시하여 학생들의 특정 흥미 유형에 대한 점수를 증진시킬 수 있음을 보여 준 것이다. 이를 통해 학생들이 자신의 성별에서 일반적으로 선택하지 않는 비전통적인 직업에 대해 좀 더 흥미와 관심을 갖도록 할 수 있으며, 궁극적으로 이러한 직업에 종사할 수 있는 기회를 증대시킬 수 있을 것이다.

국내 연구의 경우, 중·고등학생을 대상으로 실시한 커리어 개입 프로그램의 효과에 관한 연구가 많은 편이다. 여기서는 이 가운데 『한국심리학회지』에 실린 연구만 일부 소개하고자 한다. 한정아(2011)는 일반계 여고생의 진로결정 자기효능감과 진로태도성숙 증진을 위해 진로상담 프로그램에 독서치료를 접목시킨 집단프로그램을 개발하여 그 효과를 검증하였다. 프로그램은 10회기로 구성되었으며, 회기당 100분 정도 진행하였다.

프로그램 내용을 살펴보면, 전체적으로 매 회기별 특정 주제를 정하고 이러한 주제와 관련된 도서를 선정하였다. 연구자는 미리 서적의 전체 내용 가운데 회기별 주제와 목표에 적합한 내용을 일부 선정하고 참가자들이 이를 함께 읽도록 하였다. 제공된 내용을 읽은 후 구조화된 질문 나누기, 구조화된 활동, 마무리로 진행하였으며, 상황에 따라 개인 작업, 집단활동, 모델링, 역할극 등의 방법을 사용하였다.

회기별로 살펴보면 1회기에는 오리엔테이션을 실시하고, 참여자는 지금까지 자신의 성장모습과 변화된 모습에 대해 설명하는 시간을 가졌다. 2회기의 주제는 '흥미탐색'으로서 관련 서적을 읽고 자신의 흥미 영역을 파악하고 흥미와 직업 간의 연계성에 대해 학습하였다. 3회기는 직업의 의미를 찾는 데 초점을 두었다. 참가자는 직업의 의미를 인식하고 이것이 사회적으로 갖는 함의에 대해 파악하였으며, 건전한 직업관은 무엇인지에 대해 논의하였다. 4회기에는 사회적으로 성공한 여성들에 관한 책을 읽고 자신이 선택할 수 있는 직업세계가 다양함을 인식토록 하였다. 또한 미래 사회에 직업이 어떻게 변화할 것인지에 대해 예측해 보도록 하였다. 5회기의 주제는 '나의 꿈, 나의 목표'로서 참가자들이 자신이 가지고 있는 꿈이 무엇인지 탐색해 보고, 자신의 꿈에 대해 구체적으로 설계해 보는 시간을 가졌다.

6회기는 진로계획을 수립하는 회기로서 참가자들은 자신에게 적합한 직업을 찾고 해당 직업으로 가기 위해 어떤 준비가 필요한지에 대해 논의하였다. 7회기에서는 주제를 '소중한 나의 직업, 나의 진로'로 정하고, 참가자들에게 자신의 미래 이력서를 미리 작성토록 해 보고, 진로와 관련된 비전을 수립토록 하였다. 8회기는 진로를 위한 준비과정으로서 참가자가 자신이 원하는 직업을 갖기 위해 대학 진학 시 어떤 전공 또는 학부를 선택해야 하는지를 탐색하였다. 9회기의 주제는 '미래를 향하여'였다. 이 회기에서는 자신이 죽은 뒤 자신의 묘비명에 무엇이라고 적을 것인지 실습하였으며, 자신의 생애계획을 수립토록 하였다. 마지막 회기는 마무리로서 자신의 자서전에 대해 간단히 써 보고 활동을 마무리하였다.

프로그램의 효과에 대한 분석 결과, 전체적으로 참가자들의 진로결정 자기효능감과 진로태도성숙이 유의하게 증가하는 것으로 나타나 프로그램의 효과가 입증되었다. 또한 프로그램 종료 한 달 후 측정한 추후검사에서도 효과가 유지되는 것으로 나타났다.

2. 대학생 대상 커리어 기법

대학생을 대상으로 하는 커리어 프로그램 가운데 먼저 국외 프로그램에 대해 소개하면, Kohen, Klehe와 Van Vianen(2012)은 93명의 네덜란드 학부 및 대학원 졸업예정자 및 최근 졸업생을 대상으로 경력적응성(career adaptability)을 증진시키는 프로그램을 개발하고 효과를 검증하였다. Kohen 등은 졸업을 앞둔 대학 및 대학원생들이 미래 경력을 위한 환경변화에 적절하게 대응하기 위해 가져야 할 자원이자 역량으로서 경력적응성을 중시하였다. 이들은 경력적응성을 고정되지 않고 변화가능한 개인의 자원으로 인식하고 이를 증진시키는 프로그램을 구성하였다. 프로그램은 46명의 실험집단에게 실시하였고, 47명의 통제집단에게는 아무런 훈련도 실시하지 않았다. 실험집단과 통제집단은 연구자들이 임의적으로 선정하였으며, 무선할당이 아닌 유사실험(quasi-experiment) 형태로 진행되었다.

프로그램은 경력적응성 척도를 구성하고 있는 네 가지 요인인 호기심, 통제, 관심 그리고 자신감을 증진시키기 위한 내용으로 구성되었다. 호기심 증진을 위해서는 개인이 자신에게 어떤 커리어 대안이 가능할지 자신의 특성을 파악하고, 직업정보를 포함하는 환경을 탐색하며, 자신과 환경 간의 부합을 인식하는 데 초점을 두었다. 통제 증진을 위해서는 이러한 탐색을 통해 어떤 커리어를 추구하는 것이 좋을지 파악하고 결정하는 역량에 초점을 두었다. 관심요인은 연구 참여자들이 미래 경력에 대해 관심을 갖고 예측하고 이를 달성하기 위한 계획을 수립하는 활동을 통해 증진시키고자 하였다. 마지막으로, 자신감은 개인이 경력을 추구하는 과정에서 나타날 수 있는 어려움과 장애를 극복하는 역량으로 간주하고 프로그램에 이를 다루는 내용을 포함시켰다.

프로그램 내용을 구체적으로 살펴보면, 전체 프로그램은 하루 8시간 30분에 걸쳐 실시하였으며, 모두 4개의 모듈로 구성되었다. 모듈 1은 자기탐색에 관한 내용으로 자신에 대한 이해 증진을 위해 자신에게 중요한 가치를 탐색하였다. 가치 카드를 통해 자신에게 중요한 가치를 최대 5개까지 선택하고 이를 중요도에 따라 분류하였다. 이어서 참가자들을 두 명씩 한 조로 묶어서 서로가 구직을 위해 개발 또는 증진될 필요가 있는 스킬, 지식, 능력 등이 무엇인지를 물어보고 답하도록 하였다. 모듈 1은 경력적응성 척도의 네 가지 요인 가운데 호기심을 증진시키기 위해 구성되었다.

모듈 2에서는 직업 환경에 대한 이해에 초점을 두고 두 가지 과제를 포함하였다. 첫 번째 과제는 시각화(visualization)로서 참가자들이 눈을 감고 미래에 일하게 될 회사에서 하루 시작부터 일이 끝날 때까지를 상상해 보고 이를 정리한 후 서로 얘기하도록 하였다. 두 번째 과제는 정보획득전략에 관한 내용으로서 참가자가 원하는 직업에 대한 정보를 찾는 방법과 전략에 대해 논의하도록 하였다. 모듈 2 또한 환경탐색이라는 호기심과 관련된 내용으로 구분할 수 있다.

모듈 3은 자신의 경력목표를 수립하고 이를 달성하기 위한 대략적인 장단기 계획을 세우는 내용으로 구성하였다. 프로그램 진행자가 이러한 방법에 대해 설명해 주고, 참가자들의 개별적으로 자신의 계획을 수립하도록 하였다. 모듈 3은 경력목표를 정하는 통제요인과 목표 달성 계획을 수립하는 관심요인을 증진시키기 위한 것이다.

마지막으로, 모듈 4에서는 참가자들이 자신의 경력목표 달성을 위한 구체적인 실행계획을 수립하도록 하였다. 또한 실행과정에서 나타날 수 있는 장애요인과 이를 극복할 수 있는 방법에 관해 논의하도록 하였다. 모듈 4는 구체적 계획을 수립하는 내용과 관련된 관심요인과 장애요인 극복을 통한 자신감 요인 증진을 위해 구성되었다.

이 연구에서 프로그램의 효과를 검증하기 위해 사용한 측정변인은 경력적응성, 6개월 후 고용 여부 그리고 고용의 질이었다. 고용의 질은 취업에 성공한 참가자들의 직무만족, 이직의도, 개인-조직 부합, 경력성공 등의 문항들로 측정하였다. 프로그램 시작과 끝나는 시점에서는 경력적응성만을 측정하였으며, 프로그램 종료 6개월 후에는 고용 여부와 고용의 질을 측정하였다.

분석 결과, 관심요인의 경우 실험집단에서 사후검사점수가 사전검사점수보다 유의하게 큰 것으로 나타났으며, 추후에서도 이러한 증가 추세가 유지되었다. 통제요인은 실험집단에서 사전검사점수와 추후검사점수 사이에서 유의한 차이가 있었다. 호기심 요인은 사전검사점수와 사후검사점수 사이에서는 유의한 차이가 있었지만, 추후검사에서는 다소 감소하였다. 자신감 요인은 유의한 차이가 없었다. 6개월 후 고용 여부에서는 실험집단이 56.2%로 통제집단의 45.8%보다 높았지만, 유의하지는 않았다. 또한 직무만족, 이직의도, 개인-조직 부합, 경력성공 등 고용의 질 변인에서는 실험집단이 통제집단보다 유의하게 높은 것으로 나타났다.

이러한 결과는 전체적으로 프로그램의 효과가 있는 것으로 해석할 수 있다. 또한 경력적응성은 훈련을 통해 증진될 수 있다는 것이 검증되었다. 즉, 경력적응성은 개인이 변화하는 환경에 적응하기 위해 가져야 할 자원 및 역량으로서 변화 가능하다는 인식을 가질 필요가 있다. 이러한 인식을 바탕으로 커리어코칭에서도 이러한 네 가지 경력적응성 요인 증진을 위한 코칭이 필요하다. 커리어코칭 과정에서 네 가지 요인을 증진시키기 위해서는, 앞서 프로그램 설명에서 기술하였듯이, 자기인식과 환경탐색(호기심), 커리어 목표 결정(통제), 목표달성을 위한 계획 수립(관심), 그리고 계획 실행 및 장애요인 극복(자신감) 등의 내용을 다루는 것이 필요하다.

Van der Host, Klehe, Brenninkmeijer와 Coolen(2021)은 대학 또는 대학원을 졸업하고 취업을 해야 하는 네덜란드 대학교의 학부생과 대학원생 471명을 대상으로 경력적응성 이론에 초점을 둔 프로그램을 개발하여 그 효과를 검증하였다. 연구자들은 일대일 상담이 가장 효과적이지만 비용과 시간의 문제로 온라인검사를 통한 프로그램도 워크숍을 같이 진행할 경우 효과가 있다는 메타연구(Whiston et al., 2017)를 근거로 경력적응성 증진 프로그램을 완성하였다.

연구 참가자 471명을 3개의 실험집단으로 구분하여 각기 다른 프로그램을 실시하였으며, 통제집단 79명에게는 아무런 프로그램도 실시하지 않았다. 프로그램 효과를 검증하기 위한 종속변인으로는 경력적응성, 경력적응반응 그리고 성과를 측정하였으며, 모든 변인은 프로그램 시작, 종료 시점, 6개월 경과 후 등 3번에 걸쳐 측정하였다.

경력적응성은 관심(미래, 진로에 대한 관심), 통제(결정을 내리고 책임을 짐), 호기심(환경 및 주변 탐색, 성장기회 탐색), 확신(과제처리, 장애물 극복) 등 4개 요인으로 구성되어 있으며, 각 문항에서 제시하는 관련 활동을 잘할 수 있다고 생각하는지의 정도를 측정하였다. 경력적응반응(career adaptive responses)은 경력적응성 믿음이 강할 경우 나타나는 반응(행동)으로서 자신 및 환경탐색, 경력결정, 경력계획수립 정도를 측정하였다. 마지막으로, 성과는 취업 여부, 지각된 부합도, 경력성장(예, 현 직무를 토대로 자신의 경력목표를 달성할 수 있을 것으로 생각함) 및 경력만족을 측정하였다.

첫 번째 실험집단 프로그램은 두 번의 집단 워크숍으로 진행되었다. 먼저, 사전에 온라인 검사를 통해 참가자들에게 성격 5요인검사, 동기요인검사(McClelland, 1985), 선호하는 팀역할검사(Quinn, 1988) 등을 실시하였고, 검사후 결과물을 참가자들에게 전달하였다. 이는 경력적응요인 중 호기심을 증진시키기 위한 내용이었다. 첫 번째 집단워크숍은 온라인검사 일주일 후 2시간 30분 동안 진행되었다. 프로그램 진행자는 학생들에게 워크숍을 소개하고, 커리어 준비의 중요성을 강조하며, 참가자 학생들이 커리어 준비상태에 대해 성찰토록 하였다. 구체적으로는 온라인검사 결과를 살펴보면서 '나는 누구인가?' '내 강점은 무엇인가?' '내 야망은 무엇인가?' '미래직업에서 추구하고자 하는 것은 무엇인가?' 등의 질문에 답하도록 하였으며, 이는 경력적응성 요인 가운데 호기심과 관심을 증진시키기 위한 것이었다. 각자 작성한 내용을 발표하고 서로 피드백을 교환하였으며, 이를 통해 경력적응성 요인 가운데 통제와 자신감을 증진시키고자 하였다.

두 번째 집단 워크숍은 첫 번째 워크숍 일주일 후 1시간 30분 동안 진행되었다. 먼저, 45분 동안 환경탐색을 위해 구직소프트웨어(Vacancy Seeker)를 활용하여 참가자들이 구직공고를 직접 확인하고 첫 번째 워크숍에서 파악한 자신의 특성과 연계되는 구직공고를 찾도록 하였다. 이어서 자신이 찾은 구직공고가 자신에게 얼마나 적합한지 5점 척도 활용하여 평정토록 하였다. 다음으로, 커리어 준비를 위해 다음 단계에서 나타날 수 있는 문제점에 대해 논의하고, 해결방법을 모색토록 하였다. 마지막으로, 온라인 포트폴리오에 자신의 구체적인 경력계획을 작성토록 하였다.

두 번째 실험집단 프로그램은 혼합 워크숍으로서 온라인 검사와 첫 번째 워크숍으로만 구성되었다. 워크숍은 앞에서 기술한 내용과 유사하나, 개인 별 작성 내용을 집단원들 앞에서 발표하지 않고 옆의 동료에게만 얘기하도록 하였다. 마지막으로, 온라인 포트폴리오에 구체적 경력계획을 작성토록 하 였다.

세 번째 실험집단 프로그램은 단기 워크숍으로 두 번째 워크숍과 유사하였 다. 참가자들은 구직소프트웨어(Vacancy Seeker)를 통해 자신의 성격, 동기, 팀 역할과 일치하는 특성을 찾고(호기심 증진), 이어서 이에 적합한 구직공고 를 선택하였으며, 마지막으로 구체적 경력계획을 작성하였다.

프로그램의 효과 검증을 위해 자료를 분석한 결과, 전체적으로 프로그램을 통해 경력적응반응과 경력적응성이 증진되었다. 2차 시점인 사후검사에서 경력적응반응과 경력적응성 점수는 6개월 지난 시점의 경력적응반응과 경력 적응성에 긍정적 영향을 주었다. 2차 시점의 경력적응성은 취업 여부, 부합, 성장, 만족 등에 긍정적 영향을 주었다. 또한 두 개의 워크숍을 진행한 프로 그램이 다른 프로그램에 비해 시점 2와 시점 3에서의 효과가 가장 큰 것으로 나타났다. 또한 단축 워크숍 프로그램도 시점 2와 3에서 경력적응성과 경력 적응반응을 증진시키는 것으로 나타났다.

국내에서 대학생을 대상으로 실시한 커리어 프로그램은 많이 있어서, 이를 모두 소개하기는 어려워 이 가운데 필자의 논문과 『한국심리학회지』에 실린 연구들을 중심으로 설명하고자 한다. 고숙희, 선혜영, 심미영과 탁진국(2020) 은 대학생을 대상으로 이들의 경력정체성과 진로결정수준을 증진시키기 위 해 커리어코칭 프로그램을 개발하고 그 효과를 검증하였다. 커리어코칭 프 로그램은 Harrington과 Hall(2007)이 제시한 자기평정방법을 기본 토대로 하 고, 추가로 강점검사와 흥미검사와 같은 심리검사를 포함하여 구성하였다. 프로그램은 8회기로 구성하였으며, 일대일 개인코칭으로 진행되었다.

Harrington과 Hall(2007)은 자신에게 적합한 커리어를 찾기 위해서는 무엇보다 명확한 자기인식을 통해 자신에게 어떠한 커리어가 적합하다고 인식하는 정도를 의미하는 커리어정체성을 높이는 것이 중요함을 강조하였다. 이들은 개인의 자기인식 증진을 위해 과거의 성취경험 쓰기, 10년 후 자신의 미래에 대해 생각해 보기, 자신에게 중요한 사람과의 인터뷰를 통한 자신의 역량 파악하기 등의 방안을 제시하였다. 고숙희 등(2020)의 연구에서는 이러한 주관적인 자기평정방법뿐 아니라 강점검사 및 흥미검사 등의 심리검사를 실시하여 나타난 결과를 통해 개인의 다양한 특성(예, 가치, 능력, 강점, 흥미 등)을 파악하고 이를 토대로 개인에게 적합한 커리어를 찾고자 하였다.

고숙희 등(2020)의 연구에서 사용한 내용을 구체적으로 살펴보면 〈표 7-1〉과 같다. 1회기는 피코치와 라포를 형성하고 코칭에 대해 개괄적으로 설명하고, 전체 코칭 프로그램에 대해 설명해 주는 시간으로 구성되었다. 직업선호도검사 L형은 피코치의 흥미유형과 성격 5요인유형을 알아보기 위해 과제로 내 주었다.

2회기에서는 코치가 강점검사와 직업선호도검사 결과에 대해 설명해 주고, 피코치가 이러한 결과를 토대로 자신의 강점, 흥미유형 그리고 성격유형을 인식하는 내용으로 진행되었다. 과제로 피코치를 잘 아는 사람과 인터뷰를 통해 피코치의 다양한 특성(역량, 강점, 성격 등)에 대해 어떻게 생각하는지를 알아보도록 하였다.

3회기에서는 인터뷰 결과에 대해 논의하는 시간을 가지며, 이 과정에서 피코치가 자신이 생각하는 특성과 타인이 지각하는 특성 간에 어떠한 유사점과 차이점이 있는지를 이해하도록 하였다. 또한 이를 통해 피코치가 자신의 특성에 대해 다시 한번 되돌아보고 좀 더 명확히 인식하도록 하였다. 3회기를 끝내면서 다음 회기까지 피코치가 지금까지 살아오면서 생애 최고의 경험이라고 말할 수 있는 순간은 언제였고, 지금부터 10년 후 자신은 어떤 모습을 하고 있을지를 구체적으로 기술해 오는 과제를 주었다.

〈표 7-1〉 커리어코치 프로그램 회기별 내용

회기	내용
1회기	• 코칭 니즈 파악 및 코칭 목표 설정 • 사전검사 실시 및 프로그램 설명 • 과제: VIA강점검사, 직업선호도검사 L형 검사
2회기	• 강점 탐색 및 활용방안 탐색(강점검사 결과 기반) • 직업적인 흥미와 열정, 적성 탐색(직업선호도검사 결과 기반) • 과제: 타인과의 인터뷰 실시(가이드라인 · 템플릿 제공)
3회기	• 강점 · 약점 · 보유 스킬과 수준 탐색(타인과의 인터뷰 결과 기반) • 과제: '생애 최고 경험' 작성하기, '10년 후 모습' 작성하기
4회기	• 개인적 배경 · 가치 · 영향력 탐색(생애 최고 성취 경험 기반) • 삶과 커리어의 균형 · 삶의 목표와 비전 · 가치 · 열정 탐색(10년 후 모습 기반)
5회기	• 자기평정 결과 통합 및 삶의 주제 찾기 • 과제: 삶의 주제와 연관된 직업군 세 가지 탐색
6회기	• 세 가지 직업군별로 지지점 · 모순점 등 탐색 • 과제: 세 가지 직업군 중에서 한 가지 최종 선택해 오기
7회기	• 최종 선택한 직업군에 대한 직업세계 탐색 • 커리어 개발과 삶과의 균형 탐색
8회기	• 커리어 개발 실천행동 진행 점검 • 사후검사 실시 및 3개월 후 추후검사 실시 안내

출처: 고숙희 외(2020).

4회기에서는 피코치의 생애 최고의 경험과 10년 후 모습에 대해 집중적으로 논의하였다. 피코치가 자신의 생애 최고의 경험과 그 이유를 설명하면서 이를 통해 자신의 강점과 가치 등을 인식하도록 하였으며, 더 나아가 진로 방향을 탐색토록 하였다. 또한 피코치의 10년 후의 모습과 피코치가 그렇게 생각한 이유를 설명하도록 하면서 피코치가 삶의 목표와 진로방향에 대해 생각해 보도록 하였고, 이에 대해 논의하였다.

5회기에서는 피코치가 4회기까지 실시한 다양한 자기평정 결과를 통합하고 이와 관련된 삶의 주제(theme)를 찾는 코칭을 실시하였다. 예를 들어, 과거 생애 최고의 경험 가운데 자신이 어려운 처지에 처한 사람을 도와서 그로 인해 큰 보람을 느꼈다고 얘기했다면, '나는 사람들에게 봉사하는 것이 즐겁다.'와 같은 삶의 주제를 도출할 수 있다. 또한 10년 후의 모습에서 호화로운 사무실과 집에서 지내는 모습을 상상한다면, '나는 돈은 많이 버는 일을 하고 싶다.'와 같은 주제가 가능할 것이다. 흥미검사에서 예술형에 흥미가 가장 높은 것으로 나왔다면, '나는 창의적인 일을 하는 것을 좋아한다.'와 같은 주제 도출이 가능하다. 5회기를 마무리하면서 5회기에 작성한 피코치의 삶의 주제와 관련된 세 가지 직업군을 탐색해 오는 과제를 제시하였다.

6회기는 피코치가 도출한 세 가지 직업군을 살펴보면서 자기평정 결과 및 삶의 주제와 부합되는 부분과 그렇지 못한 점이 무엇인지를 찾는 코칭을 진행하였다. 예를 들어, 교사 직업군을 선택하였다면, 이 직업군은 사람을 돕는 일을 하고 싶은 삶의 주제와 부합되고 새로운 교육 및 강의 내용을 만들어서 실행할 수 있기 때문에 창의적인 일을 하고 싶은 삶의 주제와 부합된다. 하지만 돈을 많이 벌어서 호화로운 삶을 살고 싶은 주제와는 부합되지 않을 것이다. 6회기를 마무리하면서는 다음 회기 코칭 진행을 위해 세 가지 직업군 가운데 자신에게 가장 적합한 직업군을 선택하는 과제를 내 주었다.

7회기에서는 피코치가 선택한 최종 직업에 대해 논의하면서 해당 직업군과 관련된 직업세계에 대해 탐색해 보는 시간을 가졌다. 구체적으로, 해당 직업군을 선정한 이유에 대해 물어보면서 피코치가 해당 직업군 선정에 대해 얼마나 확신하는지를 파악하였다. 또한 해당 직업군의 미래 전망에 대해 얘기를 나누고, 향후 직업군을 변경할 가능성이 있는지에 대해서도 논의하는 시간을 가졌다. 마지막으로, 이러한 직업군을 선택하고 해당 직업군에서 일을 해 나가는 과정이 피코치의 삶과 어떻게 균형을 이룰 수 있는지에 대해서도 얘기를 나누었다.

마지막 8회기에서는 7회기까지 실시했던 다양한 실행계획에 대해 점검하는 시간을 가지며, 잘 진행된 부분과 그렇지 않은 점은 무엇인지에 대해 논의하였다. 또한 향후 코칭이 종료된 후에도 실행계획을 지속적으로 유지하려는 의지가 얼마나 되는지 확인하고, 유지를 위해 어떠한 노력을 기울일 것인지를 탐색하고, 향후 추후검사 일정을 소개하며 전체 코칭을 마무리하였다.

임정섭, 최영인과 김교헌(2013)은 대학생을 대상으로 이들의 역기능적 진로사고, 진로성숙도 및 진로결정자기효능감 증진을 위하여 8회기 코칭 프로그램을 실시하고 그 효과를 검증하였다. 전체 72명의 대학생을 모집하여 실험집단과 통제집단에 각 36명씩 무선으로 할당하였다. 코칭은 일대일로 진행되었고, 한국코치협회 자격증을 가진 인증코치 6명이 담당하였다. 코칭 효과의 지속성 검증을 위해 8회기 코칭 종료 4주 후에 추후검사를 실시하였다.

코칭 프로그램은 코칭에 대한 전반적인 교육과 일대일 개별 코칭으로 구성되어 있다. 참가자 대상으로 먼저 코칭 철학, 진행방법, 셀프코칭기법 등에 대해 24시간 동안 교육을 실시하였다. 이후 회기당 60분 정도로 8회기의 일대일 진로코칭을 실시하였다. 회기별 코칭에 대한 설명은 연구자들의 문헌에 자세히 기술되어 있지 않으며, 긍정심리학에 기반을 두고 강점을 발견하는 것으로 진행되었다고 간단히 기술되어 있다. 필자의 판단으로는 코칭과정에서 피코치의 강점을 찾고 이를 토대로 피코치에 적합한 커리어 목표를 정하고 이를 달성하기 위한 구체적 계획을 수립하는 방식으로 진행했을 것으로 보인다.

프로그램의 효과성에 대한 검증 결과, 코칭 실시 후 통제집단에 비해 실험집단에서 역기능적 진로사고가 유의하게 줄어들었으며, 진로성숙도와 진로결정 자기효능감은 유의하게 증가하였다. 또한 추후검사에서도 실험집단에서의 점수가 유지되었다. 이러한 결과는 코칭 프로그램의 효과가 유의하다는 것을 보여 준다.

김지영과 이현림(2002)은 대학생을 대상으로 진로상담 프로그램이 진로의사결정에 미치는 영향을 검증하였다. 45명의 대학생으로부터 참가 신청을 받은 후 개인상담집단, 집단상담집단, 통제집단 등 세 집단에 15명씩 할당하

였다. 개인상담은 매주 1회씩 약 60분 동안 만났으며, 집단상담은 1주에 2회씩 약 1시간 30분에서 2시간 정도 만나서 진행되었다. 두 프로그램 모두 9회기 동안 동일한 내용으로 실시되었다.

1회기는 오리엔테이션으로서 진행자가 프로그램의 목적을 설명하였으며, 참가자는 참가 이유와 기대하는 점을 얘기하고, 전공 선택 이유를 포함해 자신에 대해 소개하는 시간을 가졌다. 2회기에는 참가자에게 진로의사결정 척도를 실시하고 각 요인별 점수로 나타나는 각자의 학교에 대한 적응수준, 직업계획수준, 전공에 대한 확신 및 이해수준을 파악하도록 하였다. 이 가운데 학교에 대한 적응을 증진시키기 위하여 참가자가 인식하는 학교에서의 어려움과 이를 극복하는 방법에 대해 얘기하였다.

3회기에서는 두 번째 요인인 직업계획수준을 향상시키는 데 초점을 두었다. 이를 위해 먼저 흥미검사를 통해 참가자의 흥미유형을 파악하고, MBTI 성격검사를 통해 참가자의 성격특성을 알아보았다. 4회기에서도 직업계획수준 향상을 위해 참가자의 일에 대한 가치관을 알아보는 가치관 검사를 실시하였다. 검사 결과를 토대로 참가자의 가치관에 대해 얘기하고, 이에 적합한 직업을 탐색하는 시간을 가졌다. 5회기에는 성격검사 결과에 대해 설명하고 얘기를 나누었으며, 6회기에는 흥미검사 결과에 대해 설명해 주고 참가자가 자신에게 적합한 직업군을 탐색토록 하였다. 회기가 끝날 무렵, 진행자는 참가자에게 과제로 자신이 희망하는 직업, 부모와 친구들이 추천하는 직업, 검사 결과 나타난 직업목록을 구성된 양식을 작성해 오도록 하였다.

7회기에는 참가자가 작성해 온 자료를 토대로 본격적인 직업탐색 과정에 초점을 두었다. 이 과정에서 참가자가 처한 현실 여건을 고려하고 고용증가가 예상되는 직업 목록표도 살펴보도록 하였다. 또한 참가자가 다양한 직업목록을 살펴보면서 이를 자신의 희망 정도와 현실가능성을 고려하여 순서적으로 선택하는 과정을 거쳤다. 7회기를 마무리하면서 참가자에게 직업탐색 용지를 배분하고 자신이 도출한 두세 가지 직업에 대해 다음 회기까지 상세한 정보를 찾아오도록 하였다. 8회기에는 참가자가 정한 최종 직업으로 가기 위한 구체적인 계획을 수립하도록 하였다. 또한 구직동기 증진을 위해 계획 수립 후 5년 후 자신의 모습을 상상해 보도록 하였다. 마지막으로 모의 면접을 통해 이미지를 연출하고 대화기술을 학습하는 시간을 가졌다. 마지막 9회기에서는 상담을 통해 참가자가 느낀 점과 향후 증진시켜야 할 내용에 대해 얘기하고 사후검사를 실시한 후 마무리하였다.

프로그램의 효과에 대한 분석 결과, 학교적응, 직업계획, 전공 확신 및 이해 등 3개 요인 모두에서 상담의 효과가 유의하게 나타났다. 실험집단에서의 점수가 상담 전보다 유의하게 증가하였으며, 사후검사 시점에서 통제집단의 점수보다 유의하게 높은 것으로 나타났다. 개인상담과 집단상담 프로그램의 효과에 대한 비교에서는 개인상담 프로그램이 사후검사에서 좀 더 점수가 높은 것으로 나타났지만, 통계적으로 유의하지는 않았다.

조성연과 문미란(2006)은 25세 이상인 성인 대학생들의 진로결정자기효능감 증진을 위한 진로 프로그램의 효과를 검증하였다. 이들은 방송대학에 재학중인 대학생 97명으로부터 참가신청을 받은 후 무선적으로 실험집단에 49명, 통제집단에 48명을 할당하였다.

실험집단에 대한 진로 프로그램은 워크숍 형태로 진행되었으며, 1회 3시간씩 매주 2회에 걸쳐 실시되었다. 전체적으로 이 프로그램은 일차적으로 참가자의 자기효능감 증진을 위해 Bandura(1977)가 설명한 모형을 토대로 언어적 설득, 정서적 격려, 대리학습 및 수행성취 방법을 강조하였다. 또한 참가자의 역기능성 진로 사고를 재구조화하는 데 초점을 두었다.

좀 더 구체적으로 살펴보면, 1회기에서는 먼저 참가자들의 자기소개와 과거 성공경험에 대해 서로 얘기를 나누었다. 또한 생애설계 과정으로서 진로의 중요성을 강조하였다. 흥미검사를 통해 참가자들이 자신의 흥미유형을 파악하고 흥미코드에 따른 직업군을 확인토록 하였다. 도출된 직업에 대해 관련 정보를 탐색하는 방법에 대해 소개하였다. 마지막으로, 참가자들이 모델링할 수 있는 역할모델 소개를 통해 이들의 자신감을 향상시키기 위한 노력을 기울였다.

2회기에서는 먼저 참가자들의 역기능적 진로사고를 변화시키기 위하여 진로사고검사를 실시하고, 검사 결과를 살펴보면서 참가자의 진로결정 과정과 결단과정에서의 어려움을 극복하는 방안에 대해 논의하였다. 또한 참가자들의 불안 및 스트레스 감소를 위해 자신의 불안과 스트레스를 유발하는 원인에 대해 탐색하고 합리적인 대처방안에 대해 이야기를 나누었다. 마지막으로, 이력서 및 면접을 준비하는 방법에 대해 설명하였다. 추가적으로, 두 회기가 진행되는 동안 진행자는 참가자들의 활동을 지속적으로 격려하면서 긍정적 피드백을 주기 위해 노력하였다.

진로프로그램의 효과를 분석한 결과, 사후검사에서 실험집단의 진로결정 자기효능감 척도의 총 점수뿐 아니라 5개의 모든 요인점수가 통제집단의 점수보다 유의하게 높은 것으로 나타났다. 이러한 결과는 2회기에 걸쳐서 워크숍 형태로 진행한 진로 프로그램의 효과를 입증하는 것이다.

지금까지 살펴본 커리어 프로그램은 회기별로 커리어에 관한 내용을 다루었다. 하지만 커리어 관련 종속변인 증진을 위해 실시하는 모든 커리어 프로그램들이 커리어 관련 내용만을 직접적으로 다루는 것은 아니다. 예를 들어, 오경화와 탁진국(2020)은 여대생을 대상으로 이들의 그릿(grit)을 향상시키는 코칭 프로그램을 개발하고 이 프로그램이 진로준비행동 및 진로태도성숙에 미치는 효과를 검증하였다.

그릿은 장기적인 목표를 달성하기 위하여 지속적으로 노력하는 열정으로 정의한다(Duckworth, 2016). 따라서 그릿이 높은 사람은 단기적인 목표가 아니라 비교적 장기적인 목표를 설정하고, 이를 달성하기 위한 계획을 수립하며, 목표 달성을 위해 오랫동안 포기하지 않고 노력하게 된다. 한편, 진로준비행동을 하고 스스로 진로를 설정하고 자신의 진로에 대해 확신을 갖는 과정에서 개인은 많은 어려움을 경험하게 되고 이를 극복하고 자신이 원하는 진로를 정하기 위해서는 장기적으로 접근하고 지속적으로 노력하는 태도와 행동이 중요하게 된다. 따라서 오경화와 탁진국(2020)은 이러한 논리를 토대로 그릿 증진 프로그램이 단순히 그릿을 증진시키는 것에서 끝나지 않고, 더 나아가 진로준비행동과 진로태도성숙에도 긍정적인 영향을 미칠 것으로 가정하였다.

코칭 프로그램은 8회기로 구성하였으며, 1회기에서는 프로그램의 목적에 대해 설명하고, 라포 형성을 위한 활동을 실시하고 피코치의 기대감을 파악하였다. 2회기에서는 그릿 개념을 이해하는 데 초점을 두고 피코치들의 그릿을 측정하였다. 3회기에서 5회기까지는 그릿 개발에 중점을 두고 진행하였다. 3회기에서는 그릿을 강화하는 표현법을 익히고, 자신의 목표를 찾는 활동을 하였다. 4회기에서는 피코치의 긍정사고를 확장하고 미래의 청사진을 그려 보는 활동을 실시하였다. 5회기에서는 비합리적 사고에서 벗어나서 실패를 성장의 기회로 인식하는 성장마인드셋을 갖기 위한 활동에 중점을 두었다. 6회기와 7회기는 그릿 행동 실행에 초점을 두었다. 6회기에는 목표를 설정하고, 자기통제력을 증진시키는 활동을 실시하였다. 7회기에는 자신을 존중하는 언어 활동을 통해 자아존중감 증진을 위한 활동에 중점을 두었다. 마지막 8회기는 그릿을 유지하는 활동에 중점을 두고, 동기부여를 위한 핵심가치 찾기, 실천방안 세우기 등의 활동을 실시하였으며, 프로그램 소감을 듣고 마무리하였다.

실험집단 10명과 통제집단 10명의 여대생을 모집하여 실험집단에만 그릿 향상 집단코칭 프로그램을 실시하였으며, 종속변인으로 그릿, 진로준비행동 그리고 진로태도성숙을 측정하였다. 사전과 사후 검사 이외에 프로그램 종료 2주 후 추후검사도 실시하였다. 분석 결과, 실험집단에서 사후검사점수가 세 종속변인 모두에서 유의하게 증가하였으며, 통제집단에서는 별다른 변화가 없었다. 또한 추후검사 결과에서도 세 종속변인 모두에서 프로그램의 효과가 유지되었다. 이러한 결과는 그릿 향상을 위한 집단코칭 프로그램이 그릿을 향상시킬 뿐 아니라 나아가서 진로준비행동과 진로태도성숙을 증진시키는 데도 긍정적 영향을 미친다는 것을 보여 주는 것이다.

3. 커리어코칭 시사점

앞서 설명한 커리어 프로그램들을 살펴보면 공통되는 내용을 파악할 수 있다. 대부분의 프로그램은 자기인식, 관련 직업도출 및 정보탐색, 직업환경 인식, 커리어 목표 설정, 구체적 계획 수립 등의 과정을 포함하고 있다. 자기인식 과정에서는 참가자의 흥미, 강점, 적성, 가치관 또는 성격 등의 다양한 특성을 파악하는 내용을 포함한다. 이들 프로그램에서는 흥미유형을 파악하는 경우가 가장 많았다. 흥미검사를 통해 흥미코드가 도출되고 이에 따라 흥미코드와 관련된 다양한 직업목록을 파악할 수 있기 때문인 것으로 판단된다. 이 책의 제5장에서 흥미코드를 통해 다양한 직업목록을 도출하는 구체적인 방법에 대해 자세하게 다루었으므로 참고하길 바란다.

다양한 직업목록을 일차적으로 도출하였으면, 해당 직업들에 대해 좀 더 상세한 정보를 탐색할 필요가 있다. 가장 중요한 것은 각 직업에서 구체적으로 해야 하는 업무 내용이다. 이어서 참가자들은 현재의 고용환경 및 변화환경을 살펴보고, 부모의 반대나 직업과 관련된 훈련 및 교육 여건 등의 현실적 어려움 등을 살펴보게 된다. 이를 통해 최종적으로 자신에게 적합한 커리어 목표(즉, 구체적인 직업 또는 대학 학과 등)를 정하게 된다. 마지막으로, 커리어 목표 달성을 위해 향후 자신이 해야 할 구체적인 활동들을 수립하게 된다.

대부분의 진로 프로그램들은 이러한 활동 가운데 일부에 초점을 두어 진행하거나 전체적으로 각 활동을 좀 더 상세하게 진행하는 정도에서 차이가 있을 뿐이다. 여기에 추가적으로 진로결정을 하는 과정에서 역기능적 사고를 줄이는 내용이 들어가거나 효능감 증진에 초점을 두거나 구체적인 이력서 또는 면접방법에 시간을 할애하는 등에서 차이가 있는 것으로 나타났다.

따라서 청소년 대상 커리어코칭 과정에서 커리어코치는 앞에서 기술한 핵심적인 내용에 어떻게 진행하는지의 과정에 대한 명확한 이해가 필요하다. 특히 자기인식 과정에서 흥미, 적성, 강점, 성격, 직업가치 등 다양한 개인특성 가운데 어떠한 특성에 초점을 두고 코칭을 진행할 것인지 결정할 필요가 있다. 커리어 목표를 정하고 목표 달성을 위한 구체적 계획을 수립하는 과정에서 고려할 점은 중장기적 계획수립이다. 청소년의 특성상 커리어 목표를 정한다 하더라도 당장 취업하는 것이 아니고 학교를 졸업해야 가능하기 때문에 단기적인 계획도 중요하지만 중장기적 계획을 수립하는 것도 필요하다.

특히 졸업이 가까운 취업 예정생의 경우 계획수립 과정에서 자기소개서 작성, 적성검사 대비 시험 준비, 면접 준비 방법 등에 대한 내용도 포함시키는 것이 피코치에게 실질적인 도움이 될 수 있다. 또한 취업 후 초기 직장생활에서의 원만한 적응을 위해 어떠한 준비와 자세가 필요한지에 대한 내용도 다루는 것이 요구된다. 따라서 청소년 대상 커리어코치는 커리어 목표를 구체적으로 정하는 것이 코칭의 마지막 부분이라는 생각에서 벗어나야 한다. 피코치의 상황에 따라 이러한 내용을 다뤄야 하는 경우가 발생할 수 있으며, 원만한 코칭 진행을 위해 평소 관련 역량 개발 및 증진을 위해 노력할 필요가 있다.

한편, 프로그램의 효과를 검증하기 위한 연구방법에서 국외 연구와 국내 연구의 차이가 있음을 알 수 있다. 대학생을 대상으로 하는 경우, 국외 연구에서는 종단적 연구에 초점을 두고 진로결정효능감과 같은 커리어 관련 변인 이외에 일정 시간이 경과한 후 참가자들이 실제 취업을 했는지 또는 취업 후 자신이 선택한 직업에 대해 얼마나 만족하는지에 관한 변인을 측정하고 있다. 하지만 국내 연구에서는 종단적 연구를 찾아보기 어렵고, 대부분 프로그램이 끝난 후 진로결정효능감이나 진로태도성숙과 같은 변인만을 측정하여 프로그램의 효과를 검증하고 있다. 일부 연구에서 추후 검사를 실시하지만 동일 변인을 측정하는 데 그치고 있다. 따라서 향후 국내 연구에서도 커리어 프로그램의 효과 검증을 위해 종단적 연구를 실시하여 프로그램이 실제 취업에 얼마나 도움을 주는지를 검증하는 노력이 필요하다.

[참고문헌]

고숙희, 선혜영, 심미영, 탁진국(2020). 커리어코칭 프로그램이 대학생의 경력정체성과 진로결정수준에 미치는 효과. 청소년학연구, 27(2), 73-100. http://dx.doi.org/10.21509/KJYS.2020.02.27.02.73.

김지영, 이현림(2002). 진로의사결정 상담프로그램이 진로의사결정수준에 미치는 효과. 한국심리학회지: 상담 및 심리치료, 14(1), 161-178.

오경화, 탁진국(2020). 그릿향상 그룹코칭 프로그램이 여대생의 진로준비행동 및 진로태도성숙 향상에 미치는 영향. 한국심리학회지: 코칭, 4(1), 21-46.

임정섭, 최영임, 김교헌(2013). 코칭 프로그램이 대학생들의 역기능적 진로사고와 진로성숙도 및 진로결정자기효능감에 미치는 영향. 한국심리학회지: 일반, 32(2), 429-451.

조성연, 문미란(2006). 성인대학생의 진로자기결정효능감 증진 프로그램 개발 및 효과. 한국심리학회지: 상담 및 심리치료, 18(4), 761-784.

한정아(2011). 독서치료를 활용한 진로프로그램이 여고생의 진로결정 자기효능감과 진로태도성숙에 미치는 효과. 한국심리학회지: 일반, 30(1), 205-225.

Bandura, A. (1977). Self-efficacy: Toward a unifying theory of behavioral change. *Psychological Review, 84*(2), 191-215.

Duckworth, A. L. (2016). *Grit: The power of passion and perseverance.* New York: Simon and Schuster.

Harrington, B., & Hall, D. T. (2007). *Career management & work-life integration: Using self-assessment to navigate contemporary careers.* Sage.

Kohen, J., Klehe, U. -C., & Van Vianen, A. E. M. (2012). Training career adaptability for facilitate a successful school to work transition. *Journal of*

Vocational Behavior, 81, 395-408.

Santilli, S., Nota, L., & Hartung, P. J. (2019). Efficacy of a group career construction intervention with early adolescent youth. *Journal of Vocational Behavior, 115,* 49-58.

Turnera, S. L., & Lapan, R. T. (2005) Evaluation of an intervention to increase non-traditional career interests and career-related self-efficacy among middle-school adolescents. *Journal of Vocational Behavior, 66,* 516-531.

Van der Host, A. C., Klehe, U. C., Brenninkmeijer, V., & Coolen, A. C. M. (2021). Facilitating a successful school-to-work transition: Comparing compact career-adaptation interventions. *Journal of Vocational Behavior, 128,* 103581.

직장인의 경력관리

직장인을 대상으로 커리어코칭을 진행할 경우 청소년 대상 때보다 고려해야 할 내용들이 많이 있다. 직장인이 피코치인 경우, 단순히 피코치에게 적합한 향후 커리어 목표를 설정하는 것 이외에도 경력관리 또는 경력개발 방법, 이직 여부 및 이직 시점, 은퇴 시기, 승진 가능성, 경력 변경 등의 다양한 이슈가 커리어코칭의 주제가 될 수 있다. 이 장에서는 먼저 경력관리의 필요성에 대해 설명하고 경력관리와 관련된 이슈들을 다루어 보고자 한다. 직장인을 위한 구체적인 커리어 프로그램 내용은 제9장부터 소개하고자 한다. 이 장의 앞부분에서 기술하는 경력관리, 경력개발 방향, 경력개발 관점에 관한 내용은 필자의 『코칭심리학』(2019) 제12장에서 기술한 내용을 일부 수정한 것이다.

1. 경력관리

개인의 경력관리란 개인이 자신의 경력목표를 정하고 이를 달성하기 위한 전략을 수립하고 실행하며 점검하는 문제해결 과정을 의미한다. 예를 들어, 입사 후 자신이 원하는 목표(예, 인사 임원)를 정하고 이를 달성하기 위해서 어떤 준비가 필요한지 구체적 전략을 세우고 이를 실행해 나가며 중간에 제대로 하고 있는지를 점검하는 과정을 포함한다(Greenhaus, Callanan, & Godshalk, 2000/2002). 21세기 들어서 조직은 과거보다 더 빠르게 변화하는 불확실한 환경에 접하게 되었다. 국내도 1990년대 말 IMF 이후 평생직장 시대가 끝나게 되면서 직장의 안정성이 보장되지 않게 되었고, 새로운 직무가 생겨나고, 특정 직무에서 요구하는 업무 내용도 빠르게 변화하고 있다. 특히 코로나19를 경험하면서 재택근무의 중요성이 강조되며, 업무 환경도 크게 변화되고 있다. 또한 국민연금의 고갈로 인해 직장인의 정년을 늘리는 논의도 활발하게 이루어지고 있다. 이러한 변화에 제대로 적응해 나가기 위해 직장인은 자신의 커리어 목표를 명확히 인식하고 이를 달성하는 데 필요한 역량이 무엇이고 이를 어떻게 개발할 것인지에 관한 계획을 수립할 필요가 있다. 이를 위해 먼저 21세기에 조직에서 나타난 경력과 관련된 변화를 살펴보고자 한다(Greenhaus et al., 2000/2002).

1) 경력과 관련된 환경 변화

(1) 평생직장에서 평생직업 시대로의 변화

해외에서는 21세기 들어서 '평생직장'이란 개념이 '평생직업'이라는 용어로 대치되고 있다. 더 이상 직장에서 평생고용을 책임지지 않는다는 의미이다. 국내에서도 IMF 이후 평생직장 개념이 점차 사라지고 있으며, 이제는 공무원과 공기업을 제외하고 일반 회사에 근무하는 직장인의 대부분은 현 조직이 자신을 평생 먹여 살릴 것이라는 인식을 하지 않게 되었다. 이에 따라 자발적 이직도 증가하고 있으며, 은퇴할 때까지 한 조직에서 근무하는 사람이 드문 것으로 나타나고 있다. 이러한 시대에 적응하기 위해 직장인은 평소 자신의 전문성과 역량을 쌓아 둘 필요가 있다.

(2) 기술의 변화

최근 4차 산업혁명 시대와 같은 빠른 기술변화에 따라 새로운 직업과 직무가 생겨나는 동시에 일부 직업은 사회에서 사라져 가고 있다. 새로운 직업과 사라져 가는 직업의 예에 대해서는 제2장에서 다루었다. 이에 따라 자신이 생각하고 있는 직업이나 커리어 목표가 향후 사라질 가능성이 있는지, 또한 미래에는 어떠한 직업과 직무가 등장하게 될지에 대해 예측하거나 정확한 정보를 얻는 것이 중요해졌다. 정확한 예측을 통해 어떠한 역량을 개발하는 것이 자신에게 도움이 될지 판단할 수 있을 것이다.

2. 경력개발 방향

경력개발 방향에 있어서도 한 분야에서 전문성을 쌓는 것보다 다양한 분야에서 전문성을 쌓는 것, 수직적인 승진보다 심리적 성공이 중요해졌다. 또한 조직보다도 개인 스스로가 주도적으로 자신의 경력을 관리해 나가게 되었고, 고용안정성보다는 고용가능성이 강조되고 있다(Greenhaus et al., 2000/2002).

1) 다능력 전문가

21세기 들어서 구성원들의 경력개발에 대한 방향은 다능력 전문가(multi-skilled specialist)를 강조하고 있다. 어느 한 분야에서만 전문성을 쌓는 것보다 다양한 분야에서 전문성을 쌓는 것이 중요하다는 의미이다. 현재 하고 있는 업무에 대한 만족도가 낮아서 동일 조직 내에서 수평이동 또는 다른 조직으로 이동하려는 경우, 여러 분야에서 전문성을 쌓은 사람이 구직 성공 가능성이 좀 더 높기 때문이다. 또한 다양한 분야에서 전문성을 축적할 경우 다양한 역량 간의 시너지 효과를 통해 특정 분야에서의 업무 수행을 증진시키는 데 도움이 될 수도 있다.

2) 심리적 성공감

21세기 들어서 과거 수직적으로 되어 있는 조직구조가 빠른 환경변화에 적응하고 의사결정 시간을 줄이기 위해 수평적 조직구조로 바뀌어 나가고 있다. 이에 따라 승진할 수 있는 직급의 수가 감소하여 과거와 같이 경력목표를 승진과 같은 수직이동으로 제한할 경우 목표 충족이 어려워질 수 있다. 따라서 수직적 승진보다는 현재 하고 있는 업무에서 만족감을 얻는 방향으로 커리어 목표를 수정하는 것도 방법이다. 업무에서 역량이 향상될 때, 목표 달성을 통한 성취감을 느낄 때, 새로운 방법으로 일을 처리할 때 등과 같이 승진이 되지 않아도 업무에서 심리적 만족감을 경험할 수 있는 노력이 중요해지고 있다(Mirvis & Hall, 1994).

3) 조직중심보다는 개인중심

경력개발 방향에서의 또 다른 변화는 조직보다는 개인이 중심이 되어 자신의 경력을 관리할 필요가 있다는 점이다. 이러한 추세와 관련해 프로틴 경력 태도(protean career; Hall, 2004)란 단어가 많이 등장하고 있다. 프로틴은 자신의 몸을 마음대로 바꾸는 그리스 신(Proteus)에서 유래한 것으로서 자신의 경력에 대해 자신이 책임을 지고 관리해 나갈 필요성을 강조하는 것이다.

〈표 8-1〉은 Harrington과 Hall(2007)이 전통적 경력과 프로틴 경력을 비교한 것이다. 변화의 주체에서 조직에서 구성원의 경력을 책임져 주지 않는 경향이 있기 때문에 프로틴 경력에서는 개인이 중심이 되어야 함을 강조한다. 즉, 스스로 자신의 경력목표를 설정하고 이를 달성하기 위한 체계적이고 장

단기적 계획을 수립한 후 주도적으로 실행해 나갈 필요가 있다.

핵심가치에서도 수직적 승진이 쉽지 않기 때문에 업무를 통해 자신의 역량을 향상시키고 이를 통해 성장해 나간다는 가치를 수용할 것을 강조하고 있다. 유사하게, 경력을 쌓아 나가는 과정에서 성공의 준거로서 직위가 높거나 급여가 많음도 중요하지만 이에 못지않게 업무를 통해 성취감과 성장을 인식할 수 있는 심리적 성공감이 중요함을 강조한다. 조직에 대한 태도에 있어서도 조직이 구성원의 경력을 책임져 주지 않기 때문에 조직에 대한 몰입보다도 자신의 업무에 더 몰입해서 전문성과 역량을 쌓는 것이 중요함을 강조한다.

〈표 8-1〉 전통적 경력과 프로틴 경력 간의 비교

주제	전통적 경력	프로틴 경력
변화의 주체	조직	개인
핵심 가치	출세	자유, 성장
유동성 수준	낮음	높음
성공의 준거	직위, 급여	심리적 성공
주요 태도	조직 몰입	직무만족, 직업 몰입

출처: Harrington & Hall (2007).

4) 고용가능성 중시

많은 조직에서 평생 고용을 보장하지 못하기 때문에 고용안정성보다는 구성원의 고용가능성이 중시되고 있다. 구성원 입장에서는 다양한 이유로 이직을 해야 하는 경우가 과거에 비해 더 많아지고 있다. 따라서 구성원들은 무엇보다 자신의 고용가능성을 높이는 것이 중요하며, 이를 위해 평소 자신의 역량향상을 위해 지속적으로 노력하는 자세와 행동이 중요하다. 조직 입장에서도 구성원의 평생 고용을 책임질 수 없다면 구성원의 타 조직에서의 고용가능성 증진을 위해 평소 이들의 역량 향상을 위해 노력을 기울일 필요가 있다.

5) 역량전이와 내적 업무가치 중시

Greenhaus 등(2000/2002)이 제시한 경력 방향의 변화 이외에 Sullivan, Carden과 Martin(1999)은 21세기에 적합한 새로운 경력개발 모형으로서 역량의 전이와 내적 업무가치의 두 가지 차원을 강조하였다. 이 내용은 탁진국(2015)에서도 기술되어 있으므로 참고하길 바란다.

먼저, 역량전이는 개인이 가지고 있는 지식, 기술 및 능력이 조직 내 다른 부서나 다른 조직으로 전이가 가능한지의 정도를 의미한다. 역량전이가 높을 경우, 한 부서나 조직에서만 적용 가능한 것이 아니라 다른 부서나 조직에서도 자신의 역량을 충분히 발휘할 수 있다는 의미이기 때문에 다른 부서나 조직으로의 이동이 용이하며, 그만큼 시장경쟁력이 높아지게 된다. 반면, 역량전이가 낮을 경우 특정 부서나 조직에서만 적합한 역량을 가지고 있기 때문에 다른 부서나 조직으로의 이동이 어렵게 된다.

다음으로, 내적 업무가치는 개인이 자신의 경력을 통해 성취하려는 비교적 안정적인 목표로 정의된다. 내적 업무가치가 높은 개인은 일을 통한 자기성취를 중시하고, 외적 보상보다 내적 보상인 직무만족, 자율성, 직무도전을 중시하며, 중요 업무 목표를 금전적 이익보다는 열정에 둔다. 반면, 내적 업무가치가 낮은 사람은 임금, 승진, 직급과 같은 외적 보상에 치중하며, 열정보다는 금전적 이익을 중시한다.

이 두 가지 경력차원을 토대로 경력유형을 구분하면 모두 네 가지가 가능하다. 첫 번째 유형은 역량전이와 내적 업무가치가 모두 낮은 유형으로서, 이는 전통적 경력 유형에 해당한다. 필자는 이를 '우물 안 개구리형'으로 명명하고자 한다. 이 유형은 외적 보상을 중요시하고, 시장경쟁력이 약하며, 자신의 회사에만 몰입이 강한 경력 지향성을 가진 사람을 의미한다. 이들은 특정 회사만을 위해서 일한다는 생각을 가지고 있는 사람들로서 외적 보상을 위해 전통적인 수직적 승진을 중요시하는 사람들이다. 아마도 한국 직장인 중에서 아직도 이 유형에 속하는 사람이 많을 것으로 생각되며, 특히 정리해고가 본격적으로 시작된 IMF 이전에 직장에 들어간 40대 이상의 사람들 중에서 이 유형에 속하는 사람들이 많을 것으로 판단된다. 이 유형에 속하는 사람들은 조직을 옮긴다는 것에 대해 생각해 본 적이 별로 없고, 오직 자신이 속한 조직에서 승진만을 위해 매진하는 경향이 강하다.

두 번째 유형은 내적 업무가치가 높고 역량의 전이는 낮은 경우로서, '한 우물만 파는 전문가형'으로 볼 수 있다. 이 유형에 속하는 사람들은 전통적 경력유형에 속하는 직장인과 같이 특정 부서나 조직 내에서만 필요한 해당 역량을 가지고 있으나, 이들과는 달리 자신의 전문성에 대한 정체감이 강하며, 외적 보상보다는 자기성취, 도전, 성장욕구와 같은 내적 보상을 중시한다. 이들은 특정 조직을 위해 일하는 전문가라는 자부심을 가지고 있다.

세 번째 유형은 내적 업무가치가 높고 역량의 전이도 높은 경우로서, '다재다능한 전문가형'으로 볼 수 있다. 이 유형에 속하는 사람들은 다른 조직으로 이동 가능한 역량을 가지고 있으며, 외적 보상보다는 자기 성취에 관심이 높다. 이들은 다른 회사에서도 충분히 발휘할 수 있는 역량을 갖추고 있기 때문에 변화하는 환경에도 잘 적응할 수 있다. 특히 변화하는 환경에 적합한 역량을 향상시키기 위해 부단히 노력한다. 이들은 특정 조직에 대한 정체성보다는 자신의 전문성에 대한 자부심이 강하다.

마지막 유형은 내적 업무가치가 낮고 역량의 전이는 높은 경우로서, '방랑자형'으로 볼 수 있다. 일반적으로 오랫동안 임시직으로 일하는 종업원들이 여기에 포함된다. 이들은 외적 보상에 관심이 많으며, 직무특성상 한 조직에 오래 있지 못하고, 자신의 기술을 발휘할 수 있는 여러 조직을 돌아다니게 된다.

네 가지 유형 가운데 어떤 유형이 가장 바람직하다고 하기는 어렵다. 각자 개인특성이 다르고 하고 있는 업무특성도 다르기 때문이다. 하지만 일반적으로는 승진 스트레스에서 벗어나고 변화되는 환경에 잘 적응하기 위해서는

'다재다능한 전문가형'이 바람직할 것이다.

경력개발과 관련된 커리어코칭 과정에서 커리어코치는 피코치가 네 가지 유형 가운데 어떤 유형에 속하는지 생각해 보도록 선제적 질문을 시도할 필요가 있다. 또한 평생직장 개념이 사라진 경쟁사회에서 어떤 유형이 바람직할지 판단해 보도록 유도한다. 피코치가 '우물 안 개구리형'에 속한다고 답하면, 다른 유형으로의 이동이 가능할지에 대해 생각해 보도록 한다. 현실적으로 이동 가능성이 높은 것은 두 번째 유형인 '한 우물만 파는 전문가형'이다. 내적 업무가치는 역량전이 차원에 비해 자신의 생각을 바꾸기만 하면 가능하기 때문이다. 승진과 같은 외적 보상보다는 자기만족이나 성취감과 같은 내적 보상에 더 비중을 두는 방향으로 자신의 생각을 바꾸는 것은 쉽지 않지만 그렇다고 불가능한 일은 아니다. 다음으로, 피코치가 자신의 역량전이를 높이기 위해 지속적으로 학습하기 위한 노력을 기울이도록 유도하는 것이 필요하다.

3. 경력개발 관점

1) 개인의 자세

현대 조직의 경력개발 방향에 있어서 구성원이 자신의 경력에 대해 스스로 책임감을 갖고 개발 또는 관리하는 프로틴 경력태도를 중시하는 방향으로 변화되고 있기 때문에 지속적 학습을 통해 기존의 역량을 강화하고 새로운 역량을 쌓는 노력을 기울일 필요가 있다. 또한 가능한 범위 내에서 다양한 업무경험을 통해 여러 분야에서 전문성을 쌓는 노력도 필요할 것이다. 빠르게 변화하는 환경에 적응하기 위해서는 융통성 있는 마인드를 갖는 노력도 필요하다. 예를 들어, 승진이 더 이상 힘들 것 같다고 판단될 경우 계속 승진에만 치중하지 말고 업무를 통해 심리적 만족감을 증진시키는 방법도 고려해 볼 필요가 있다.

2) 조직의 자세

조직의 입장에서는 구성원들이 다양한 역량을 향상시킬 수 있도록 도움을 줄 필요가 있다. 예를 들어, 구성원이 조직 내에서 다양한 프로젝트를 경험할 수 있는 기회를 제공하거나 직무순환을 활용하여 개인이 다양한 역량을 개발할 수 있는 기회를 마련할 수 있다. 또한 직무확충(job enrichment)을 통해 구성원이 심리적 만족감을 얻을 수 있도록 노력하는 것도 필요하다. 마지막으로, 구성원에 대한 평가 시스템을 정비하여 정확한 역량 평가와 피드백이 이루어질 수 있도록 노력하는 것도 도움이 될 수 있다.

3) 관리자의 자세

관리자로서는 무엇보다 코치의 역할이 중요하다. 코치의 주요 역할은 부하직원의 잠재력을 믿고 이들의 내면에 자리 잡고 있는 잠재력을 개발하여 역량을 향상시키도록 돕는 것이다. 무엇보다 인간의 잠재력에 대한 믿음이 중요하다.

이러한 마인드를 가지고 관리자는 구성원들과 정기적으로 일대일 면담을 통해 구성원이 원하는 경력은 무엇이고, 이러한 경력목표를 달성하기 위하여 어떤 노력을 하면 좋을지를 논의하고, 구성원이 구체적인 실행계획을 수립할 수 있도록 도와주는 자세가 필요하다.

4. 프로틴 경력태도

앞서 살펴보았듯이, 직장인의 경력관리 및 개발과 관련해 프로틴 경력태도의 중요성 때문에 이 절에서는 프로틴 경력태도에 관한 연구에 대해 좀 더 자세히 살펴보고자 한다.

1) 프로틴 경력태도의 결과

프로틴 경력태도는 조직장면에서 다양한 긍정적 결과변인과 유의하게 관련된 것으로 나타났다. 예를 들어, Rodrigues, Guest, Oliveira와 Alfes(2015)는 655쌍의 종업원과 상사 조합으로부터 자료를 얻어 분석하였다. 종업원의 프로틴 경력태도, 경력만족, 직무만족, 조직몰입 그리고 삶의 만족은 종업원 스스로의 자기평정을 통해 측정하였다. 종업원의 업무수행과 조직시민행동은 이들의 상사가 직접 평정하였다. 다중회귀분석 결과, 종업원의 프로틴 경력태도가 높을수록 이들의 경력만족, 직무만족 및 조직몰입이 높은 것으로 나타났으며, 더 나아가 삶의 만족도 유의하게 증진되는 것으로 나타났다. 하지만 이직의도와는 관련성이 매우 낮은 것으로 나타났다. 또한 태도변인뿐 아니라 행동변인인 업무수행 및 조직시민행동과도 정적으로 유의하게 관련된 것으로 나타났다. 즉, 종업원의 프로틴 경력태도가 높을수록 이들의 업무수행과 조직시민행동도 높아졌다.

프로틴 경력태도가 높다는 것은 조직이 아닌 구성원이 자기주도적으로 자신의 경력계획을 수립하고 관리해 나가는 것을 의미한다. 이러한 과정을 통해 자신이 원하는 경력을 추구해 나가는 가능성이 높기 때문에 자신의 경력이나 직무에 만족하게 되고, 이를 통해 조직의 성과 증진을 위해서 노력하게 된다. 또한 주도적으로 계획을 수립하고 실행하는 특성으로 인해 업무수행도 증진되는 것으로 해석할 수 있다.

이 연구결과의 시사점은 조직에서 구성원들의 프로틴 경력태도를 높이기 위한 노력이 필요하다는 점이다. 조직에서 인사담당자는 구성원들의 프로틴 경력태도 수준을 높이게 되면 자기주도적 경력관리 정도가 높아져서 오히려 조직을 떠날 수도 있다는 인식 때문에 프로틴 경력태도 수준을 증진시키는 데 큰 관심을 두지 않을 수 있다. 하지만 이러한 결과를 살펴보면, 구성원의 프로틴 경력태도는 이직의도와 거의 관련되지 않았으며, 다른 직무, 경력 및 조직 관련 변인들과는 정적으로 관련되었다. 이러한 결과는 조직에서 구성원들의 프로틴 경력태도를 높이기 위한 노력이 절실히 필요하다는 점을 시사한다.

이직과 관련해서 프로틴 경력태도와 관련해 논쟁이 되고 있는 내용 가운데 하나는 직장인의 프로틴 경력태도가 이직에 어떠한 영향을 주는지에 관한 것이다. 프로틴 경력태도가 높을수록 직장인이 자신에게 적합한 커리어를 찾아 떠나려고 하기 때문에 이직이 많아질 것으로 예측할 수 있다. 하지만 자신에게 맞는 커리어를 직장 내에서도 찾을 수 있기 때문에 프로틴 경력태도가 이직과 관련 없거나 부적으로 관련될 수도 있을 것이다.

Holtschlag, Masuda, Reiche와 Morales(2020)는 밀레니엄 세대에 해당하는 초기경력자 176명을 대상으로 프로틴 경력태도가 이직의도에 미치는 영향과 이 과정에서 목표달성의 매개효과와 조직의 경력관리의 조절효과를 검증하였다. 조사대상자는 스페인에서 직장을 다니는 직장인으로서 평균 연령은 31세였고, 27%가 여성이었으며, 평균 직장 근속연수는 7년이었다. 조사는 3차례에 걸쳐 진행되었다. 처음에 프로틴 경력태도와 조직의 경력관리 제도(문항 예, "나는 회사에서 경력개발에 도움이 되는 교육을 받고 있다.")를 측정하는 설문을 실시하였다. 조직의 경력관리는 사회교환이론을 토대로 조직에서 개인의 경력관리에 도움을 주는 제도를 실시하게 되면 이에 대한 대가로 개인은 이직을 하지 않을 것으로 가정하고 연구에 포함하였다. 조사 1 시점에서 3개월이 지난 후 조사 2 시점에서 조사대상자들이 향후 6개월 동안 달성하고 싶은 가장 중요한 업무목표 세 가지를 적도록 하였으며, 이 시점에서의 이직의도를 측정하였다. 다시 3개월이 지난 후 조사 3 시점에서 각 목표에 대한 업무목표 달성정도와 이직의도를 측정하였다.

분석 결과, 프로틴 경력태도는 목표달성과 유의하게 관련되었고, 목표달성은 이직의도와 부적으로 유의하게 관련되었다. 즉, 프로틴 경력태도가 높을수록 목표달성 정도가 높았으며, 목표달성이 증가할수록 이직의도는 낮게 나타났다. 하지만 프로틴 경력태도는 이직의도와 직접적으로 관련되지 않았다. 이는 프로틴 경력태도가 목표달성을 통해 이직의도에 영향을 주고 있음을 보여 준다. 조직의 경력관리는 프로틴 경력태도와 목표달성 간의 관계를 조절하지는 못했지만, 목표달성과 이직의도 간의 관계를 조절하는 것으로 나타났다. 추가 분석 결과, 조직의 경력관리 수준이 낮을 경우 목표달성과 이직의도 간의 부적 관계가 더 강하게 나타났다.

이러한 결과는 밀레니엄 세대의 이직을 감소시키기 위해서 조직은 개인이 중요시하는 업무목표를 설정하도록 노력할 필요가 있음을 시사한다. 관리자들이 하향식(top down)으로 구성원들의 업무목표를 정할 것이 아니라 구성원과의 일대일 코칭을 통해 구성원의 욕구와 비전을 파악하고 이와 연동된 업무목표를 세울 수 있도록 관리자에 대한 교육이 필요하다. 또한 구성원들을 대상으로 자신의 삶의 목표와 조직에서의 업무목표가 무엇인지 성찰해 보고 이를 도출할 수 있는 워크숍이나 교육 등을 실시하는 것도 구성원의 이직을 줄이는 데 도움이 될 수 있을 것이다. 추가적으로, 프로틴 경력태도와 목표달성 간의 정적 관계를 고려하여 밀레니엄 세대의 프로틴 경력태도 수준을 높이기 위한 워크숍도 필요하다.

국내 연구에서 황애영과 탁진국(2011)은 프로틴 경력태도가 높은 사람은 자신의 경력을 중요하게 생각하고 주도적으로 경력계획을 수립하고 실행해 나가기 때문에 자신이 지금까지 조직에서 쌓아 온 경력에 대한 만족도가 높을 것으로 가정하고, 직장인 204명으로부터 자료를 모아 분석하였다. 분석 결과, 프로틴 경력태도는 자신이 주관적으로 평정한 주관적 경력성공에 유의한 정적인 영향을 미쳤다. 또한 이 과정에서 조직이 구성원들의 경력지원을 위한 다양한 서비스(예, 교육 등)를 제공할 경우 프로틴 경력태도가 주관적 경력성공에 미치는 정적 영향은 더 강하게 나타났다. 즉, 조직의 경력지원이 프로틴 경력태도와 주관적 경력성공 간의 관계에서 조절변인의 역할을 하는 것으로 나타났다.

최안나와 탁진국(2021)은 3년 이상 직장 경험을 가진 직장인 250명을 대상으로 프로틴 경력태도가 경력적응성에 미치는 영향을 분석하였다. 프로틴 경력태도가 높을수록 자기주도적으로 자신의 경력을 관리해 나갈 수 있기 때문에 지속적으로 변화하는 노동환경에 잘 대처해 나갈 것이라고 가정하였다. 분석 결과, 프로틴 경력태도는 경력적응성에 유의하게 긍정적인 영향을 미치는 것으로 나타났다.

또한 최안나와 탁진국(2023)은 3년 이상 직장 경력을 가진 1,000명의 직장인을 대상으로 프로틴 경력태도를 측정하고, 2개월 후 이들의 적응수행을 측정하였는데, 2개월 후 설문응답자는 500명으로 줄어들었다. 분석 결과, 프로틴 경력태도는 적응수행에 긍정적 영향을 미치는 것으로 나타났다.

한편, 프로틴 경력태도를 직장인이 아닌 일반인을 대상으로 한 연구도 실행된 경우도 있으며, 직장인을 대상으로 하는 경우에 직무만족이나 직무수행과 같은 조직 내 변인뿐 아니라 창업의도와 같은 조직 외 변인을 포함시킨 연구도 진행되었다.

Cortellazzo, Bonesso, Gerli와 Batista-Foguet(2020)은 120명의 대학원생을 대상으로 프로틴 경력태도 결과 변인으로 종단적 연구를 통해 프로틴 경력태도 측정 후 3년이 지난 시점에서의 고용가능성을 측정하였다. 고용가능성은 주관적 가능성과 객관적 가능성으로 구분하여 측정하였다. 주관적 고용가능성은 자신이 취업 가능하다고 인식하는 정도로 측정하였으며, 객관적 고용가능성은 3년 동안 조사대상자들이 회사에 합격하여 취업 제안을 받은 횟수로 측정하였다. 분석 결과, 프로틴 경력태도 수준이 높을수록 주관적 고용가능성과 객관적 고용가능성 모두 증진된 것으로 나타났다. 프로틴 경력태도가 높은 학생들은 자신의 미래 경력에 대해 주도적으로 관리해 나가려는 성향이 강하기 때문에 지속적으로 취업을 위해 노력하는 정도가 높을 것으로 기대할 수 있으며, 따라서 고용가능성이 높아진 것으로 해석할 수 있다.

고윤승과 탁진국(2019)은 사이버대학에 재학 중인 성인학습자 316명을 대상으로 프로틴 경력태도가 창업의도에 미치는 영향을 분석하였다. 이들은 모두 정규직(71.8%) 또는 계약직(28.2%)으로 직장에 다니고 있었으며, 40세 미만이 42.4%였고 40세 이상은 57.6%였다. 분석 결과, 프로틴 경력태도가 높은 사람은 창업의도도 강한 것으로 나타났다. 즉, 프로틴 경력태도가 높은 사람은 자신의 직장 내에서 경력을 관리해 나가는 것뿐 아니라 조직을 떠나 창업과 같은 새로운 경력도 추구하려는 의도가 높은 것으로 나타났다.

2) 프로틴 경력태도의 선행변인

Cortellazzo, Bonesso, Gerli와 Batista-Foguet(2020)은 최근에 직장인이 아닌 이탈리아에서 대학을 다니는 대학원생들을 대상으로 프로틴 경력태도의 선행변인과 결과변인을 분석하였다. 선행변인으로는 행동역량에 초점을 두고 일차적으로 8개의 역량을 도출한 후 이를 세 가지 역량범주로 구분하였다. 첫 번째 범주는 프로틴 경력태도 역량으로 명명하였으며, 이 범주에는 자기인식과 적응성 역량이 포함되었다. 자기인식은 자신의 흥미, 특성, 가치, 정서 등을 인식하는 능력을 의미하며, 이들의 연구에서 사용된 문항의 예로는 '자신의 감정을 인식한다.' 등이 있다. 적응성 역량은 지속적인 변화가 일어나고 있는 외부환경에 적절하게 적응하는 역량을 측정하며, 문항의 예로는 '빠른 변화에 적응한다.'가 있다.

두 번째 역량범주는 학습목표와 낙관성 역량으로서 이 범주에는 성과향상을 위해 도전적인 목표를 수립하는 역량을 측정하는 성취지향역량과 실패를 위험으로 보지 않고 오히려 기회로 보는 역량을 의미하는 긍정적 전망을 포함하였다. 성취지향역량의 문항으로는 '측정 가능하고 도전적인 목표를 수립한다.'가 있고, 긍정적 전망 문항의 예로는 '위험으로 받아들이기보다는 기회로 본다.' 등이 있다.

마지막 역량범주는 환경이해와 영향(understand and influence environment) 역량으로서 조직인식(organizational awareness), 영향(influence), 영감적 리더십(inspirational leadership), 변화촉진(change catalyst) 등이 있다. 조직인식은 조직 내에서 네트워크를 형성하고 조직 내 정치상황과 문화를 인식하는 능력을 측정하며, 문항의 예로는 '팀 또는 조직의 가치와 문화를 이해한다.'가 있다. 영향은 구성원을 설득하여 지지를 얻고 네트워크를 형성하는 역량을 의미하며, '구성원을 토론에 참여시켜 설득한다.'와 같은 문항으로 측정하였다. 영감적 리더십은 구성원에게 비전을 제시하여 자부심을 증진시키고 영감을 주어 이끌어 가는 역량을 의미하며, '긍정적인 분위기를 만들어 구성원을 이끌어 간다.'와 같은 문항이 포함되어 있다. 마지막으로, 변화촉진은 변화가 필요한 때를 인식하고 변화를 주도하는 역량을 의미한다. 이 변인은 '변화를 방해하는 장애물을 제거한다.'와 같은 문항을 포함한다.

구조방정식모형을 통한 분석 결과, 세 가지 역량범주는 모두 프로틴 경력태도와 정적으로 유의하게 관련되었다. 즉, 프로틴 경력태도 역량, 학습목표와 낙관성 역량, 그리고 환경이해와 영향 역량 수준이 높을수록 프로틴 경력태도도 증진되는 것으로 나타났다.

국내에서 고윤승과 탁진국(2019)은 사이버대학교에 재직 중인 성인학습자 316명을 대상으로 성격 5요인특성 가운데 개방성과 외향성이 프로틴 경력태도에 미치는 영향을 분석하였다. 분석 결과, 개방성과 외향성이 높을수록 프로틴 경력태도도 강하게 나타났다. 즉, 새로운 것을 지속적으로 학습하고 시도하려는 성격일수록 자기주도적으로 경력을 관리하고 계획을 수립하는 태도가 강한 것으로 나타났다. 또한 일을 할 때 활력이 넘치는 사람일수록 자신의 경력을 주도적으로 관리해 나가는 성향이 강하게 나타났다.

황애영과 탁진국(2011)은 주도성이 프로틴 경력태도에 긍정적 영향을 미칠 것으로 가정하고, 직장인 204명을 대상으로 설문을 실시하였다. 분석 결과, 주도성이 높을수록 자기주도적으로 경력계획을 수립하고 관리해 나가는 프로틴 경력태도가 높게 나타났다. 이러한 결과는 직장인 250명을 대상으로 실시한 최안나와 탁진국(2021)의 연구에서도 입증되었다.

또한 최안나와 탁진국(2023)은 프로틴 경력태도를 증진시키기 위한 선행변인으로 개인특성과 조직특성 변인을 선정하여 효과를 검증하였다. 개인특성 변인으로는 유연성과 강점활용을 선택하였으며, 조직특성으로는 직무자율성과 성장기회를 선정하였다. 3년 이상 직장 경력을 가진 1,000명의 직장인을 대상으로 1차 설문을 실시하였으며, 프로틴 경력태도가 매개변인으로 적응수행에 미치는 영향을 알아보기 위하여 2개월 후 2차 설문조사를 진행하였다. 2차 설문에서 조사대상자는 500명으로 줄었으며, 이들을 대상으로 분석을 실시하였다.

개인특성으로 유연성이 높을수록 새로운 기회에 긍정적으로 반응하고 변화에 대한 적응성이 높기 때문에 자기주도적으로 경력을 관리해 나가는 프로틴 경력태도에 긍정적 영향을 미칠 것으로 가정하였다. 또한 자신의 강점을 파악하고 이를 활용함으로써 자기효능감이 높아져서 스스로 문제해결을 잘해 나가게 되어 자기주도적으로 경력을 탐색하고 관리하는 태도도 높아질 것으로 가정하였다.

환경특성과 관련해서는 조직에서 자신의 업무를 자율적으로 처리해 나갈 수 있는 권한이 더 많이 부여될수록 새로운 업무시도를 할 가능성이 높아지고, 이로 인해 자신의 경력을 주도적으로 탐색할 가능성이 높아질 것으로 가정하였다. 또한 조직에서 구성원의 성장을 위해 역량향상 등 다양한 지원을 제공할수록 자신의 경력에 더 큰 관심을 갖게 되고 주도적으로 자신의 경력을 탐색하는 태도가 증진될 것으로 가정하였다.

분석 결과, 개인특성인 유연성과 강점활용 모두 프로틴 경력태도를 유의하게 증진시키는 것으로 나타났으며, 환경특성에서는 직무자율성만 프로틴 경력태도에 유의한 영향을 미치는 것으로 나타났다. 또한 이러한 선행변인들은 프로틴 경력태도를 매개로 하여 적응수행에 영향을 주는 것으로 나타났다.

5. 경력변경

어렵게 회사에 들어갔지만 다양한 이유로 인해 회사를 그만두는 사람들이 늘어나고 있다. 잡코리아(2019. 5. 29.)가 직장인 1,322명을 대상으로 이직 경험에 관한 설문조사를 실시한 결과, 이들은 첫 취업 이후 10년간 평균 4차례 이직한 것으로 나타났는데, 이 수치는 2010년 조사 때의 평균 2.9차례보다 크게 늘어난 것이며, 특히 직장 생활을 시작한 이후 응답자의 84.6%가 이직 경험이 있다고 답변하였다. 이러한 이직자 중에서는 기존의 직업과 동일하거나 유사한 업무나 직업으로 옮기는 사람도 있지만, 전혀 다른 업무나 직업으로 옮기는 사람도 있다. 하지만 국내에서는 이를 명확하게 구분하여 조사한 연구가 거의 없는 실정이다. 일반 이직에 관해 설명하는 책들이 많이 있기 때문에 여기에서는 이직하면서 직업 또는 경력을 변경하는 사람들에 관한 연구에 대해 간단히 살펴보고자 한다.

경력변경에 관한 관련 연구들을 살펴보면, 먼저 용어의 일관성이 부족한 것으로 나타나고 있다. 연구에 따라서 명확한 정의나 설명 없이 일부 연구는 경력변경(career change; 예, Carless & Arnup, 2011)이란 용어를 사용하며 다른 연구는 경력전환(career transition; 예, Chudzikowski, 2012)이란 용어를 사용하고 있다. 필자는 경력변경이란 용어가 이해하기가 쉬운 것 같아 경력변경을 사용하고자 한다. 경력변경은 현재의 직업에서 다른 직업이나 분야로 변경하는 것을 의미하는데, 변경의 의미는 기존 직업에서의 업무스킬이나 업무책임을 거의 활용하기 힘들어서 새로운 훈련을 받을 필요가 있는 것을 뜻한다(Carless & Arnup, 2011).

경력변경에 관한 연구는 자료를 모으는 과정에서의 어려움 때문인지 양적연구보다는 소수의 경력변경자를 대상으로 하는 질적연구가 상대적으로 더 많은 편이다. 질적연구는 연구특성상 특정 직업종사자를 대상으로 실시하기 때문에 여기서는 일반 직장인을 대상으로 실시한 경력변경에 관한 양적연구를 소개하고자 한다. Carless와 Arnup(2011)은 호주 정부에서 일반 직장인을 대상으로 매년 실시하는 종단적 자료를 분석하여 어떤 변인들이 경력변경에 영향을 주며, 경력변경으로 인해 나타나는 결과는 무엇인지를 파악하였다.

분석 결과, 개방성, 외향성, 성실성, 자기효능감 등의 개인특성 변인 중에서는 개방성과 외향성이 경력변경자와 변경하지 않고 동일한 직업을 유지하는 경력유지자를 유의하게 구분하였다. 즉, 개방적일수록 위험을 감수하고 도전하려 하며, 외향적일수록 네트워크 형성 범위가 넓고 에너지 수준이 높아서 경력변경을 할 가능성이 높은 것으로 나타났다. 연령, 성별, 결혼여부, 그리고 자녀의 수 등의 인구통계적 변인 중에서는 연령과 성별이 유의하였으며, 연령이 적고 남성일수록 경력변경을 더 많이 하는 것으로 나타났다. 연구자들은 이러한 결과를 나이가 어릴수록 현 조직에 투자한 시간이나 에너지가 적고 업무환경에 더 잘 적응할 수 있으며, 남성일수록 업무환경에 대한 적응도가 높아서 나타난 결과로 해석하였다. 이 밖에도 교육수준과 근속연수가 유의하였는데, 교육수준이 높고 근속연수가 짧을수록 경력변경을 할 가능성이 높게 나타났다. 이러한 결과는 교육수준이 높을수록 업무관련 기술 수준이 높아서 새로운 기술을 학습할 수 있는 역량이 우수하기 때문에 나타난 것으로 해석할 수 있다.

직무 및 조직관련 변인 중에서는 이직의도, 구직활동, 고용안정이 유의하게 나타나서 이직의도가 높고 구직활동을 많이 하며 고용불안이 높을수록 경력변경을 많이 하는 것으로 나타났다. 하지만 직무불만족은 유의하게 나타나지 않았다. 한편, 경력을 변경한 사람들은 1년 후 조사에서 직무만족, 고용안정 및 임금이 유의하게 높아졌으며, 근무시간과 이직의도는 유의하게 낮아진 것으로 나타났다.

Chudzikowski(2012)는 오스트리아의 직장인을 대상으로 1990년대에 경영대학 졸업생과 1970년대에 졸업한 집단의 입사 후 첫 15년 동안의 경력과정을 비교하였으며, 단순히 직장을 옮긴 경력전환(career transition)뿐 아니라 동일 직장에 있으면서 다른 부서로 옮기는 수평전환, 승진이나 강등과 같은 수직전환 등도 동시에 분석하였다. 분석 결과, 1990년대 졸업생들의 수평, 수직, 조직변경 등 전체 경력전환 횟수는 3회였으며, 1970년대 졸업생은 2.3회로 나타나 1990년대 졸업생의 경력전환이 더 많은 것으로 나타났다. 세부적 분석 결과에서 조직이동을 통한 경력전환과 조직 내 수평전환은 1990년대 졸업생 집단에서 유의하게 더 빈번한 것으로 나타났으며, 수직전환에서는 두 집단 간 유의한 차이가 없었다.

경력전환이 경력성공에 어떠한 영향을 주는지를 알아보기 위한 추후 분석에서 조직이동을 통한 경력전환과 조직 내 전환 집단 간 임금상승률에서는 유의한 차이가 나타나지 않았다. 조직이동에 따른 경력전환 집단만을 분석했을 때 1990년대 졸업생 집단과 1970년대 졸업생 집단 간 임금인상률에서도 유의한 차이는 없었다. 하지만 수평전환을 한 집단과 그렇지 않은 집단 간에는 임금인상률에서 유의한 차이가 있었으며, 수평전환 집단에서 더 높게 나타났다. 이러한 연구결과는 타 조직으로의 이동만이 임금인상을 가져오는 것은 아니며, 동일 조직 내에서도 수평전환을 통해 자신의 임금을 높일 수 있다는 점을 시사한다.

이러한 연구결과에서 보듯이, 수직적인 경력전환을 하게 되면 무엇보다 연봉이 높아진다는 장점이 있다. 하지만 이로 인해 나타나는 어려움도 있을 수 있다. Rigotti, Korek와 Otto(2014)는 동일 직장 내에서 수직적인 경력전환

(career transition)이 이루어진 조직구성원을 대상으로 경력전환으로 인해 나타나는 이익과 손실이 무엇인지를 분석하였다. 독일의 11개 대기업에 근무하는 직장인 1,544명을 대상으로 1차 설문에서 이들의 경력만족과 스트레스 수준을 측정하였고, 1년 후 2차 설문에서 동일한 설문지와 수직적 경력전환을 측정하는 설문을 실시하였다. 수직적 경력전환의 정도는 직위변화, 리더로서의 책임증가, 직무내용 증가, 예산증가, 연봉상승 등의 5개 문항에 대해 응답자가 '예'라고 답한 개수로 측정하였다. 1년 후 2차 설문에 응답한 사람은 581명이었으며, 이 가운데 108명(18.6%)만이 5개의 수직적 경력전환 질문 가운데 적어도 한 개 이상에 '예'라고 답하였다. 또한 종속변인으로는 경력만족과 스트레스를 1차와 2차 설문 모두에서 측정하였다.

분석 결과, 수직적 경력전환을 경험한 구성원들은 경력만족도가 유의하게 증가한 긍정적 결과가 나타났지만, 반면에 부정적 결과로서 스트레스도 유의하게 많아진 것으로 나타났다. 매개변인에 관한 추가 분석에서 먼저 긍정적 결과 측면에서는 수직적 경력전환을 경험한 경우 개인이 자신이 하는 일에 대한 부합도(개인-직무 부합)가 높아져서 경력만족도가 증가하는 것으로 나타났다. 부정적 결과와 관련해서는 수직적 경력전환이 이루어진 경우 시간압박이 많아지고 일과 가정 간의 갈등이 증가됨으로써 스트레스가 높아지는 것으로 나타났다. 이러한 결과는 조직 내에서 승진, 즉 수직적 경력전환이 개인에게 긍정적 효과를 가져오기도 하지만 부정적 결과를 초래할 수도 있다는 점을 보여 주는 것으로서, 승진만을 경력목표로 삼는 직장인은 자신의 목표에 대해 다시 한번 성찰해 볼 필요가 있음을 시사한다.

경력변경에 관한 국내 연구는 매우 드문 실정인데, 최근 조지연과 탁진국(2020)은 기존 이직 연구에서 이직 시 직업을 변경했는지 아니면 동일한 직업으로 이직한 것인지를 구분하지 않는 경우가 대부분이라는 점에 주목하였다. 조지연과 탁진국(2020)은 이직 시 직업을 변경한 집단, 변경하지 않고 동일 또는 유사직업으로 이직한 집단, 이직을 하지 않은 집단 등 세 집단을 대상으로 이 집단들의 성격특성과 경력관련태도에서 차이가 있는지를 분석하였다. 분석 결과, 직업변경집단과 동일직업집단 간에서는 외향성, 위험감수성, 프로틴 경력태도에서 유의한 차이가 나타났다. 직업을 변경한 집단에게서 외향성, 위험감수성, 프로틴 경력태도가 모두 높게 나타났다. 또한 직업변경집단과 이직을 하지 않은 집단에서는 세 변인 이외에 추가로 개방성, 성장욕구, 직업정체성에서 유의한 차이가 있었으며, 모두 직업변경집단에서의 점수가 더 높았다. 이러한 결과는 직업을 변경하면서 이직하는 사람은 그렇지 않은 사람들보다 더 외향적이고, 이직에 따른 위험을 감수하려는 성향이 높으며, 자기주도적으로 경력을 관리하는 성향이 더 높음을 시사한다.

이러한 결과는 개인의 경력변경에 대한 인식이 과거와 많이 다르다는 것을 의미하며, 단순히 이직을 통한 경력변경의 증가뿐 아니라 조직 내 수평이동을 통한 경력변경도 증가하고 있음을 보여 준다. 또한 이러한 경력변경에는 개인의 성격특성뿐 아니라 직무 또는 경력에 대한 태도 등도 영향을 준다는 것을 알 수 있다. 경력을 변경하는 개인은 변화를 수용하는 성향이 높고 외향적이고 변화에 따른 위험을 감수하려 하며, 또한 자기주도적으로 자신의 경력을 관리해 나가려는 태도가 높은 것으로 나타났다. 하지만 경력변경에 관한 양적 연구가 많지 않기 때문에 이러한 일부 연구결과를 일반화하는 데는 제한점이 있다. 향후 이직연구에서는 이직자들을 동일 또는 유사 직무 및 직업으로의 이동인지 아니면 다른 직무 및 직업으로의 이동인지를 명확하게 구분하여 분석함으로써 경력변경에 관한 양적연구가 증진될 필요가 있다.

6. 커리어코칭 시사점

지금까지 프로틴 경력태도의 긍정적 효과에 대한 연구결과를 살펴보았다. 프로틴 경력태도는 직장인의 직무 및 조직관련 태도변인을 증진시키고 업무

수행과 조직시민행동 등의 행동변인도 증대시키는 것으로 나타났다. 이직의
도와는 직접적인 관련이 없는 것으로 나타났다. 또한 대학생들의 졸업 후 고
용가능성을 증진시키는 등 비직장인에게도 프로틴 경력태도가 긍정적 역할
을 하는 것으로 나타났다.

따라서 커리어코칭 시 피코치의 코칭 이슈와 상관없이 초기 회기에서 피코
치의 프로틴 경력태도 수준을 살펴보는 것이 커리어코칭을 진행해 나가는 데
도움이 될 수 있다. 피코치의 프로틴 경력태도 수준이 낮게 되면 피코치가 원
하는 코칭 이슈를 다루기 전에 프로틴 경력태도 수준을 높이는 코칭을 진행
하는 것이 피코치의 향후 커리어관리에 도움이 될 수 있다. 프로틴 경력태도
지향이 높은 사람은 자신의 경력을 주도적으로 계획하고 관리하려는 성향이
높기 때문에 적극적으로 자신에게 적합한 커리어를 찾고 커리어 목표를 수립
하며 이를 실행해 나가려는 의지가 강하다. 따라서 피코치의 프로틴 경력태
도 수준을 증진시키는 것은 피코치가 코칭이 끝난 후에도 지속적이고 적극적
으로 자신의 커리어를 관리해 나가는 데 도움을 줄 수 있을 것이다.

코칭을 통해 피코치의 프로틴 경력태도를 높이기 위해서는 프로틴 경력태
도 척도를 실시하고 각 문항에서의 점수를 살펴본 후, 피코치가 낮은 점수를
얻은 문항에 집중해서 해당 문항에서의 점수를 어떻게 증진시킬 것인지에 관
한 방법을 찾는 것이 중요하다. 예를 들어, 프로틴 경력태도 척도 문항 가운
데 하나인 '전반적으로 나는 매우 독립적이고 자기주도적으로 경력을 추구한
다.'에서 낮은 점수를 받았다면, 독립적이고 자기주도적으로 경력을 추구하
기 위해서는 어떠한 방법이 가능한지를 피코치에게 물어본다. '미래의 경력
목표에 대해 생각해 보고 구체적인 실행방법을 도출한다.' 등과 같은 방법이
도출될 수 있을 것이다. 물론 이 과정에서 코치는 피코치에게 프로틴 경력태
도의 내용과 긍정적 효과에 대해 간단하게 설명해 주고, 피코치로부터 프로
틴 경력태도 증진을 위한 코칭에 동의를 얻어야 한다.

한편, Cortellazzo 등(2020)의 연구결과를 코칭에 응용해 보면, 커리어코칭

과정에서 피코치가 대학생인 경우 이들의 프로틴 경력태도를 높이기 위해 커리어코치는 피코치의 행동역량 수준을 증진시키는 노력이 필요하다. 이를 위해 피코치의 흥미, 역량, 정서 및 가치 등 피코치가 자신의 다양한 특성에 대해 정확하게 인식하고 있는지 점검하는 것이 중요하다. 필요한 경우 피코치에게 관련 심리검사를 실시하여 이를 확인할 수 있다. 새로운 환경에 빠르게 적응할 수 있는 적응성도 프로틴 경력태도를 증진시키는 데 중요하기 때문에 피코치의 적응성 수준을 점검하고 이를 증진시키기 위한 노력이 필요하다. 목표수립 시 좀 더 도전적인 목표를 수립하도록 지지하고, 실패했다 하더라도 좌절하지 않고 오히려 이를 기회로 삼는 관점의 변화를 시도하는 역량을 증진시키기 위한 코칭도 도움이 될 수 있다. 마지막으로, 코칭을 통해 피코치가 자신이 속한 조직의 가치와 문화를 이해하고 사람들을 설득하여 영향을 미치고 비전을 제시할 수 있는 능력을 키우며, 지속적으로 변화를 추진하는 역량을 향상시키는 노력이 필요하다.

경력변경과 관련된 내용으로 피코치와 커리어코칭을 진행할 경우, 커리어코치는 피코치가 경력변경 또는 이직을 원하는 과정에서 먼저 현재 자신이 하고 있는 업무에 대해 어떤 점이 좋고 어떤 점이 싫은지 차분하게 성찰해 보도록 질문할 필요가 있다. 이러한 분석 없이 업무 가운데 일부분이 만족스럽지 못할 경우 업무 전체로 확대 해석하여 경력변경 또는 이직하려는 마음을 먹는 사람들이 있기 때문이다. 예를 들어, 영업사원일 경우 사람들을 만나서 얘기하는 것은 좋은데, 판매실적에 대한 압박으로 인한 스트레스가 너무 심한 점이 싫을 수 있다. 이러한 경우 경력변경이나 이직을 한다 하더라도 사람들과 자주 만나 얘기하는 강점을 살릴 수 있는 직무나 직업을 선택하는 것이 바람직하다. 또한 현 조직에서 타 부서로의 이동을 통해 자신의 강점을 살리고 스트레스 요인을 줄일 수 있는 직무가 있는지 확인할 필요가 있다. 즉, 커리어코치는 피코치가 현 업무의 좋은 점과 싫은 점에 대한 목록을 만들어 정리하도록 권유할 필요가 있다.

다음으로, 피코치가 정말로 원하는 직무·직업 또는 분야가 무엇인지 곰곰이 생각해 보도록 질문한다. 정말로 열정을 바쳐서 일하고 싶다거나 그 일을 하면 신이 나는 분야가 무엇인지 생각해 보도록 한다. 이 과정에서 어려움을 겪는 사람들이 많이 있다. 아무리 생각해도 자신이 몰입해서 할 수 있는 일이 무엇인지 생각해 내기가 어려울 수 있다. 이러한 상황에서 한 가지 방법은 피코치가 기억하는 범위 내에서 어렸을 때부터 지금까지의 다양한 경험 중 즐거웠던 일을 떠올리는 것이다. 학교에서 특정 과목을 들었을 때 즐거웠던 기억도 가능하고, 재미있었던 취미활동이나 아르바이트 활동이 될 수도 있다. 이를 토대로 즐거웠던 경험을 기술한 뒤 이 내용을 토대로 자신이 하고 싶은 일을 유추해 낼 수도 있다. 또는, 제5장에서 기술했듯이 자신에게 적합한 직업정보를 제공해 주는 다양한 심리검사를 해 보는 것도 방법이다.

또한 자신에게 적합하다고 생각되는 일이나 직업을 도출한 경우 현재 일과 비교해 전이될 수 있는 역량이나 스킬이 무엇이고 어느 정도인지를 판단해 보는 것이 중요하다. 아무래도 현재 하고 있는 업무와 성격이 너무 달라서 완전히 새로운 역량이 필요한 일이라면 일단 경력변경 또는 이직하기도 힘들 뿐 아니라 성공한다 하더라도 적응하기가 쉽지 않기 때문이다. 물론 새로운 일에 대한 열정이 워낙 강하다면 도전해 볼 수 있을 것이다. 하지만 가능하다면 현재의 업무에서 쌓은 역량을 어느 정도 활용할 수 있는 분야로의 경력변경 또는 이직이 도움이 될 것이다.

마지막으로, 이러한 정보를 토대로 피코치가 평생 경력 라인을 그려 보도록 한다. 종이 위에 선을 하나 그리고 여기에 향후 5년, 10년, 20년 시점에 체크해 놓고 각 시점에서 자신의 모습을 생각해 보며 이를 적거나 그 모습을 그려 보는 것이다. 이를 통해 피코치는 자신의 미래 경력목표를 좀 더 분명히 할 수 있고 이에 따라 장단기적인 경력개발계획을 수립할 수 있다.

[참고문헌]

고윤승, 탁진국(2019). 개방성, 외향성이 창업의도에 미치는 영향에서 프로틴 경력태도 매개효과. 한국과학예술융합학회. 37(5), 1-14.

잡코리아(2019. 5. 29.). 10년차 직장인 이직횟수 '평균 4회'.

조지연, 탁진국(2021). 경력 추구 차이에 따른 집단 간 심리, 직무 및 경력 특성 비교: 직업변경 이직자, 동일 직업 이직자, 비이직자를 중심으로. 한국심리학회지: 산업 및 조직, 34(4), 563-599.

최안나, 탁진국(2021). 직장인의 주도성이 경력적응성에 미치는 영향에서 프로틴 경력태도의 매개효과와 자기주도학습능력의 조절효과. 지역과 세계. 45(3), 219-248.

최안나, 탁진국(2023). 개인 및 조직특성과 적응수행간의 관계에서 프로틴 경력태도의 매개효과에 관한 연구. 한국심리학회지: 산업 및 조직. 36(1), 1-38.

탁진국(2015). 워커코드. 서울: 에프케이아이미디어.

황애영, 탁진국(2011). 주도성이 주관적 경력성공에 미치는 영향: 프로틴(protean) 경력지향을 매개변인으로. 한국심리학회지: 산업 및 조직. 24(2), 409-428.

Carless, S. A., & Arnup, J. L. (2011). A longitudinal study of the determinants and outcomes of career change. *Journal of Vocational Behavior, 78*(1), 80-91.

Chudzikowski, K. (2012). Career transitions and career success in the 'new' career era. *Journal of Vocational Behavior, 81*, 298-306.

Cortellazzo, L., Bonesso, S., Gerli, F., & Batista-Foguet, J. M. (2020). Protean career orientation: Behavioral antecedents and employability outcomes. *Journal of Vocational Behavior, 116*, 103343.

Greenhaus, J. H., Callanan, G. A., & Godshalk, V. M. (2002). 경력개발 및 관리. 탁진국 역. 서울: 학지사. (원저는 2000년에 출판).

Holtschlag, C., Masuda, A. D., Reiche, B. S., & Morales, C. (2020). Why do millennials stay in their jobs? The roles of protean career orientation, goal progress and organizational career management. *Journal of Vocational Behavior, 118*, 103366.

Rigotti, T., Korek, S., & Otto, K. (2014). Gains and losses related to career transitions within organizations. *Journal of Vocational Behavior, 84*, 177-187.

Rodrigues, R., Guest, D., Oliveira, T., & Alfes, K. (2015). Who benefits from independent careers? Employees, organizations, or both?. *Journal of Vocational Behavior, 91*, 23-34.

Sullivan, S. E., Carden, W. A., & Martin, D. F. (1999). Careers in the next millennium: directions for future research. *Human Resources Management Review, 82*(2), 165-185.

경력 초기 및 중기 대상 커리어 기법

제7장에서 아직 조직에 입사하지 않은 청소년을 대상으로 하는 커리어 프로그램 내용 소개 및 효과에 대해 기술하였다. 이 장에서는 조직에 입사한 후 초기와 중기에 해당하는 경력자들을 대상으로 커리어 프로그램을 실시한 연구들을 중심으로 프로그램 내용과 프로그램의 효과에 관해서 기술하고자 한다. 이들을 대상으로 하는 커리어 프로그램의 효과를 검증한 연구는 다른 집단에 비해 적은 실정이며, 특히 국내 연구는 거의 없는 것으로 나타났다. 경력단절여성 대부분이 경력 초기와 중기에 단절이 되는 경우가 많아 이들을 대상으로 하는 프로그램도 소개하고자 한다.

1. 경력 초기 대상 커리어 기법

1) 네트워크 증진 프로그램

조직에서 자신의 경력을 쌓아 가는 과정에서 네트워크의 중요성은 많이 알려져 있다. 조직 내에서 상사나 동료들을 많이 알아야 업무 진행과정에서 도움을 받을 수 있고 이를 통해 수행이 높아지며 결과적으로 자신이 원하는 경력목표를 달성하는 데 유리할 수 있기 때문이다. 특히 경력 초기자의 경우, 초창기에 조직 적응을 높이기 위해 경력 중기나 말기 집단에 비해 멘토 등과의 네트워크가 더욱 중요하다.

Wolff와 Moser(2009)가 평균 연령 32세의 직장인 279명을 대상으로 종단적 연구를 실시하였다. 이들의 네트워크 행동은 직장 내부에서의 네트워크 행동(예, "업무상 도움을 얻기 위해 타 부서 사람들과 알고 지낸다." 등)뿐 아니라 직장 외부에서의 네트워크 행동(예, "다른 조직의 지인과 전문적인 아이디어를 공유한다." 등)도 측정하였다. 종단적 연구를 위해 1년 후와 2년 후에 변인들을 다시 측정하였다.

분석 결과, 구성원이 네트워크 행동을 많이 할수록 해당 시점에서의 월급수준이 높은 것으로 나타났으며, 시간 경과에 따른 월급의 증가도 유의한 것으로 나타났다. 또한 네트워크 행동을 많이 할수록 자신의 경력에 대한 만족도 높게 나타났다. 특히 조직 내부에서의 네트워크 행동이 외부에서의 네트워크 행동보다 경력만족에 미치는 긍정적 효과가 더 큰 것으로 나타났다. 하지만 구성원이 네트워크 행동을 많이 할수록 시간의 경과에 따라 경력만족수준이 유의하게 더 높아지지는 않았다. 연구자들은 시간의 경과에 따른 경력만족 수준에서의 유의한 증가가 없었던 이유로 경력만족이 안정적이며 기질적인 특성이라서 쉽게 변하기 어렵기 때문인 것이라고 해석하였다.

Spurk, Kauffeld, Barthauer와 Heinemann(2015)은 독일 대학의 이공계 분야에서 일하는 경력 초기에 해당하는 81명의 연구원들을 대상으로 네트워크 훈련과 커리어코칭 프로그램이 이들의 경력관련 변인에 미치는 효과를 분석하였다. Spurk 등은 16명의 여성 연구원에게는 네트워크 훈련만 제공하였고, 23명의 여성 연구원에게는 네트워크 훈련과 추가로 커리어코칭을 실시하였다. 남성 연구원 20명과 여성 연구원 22명은 통제집단으로 구분하고 아무런 프로그램도 실시하지 않았다.

네트워크 훈련은 2일 동안 하루 8시간씩 전체 16시간으로 진행되었다. 프로그램 내용은 계획된 행동이론을 토대로 참가자들의 네트워크 행동에 대한 긍정적 태도, 주관적 규범 그리고 네트워크 행동에 대한 통제감을 증진시키는 내용으로 구성하였다. 구체적으로 살펴보면 네트워크에 대한 긍정적 태도 증진을 위해 참가자들이 네트워크를 개인의 자원으로 인식하고 타인과의 협력의 중요성을 인식하도록 교육하였다. 주관적 규범과 관련해서는 교육 진행자들이 참가자들에게 네트워크 행동이 필요하다는 피드백을 지속적으로 제시하고, 참가자들이 서로에게 네트워크 행동에 대한 긍정적 피드백을 주도록 하였다. 또한 참가자들에게 조직 내에서 네트워크 행동 방법에 대해 설명하고 이들이 네트워크 행동에 대한 구체적 실행의도를 수립하고 이를 실행하도록 격려하는 내용을 통해 참가자들의 네트워크 행동에 대한 통제감을 증진시키려고 노력하였다. 추가적으로, 사회인지이론을 토대로 참가자들의 네트워크 행동 자기효능감 증진을 위해 역할모델 기법을 활용하여 진행자가 네트워크 행동의 시범을 보여 주거나 조직 내에서 네트워크 행동을 잘하는 구성원을 모델로 삼도록 하였다.

커리어코칭은 개인코칭으로 진행하였으며, 매 회기 2시간씩 2주 간격으로 5회기를 실시하였다. 1회기 때는 코치와 참가자가 각자 서로 소개를 한 뒤 코치는 참가자의 현재 관심사를 파악하고, 커리어와 관련된 과거 경험을 돌아보게 하였다. 다음으로, 참가자의 장단점을 분석하고 참가자의 개인적 목표, 가치, 동기 등을 파악한 후, 이를 토대로 참가자의 커리어 목표 및 계획을 도출하였다. 마지막 종결 단계에서는 목표를 어느 정도나 달성했는지를 평가하는 것으로 마무리하였다.

프로그램 실시 후 효과를 분석한 결과, 네트워크 훈련은 네트워크 행동을 증진시키는 데 별다른 효과가 없었다. 네트워크와 커리어코칭을 같이 실시한 집단에서도 참가자들의 네트워크 행동은 증진되지 않았다. 하지만 커리어코칭을 같이 실시한 집단 참가자들의 커리어계획과 커리어낙관성은 유의

하게 중진된 것으로 나타났다. 커리어코칭이 끝난 지 1개월이 지난 후 참가
자들의 주관적 경력성공을 측정하였는데, 커리어계획과 커리어낙관성은 경
력성공을 중진시키는 데 유의하게 영향을 미치는 것으로 나타났다.

이러한 결과는 단기간의 교육 및 훈련만으로 네트워크 행동을 중진시키는
데는 한계가 있음을 시사하는 것이다. 하지만 일대일 개인 커리어코칭은 피
코치들이 구체적인 커리어 계획을 수립하고 자신의 미래 커리어에 대해 긍정
적으로 인식토록 하는 데 효과가 있는 것으로 나타났다.

2. 경력 중기 대상 커리어 기법

1) 경력정체

경력정체(career plateau)는 구성원이 조직 내에서 특정 시점에서 더 이상
의 승진 가능성이 없거나 승진 가능성이 낮다고 지각하는 것을 의미한다
(Ference, Stoner, & Warren, 1977). 이러한 경력정체는 40세 이상에서 일어나
는 것이 일반적이다(Greenhaus, Callanan, & Godshalk, 2000/2002). 따라서 경
력단계 중 경력 중기에서 많이 나타나는 것으로 볼 수 있다.

구성원이 경력정체를 인식하게 되면 더 이상의 승진이 쉽지 않다고 생각
하기 때문에 실망과 좌절에 빠질 수 있고, 업무동기나 만족이 저하되며, 업무
수행도 떨어질 가능성이 높다. Rosen과 Jerdee(1990)가 600명의 인사담당자
를 대상으로 실시한 설문조사 결과에서 구성원이 인식하는 경력정체로 인해
승진경로상의 문제점, 동료와 부하 간의 사기 저하, 부서의 전반적 생산성 저
하, 고객과의 관계 악화, 그리고 결근 증가 등의 다양한 문제점이 나타났다.
Jung과 Tak(2008)이 국내 기업에 종사하는 30세 이상의 사무직 직장인을 대
상으로 실시한 연구에서도 경력정체는 직무만족 및 조직몰입을 낮추는 것으

로 나타났다.

초창기 경력정체는 구성원이 단순히 승진이 어렵다고 인식하는 개념을 의미했지만, 이후 새로운 경력정체 개념이 제기되었다. Nachbagauer와 Riedl(2002)은 기존의 경력정체와는 별도로 업무내용 정체(work content plateau)를 또 하나의 경력정체 차원으로 다룰 필요성을 제시하였다. 업무내용 정체는 개인이 업무에서 새롭거나 도전적이거나 다양한 활동이나 과제가 없다고 느끼는 상태를 의미한다. Nachbagauer와 Riedl(2002)이 대학교수와 교사를 대상으로 한 연구에서 업무내용은 기존의 경력정체와 유의하게 관련되지 않아서 독립된 구성개념임이 검증되었다. 또한 업무내용 정체가 기존의 경력정체보다 과제만족, 개발만족, 몰입 등 다양한 성과변인과의 관련성이 더 높게 나타나서 업무내용 정체의 중요성을 입증하였다.

2) 커리어 기법

Horst와 Klehe(2019)는 중년층 직장인을 대상으로 이들의 경력적응성을 증진시키기 위하여 현 상황에서 자신에게 가능한 한 다양한 커리어대안을 인식하고 학습하며 미래의 커리어에 대한 책임과 통제를 증진시키고자 하였다. 앞에서도 설명했듯이, 경력적응성을 증진시키는 프로그램은 주로 청소년이나 학교에서 직장으로 전환하는 경력 초기 직장인들을 대상으로 실시되었으며 그 효과가 입증되었다. 이들의 연구에서는 경력 중기에 해당하는 직장인들을 대상으로 이들의 경력적응성을 증진시키고자 하였다. 경력적응성 증진 프로그램은 먼저 컴퓨터를 활용한 전자포트폴리오(e-portfolio)를 작성하는 것으로 구성되었으며, 참가자는 자신의 이력서를 작성하고, 성격, 고용가능성, 정체성, 적응성 등의 질문에 답하게 하였다. 검사 실시 및 해석을 포함하여 2~3시간 정도 소요되었다.

다음은 집단 프로그램으로서 전자포트폴리오 작성 2개월 후 실시되었으며

4시간가량 소요되었다. 먼저 인사부서 강연으로서, 인사부서 담당자가 지속적인 경력개발의 중요성을 강조하고, 구성원 각자가 자신의 경력개발에 주도적인 역할을 하기 위한 방법에 대해 설명하였다. 이 밖에 워크숍이 포함되었는데, 참가자는 2개의 90분 집단 워크숍 중 하나를 선택하여 참여하였다. 첫 번째 워크숍은 자기탐색과 환경탐색을 포함하였다. 이 과정에서는 경력적응성 척도 가운데 호기심 요인 증진을 위해 자신의 강점을 파악하고 활용하는 방법에 대한 학습에 초점을 두었다. 경력관련 자기효능감 증진 프로그램도 포함하였는데, 이 프로그램은 경력적응성 가운데 확신요인 증진을 위해 과거 성공 경험 학습, 강점 파악 및 활용방법으로 구성되었다.

두 번째 워크숍은 자기를 인식하고 자신에게 적합한 커리어를 결정하는 내용으로 구성되었으며, 이는 경력적응성 가운데 통제요인과 관련된 것이다. 또한 자신이 결정한 커리어 목표 달성을 위한 계획을 수립하는 내용도 포함되었으며, 이는 경력적응성 가운데 관심요인에 해당한다. 또한 경력적응성 가운데 확신요인 증진을 위해 네트워크를 활용하는 방법과 개인 브랜드를 파악하여 경력관련 자기효능감을 증진하는 프로그램으로 구성되었다. 마지막으로, 마무리 프로그램은 직무변화, 주변환경 탐색, 미래경력 계획, 경력관련 자기효능감 증진을 통한 직무변화 방법에 대한 강의로 구성되었다.

참가자는 정부산하 비영리조직에 근무하는 행정사무직으로서 실험집단 20명과 통제집단 28명의 평균연령은 각각 41.9세와 42세였다. 측정은 사전검사 실시 6개월 후에 사후검사를 실시하였다. 결과는 경력적응성 요인 가운데 자기인식과 커리어결정 내용으로 구성된 통제요인, 자기탐색과 환경탐색으로 구성된 호기심요인 그리고 커리어 목표 달성을 위한 계획을 수립한 관심요인에서는 집단과 시간의 상호작용 효과가 유의하였다. 상호작용 효과를 구체적으로 살펴본 결과, 실험집단은 사후검사에서 요인 점수가 증가하였지만 통제집단은 증가하지 않았다. 확신요인에서는 상호작용이 유의하지 않았으며, 구체적으로 살펴본 결과 실험집단과 통제집단 모두 사후검사에서 점수가 유의하게 증가하지 않았다. 이러한 결과는 경력적응성 증진을 위한 프로그램이 경력 중기에 해당하는 직장인에게도 효과가 있음을 시사한다.

3. 경력단절여성 대상 커리어 기법

최경화와 탁진국(2017)은 30대에서 50대까지의 경력단절여성 12명을 대상으로 이들의 구직효능감, 자존감, 회복탄력성 증진을 위한 6회기 강점기반 집단코칭 프로그램을 실시하였다. 특히 참가자들의 구직효능감 증진을 위해 매일 감사하는 연습을 하고 자신의 강점을 찾아 이를 활용하는 방법을 도출하고 실행하며, 서로의 강점에 대해 칭찬하는 내용을 포함하였다. 자신이 잘하는 것을 인식하고 이를 일상생활에서 활용하는 방법을 찾고, 더 나아가 이를 실행함으로써 일상생활에서 자신감이 증진되며, 이는 구직 상황과 연계되어 구직효능감도 증진시킬 것으로 가정하였다.

코칭 프로그램 결과, 실험집단의 경우 구직효능감뿐 아니라 자존감과 회복탄력성 모두 코칭 전과 비교 시 유의하게 증가하였으며, 이러한 증가는 코칭 종료 1개월 후에 실시한 추후검사에서도 유지되는 것으로 나타났다. 한편, 통제집단의 경우, 세 종속변인 모두에서 사전, 사후, 추후 검사 간에 별다른 변화가 없었다. 이러한 결과는 강점기반 코칭 프로그램이 경력단절여성의 구직효능감을 증진시키는 데 효과가 있음을 시사한다고 해석할 수 있다.

정희정과 탁진국(2018)은 이공계 고학력 경력단절여성을 대상으로 커리어 코칭 프로그램을 실시하고 그 효과를 검증하였다. 30대에서 40대까지의 이공계 대학원 석사 졸업자 이상의 경력단절여성 45명으로부터 참가 신청을 받은 후, 실험, 비교, 통제 집단에 각 15명씩 무선으로 할당하였다. 실험집단에 대해 8회기의 집단코칭 프로그램을 실시하였고, 효과 검증을 위해 구직효능감과 진로적응성을 측정하였으며, 추가로 사회적 지지, 성장마인드셋 그리고 스트레스 대처를 포함하였다. 코칭 프로그램 개발을 위해 사전에 이공계 고학력 경력단절여성을 대상으로 심층인터뷰와 설문지를 실시하여 이들의 프로그램에 대한 니즈를 분석하였다.

8회기 커리어코칭 프로그램에 포함된 내용은 다음과 같다. 1회기에서는 오리엔테이션으로 집단코칭의 목적과 진행과정에서 대해 설명하고, 참가자 각자 자신의 목표를 설정토록 하였다. 2회기는 자기 이해 시간으로서 자신에게 일은 어떤 의미인지를 성찰해 보고, 자신의 강점이 무엇인지를 찾는 시간을 가졌다. 3회기는 자기 이해를 바탕으로 자신에게 적합한 일을 결정하고 이를 달성하기 위한 방법을 도출하였다. 이 과정에서 현실적인 상황을 고려하고 기대치가 지나치게 높을 경우 조정하도록 하였다. 4회기에서는 취업준비를 위해 취업과 관련된 정보를 수집하는 방법을 파악하였다. 또한 이 과정에서 필요한 인맥을 활용하는 방법을 이해하고, 면접에 대비해 자신의 의견을 조리 있게 전달하는 스피치 기술을 학습하였다.

5회기에서는 여성으로서 일하는 것의 어려움을 인식하고 이를 극복하는 방법에 대해 논의하였다. 일과 가정의 균형을 유지하는 중요성을 인식하고 자신과 가족의 역할을 조정하는 방법을 모색하였다. 구체적으로, 가족으로부터 정서적 지지를 받는 방법을 실습하였으며, 일과 가정 간의 균형을 고려한 직종을 선택하는 방안에 대해 인식하는 시간을 가졌다.

6회기와 7회기는 심리적 자원의 증진을 통해 어려움을 극복하는 방법에 대해 논의하였다. 6회기에서는 도전적 마인드 증진을 위한 성장마인드셋의 중요성을 인식하고 구체적인 증진 방법을 학습하였으며, 긍정적 마인드를 위한 구체적 방법도 논의하였다. 7회기에서는 자신의 스트레스 대처방법을 인식하고 스트레스 관리를 위한 적절한 방안을 모색하는 시간을 가졌다. 마지막 8회기에서는 마무리 단계로서 자신의 커리어 목표를 위한 구체적 계획을 다시 한번 점검하고 실천의 중요성을 인식하였다.

비교집단에게는 이영민, 노경란과 최윤선(2009)이 개발한 집단상담 프로그램을 실시하였다. 이 프로그램은 모두 5개의 모듈로 구성되어 있다. 모듈 1은 자기이해로서 자신의 강점을 발견하는 데 초점을 둔다. 모듈 2도 자기이해로서 자신의 흥미와 직업가치관을 탐색하고 자신에게 적합한 직업을 찾아본다. 모듈 3은 진로정보찾기로서 자신이 희망하는 직업정보를 탐색하는 방법에 대해 학습한다. 모듈 4는 진로목표를 설정하고 구체적인 계획을 수립하는 내용으로 구성되어 있다. 마지막 모듈 5는 구체적인 구직 스킬을 학습하는 내용으로 구성되어 있으며, 자기소개서 작성방법 및 면접스킬을 배우게 된다. 통제집단에는 아무런 프로그램도 실시하지 않았다.

커리어코칭 프로그램 실시 결과, 프로그램의 긍정적 효과가 있는 것으로 나타났다. 실험집단의 경우, 진로적응성과 구직효능감이 프로그램 실시 후 유의하게 증가하는 것으로 나타났다. 또한 성장마인드셋과 스트레스 대처도 유의하게 증가하였다. 이러한 증가는 전체적으로 비교집단에 비해서 큰 것으로 나타났다. 프로그램 종료 3개월 후 실시한 추후검사에서도 실험집단의 경우 대부분의 종속변인에서 증가 추세가 유지되는 것으로 나타났다. 이러한 결과들은 커리어코칭 프로그램의 긍정적 효과를 입증하는 것이다.

4. 커리어코칭 시사점

이 장에서 설명한 커리어 프로그램 내용은 관련 연구의 부족으로 일부에 그치고 있다. 하지만 다른 집단들을 대상으로 실시한 프로그램 내용과 큰 차이는 없어 보인다. Horst와 Klehe(2019)의 연구결과에서도 보듯이, 경력 중기에 해당하는 직장인을 대상으로 커리어 프로그램을 실시할 때도 다른 집단에서와 유사하게 자신과 환경을 탐색하고 이를 토대로 자신에게 적합한 커리어를 찾고 커리어 목표를 달성하기 위한 계획을 수립하는 내용을 다루는 것이 중요함을 파악할 수 있다.

특히 Horst와 Klehe(2019)의 연구에서와 같이 커리어코칭 과정에서 코치가 피코치의 경력적응성을 증진시키는 것이 도움이 된다고 판단할 경우 다음과 같은 점을 고려하여 진행할 필요가 있다. 먼저, 경력적응성 요인 가운데 하나인 호기심을 증진시키기 위하여 코치는 피코치의 다양한 특성을 찾고 환경을 탐색하는 데 중점을 둔다. 이들의 연구에서는 강점을 찾는 데 초점을 두었는데, 흥미나 적성, 직업가치관 등의 검사를 실시하는 것도 방법이 될 수 있다. 그리고 이를 통해 피코치가 자신에게 적합한 커리어는 무엇일지를 생각해 보도록 유도한다. 통제요인 증진을 위해서는 결정효능감을 향상시키는 것이 중요하기 때문에 피코치가 자신에게 적합한 커리어를 결정하도록 격려하는 것이 필요하다. 관심요인 향상을 위해서는 미래를 생각해 보고 구체적인 계획을 수립하는 것이 중요하기 때문에 피코치가 결정한 커리어 목표를 달성하는 데 필요한 구체적인 계획을 수립하도록 한다. 마지막으로, 확신요인 증진을 위해서는 자신감 향상이 중요하기 때문에 피코치가 자신의 과거 커리어 관련 성공경험에 대해 생각해 보고 이를 이야기하도록 이끌어 가는 것이 중요하다.

경력 중기에 해당하는 직장인이 많이 경험하는 경력정체와 관련해서는 Appelbaum과 Santiago(1997)가 직장인 스스로 경력정체에서 벗어나기 위해 할 수 있는 방법에 대해 설명하였다. 이 가운데 필자의 판단으로 커리어코칭 과정에서 피코치에게 도움이 될 수 있는 일부 내용만 소개하고자 한다. 첫째, 자신의 경력을 스스로 관리할 필요가 있으며, 이를 위해 개발 및 훈련 계획을 수립하는 노력을 스스로 해야 한다. 이 내용은 제8장에서 프로틴 경력태도에서 살펴본 내용과 유사하다. 조직이 구성원의 경력개발에 대한 관심이 줄어들고 있기 때문에 구성원 스스로 자신의 경력개발을 위한 계획을 수립해야 경력정체 현상에서 벗어날 수 있다. 커리어코치는 피코치에게 프로틴 경력태도 척도를 실시하고, 점수가 낮을 경우 피코치와 자기주도적으로 경력을 관리해 나가는 방법에 대해 논의할 필요가 있다. 구체적인 방법은 제11장 '커리어 관련 척도 활용'에서 다루고 있다.

둘째, 수직적 승진만 목표로 삼지 말고 수평 이동도 생각해 봐야 한다. 피코치가 조직에서 수직적 승진이 어렵다고 판단되면 더 이상 역량개발에 관심을 갖지 않게 될 가능성이 크다. 따라서 경력정체가 더 심해질 수 있다. 수평 이동에 대한 관심이 커지게 되면 새로운 직무에 대한 적응 때문에 자신의 역량개발을 위해 더 많은 노력을 하게 될 가능성이 있다. 커리어코칭 과정에서 코치는 수평이동이 현 조직에서 가능한 것인지, 가능하다면 피코치가 시도할 의도가 있는지 등에 대해 대화할 필요가 있다.

셋째, 수직적 승진의 한계를 인식하고 승진만이 성공이라는 생각에서 벗어날 필요가 있다. 제8장에서도 언급했듯이, 겉으로 드러나는 승진만이 성공이 아니라 업무에서 자신의 목표를 달성할 때 인식하게 되는 심리적 성공에도 관심을 가질 필요가 있다. 이를 통해 목표 달성을 위한 역량개발을 위해 지속적으로 노력함으로써 경력정체를 탈피할 수 있다. 커리어코칭 과정에서 코치는 피코치가 심리적 성공에 대해 어떻게 생각하는지 질문하고 논의해 보는 시도를 할 필요가 있다.

마지막으로, 자신의 현재 수행에 대해 많은 사람으로부터 피드백을 구하는 노력이 경력정체를 벗어나는 데 도움이 된다. 외부로부터 피드백을 구하려는 사람은 현 상태에 머물러 있지 않고 피드백을 통해 개선할 점을 찾고 부족한 역량을 개발하려고 노력할 가능성이 높다. 따라서 현재의 경력정체에서 벗어나 앞으로 나아가는 데 도움을 받을 수 있다. 커리어코칭 과정에서 코치는 피코치의 외부 피드백 추구 성향 정도를 파악하고 이를 개선하는 방법에 대해 피코치와 대화를 나눠 보는 방안을 고려해 볼 필요가 있다.

경력단절여성을 대상으로 커리어코칭을 진행할 경우에는 이들에게 적합한 커리어를 찾는 것도 중요하지만, 동시에 이들의 자존감 증진을 위해 강점찾기나 강점활용과 같은 긍정심리적 관점에서 효과가 있는 기법을 활용하는 것도 도움이 된다는 점을 기억할 필요가 있다.

[참고문헌]

이영민, 노경란, 최윤선(2009). 경력단절 여성 취업지원 집단상담 프로그램의 효과 성 분석: 사회적지지 인식과 흥미도를중심으로. 평생학습사회, 5(2), 45-72.

정희정, 탁진국(2018). 구직관련 개인자원증진 커리어 그룹코칭 효과성 검증: 이공계 고학력 경력단절여성을 중심으로. 한국심리학회지: 산업 및 조직, 31(3), 611-641.

최경화, 탁진국(2017). 경력단절여성 대상 강점 중심 그룹코칭 프로그램이 자존감, 구직효능감, 회복탄력성에 미치는 영향. 한국심리학회지: 코칭, 1(1), 73-97.

탁진국(2004). 경력정체의 의미와 시사. 디지털경영연구, 11, 19-36.

Appelbaum, S. H., & Santiago, V. (1997). Career development in the plateaued organization. *Career Development International, 2,* 11-20.

Ference, T., Stoner, J., & Warren, E. (1977). Managing the career plateau. *Academy of Management Review, 2,* 602-612.

Horst, A. C., & Klehe, U. -C. (2019). Enhancing career adaptive responses among experienced employees: A mid-career intervention. *Journal of Vocational Behavior, 111,* 91-106.

Jung, J., & Tak, J. (2008). The effects of perceived career plateau on employees' attitudes: Moderating effects of career motivation and perceived supervisor support with Korean employees. *Career Development Quarterly, 35,* 187-201.

Nachbagauer, A. G. M., & Riedl, G. (2002). Effects of concepts of career plateaus on performance, work satisfaction and commitment. *International Journal of Manpower, 23,* 716-733.

Rosen, B., & Jerdee, T. H. (1990). Middle and late career problems: causes, consequences, and research needs. *Human Resource Planning, 13,* 59-70.

Spurk, D., Kauffeld, S., Barthauer, L., & Heinemann, N. S. R. (2015). Fostering networking behavior, career planning and optimism, and subjective career success: An intervention study. *Journal of Vocational Behavior, 87,* 134-144.

Wolff, H. -G., & Moser, K. (2009). Effects of networking on career success: A longitudinal study. *Journal of Applied Psychology, 94,* 196-206. http://dx.doi.org/10.1037/a0013350.

경력 말기 및 퇴직자 대상 커리어 기법

이 장에서는 대략 50세 이상의 경력 말기에 해당하는 직장인과 퇴직자들을 대상으로 하는 커리어 프로그램 및 관련 연구에 관해 알아보고자 한다. 경력 말기 직장인과 퇴직예정자 또는 퇴직자를 대상으로 하는 커리어 프로그램 효과 연구는 국내외적으로 매우 적으며, 이들을 대상으로 하는 커리어 관련 연구도 많지 않은 실정이다. 따라서 이 장에서는 주로 커리어 관련 연구를 살펴보고자 한다. 일부 연구는 현 직장에서의 적응에 관심을 둔 연구도 있지만, 대부분의 연구는 퇴직 후의 커리어에 관해 초점을 두고 있다. 퇴직 후에도 재취업을 할 것인지, 새로운 커리어를 위한 계획을 세우는지 등에 영향을 미치는 요인들에 대해 기술되어 있다. 또한 퇴직자 대상의 커리어 관련 연구는 지속적으로 일을 하려는 태도에 영향을 주는 요인을 파악하거나 퇴직자의 정신건강을 증진시키는 내용으로 구성되어 있다.

1. 경력 말기 대상 커리어 기법

Fasbender, Deller, Wang과 Wiernik(2014)은 12년간의 종단연구를 통해

경력 말기에 해당되는 사람들 가운데 12년 후 실제 직장에 종사하는지의 여부를 조사하고, 이에 영향을 미치는 심리적 선행변인을 분석하였다. 독일에서 중년층과 고령층을 대상으로 실시되는 조사로부터 자료를 수집하여 1996년 자료와 12년이 지난 2008년 자료를 분석하였다. 1996년 자료에서 얻은 심리적 변인은 나이가 들면서 개인이 경험하게 되는 긍정적·부정적 변인들을 포함시켰다. 부정적 변인으로는 신체적으로 에너지와 힘이 떨어진다고 인식하는 정도를 측정하는 신체적 상실(physical loss)과 사회적으로 만나는 사람이 적어져서 외로워짐을 인식하는 사회적 상실(social loss)이 있다. 긍정적 변인으로는 오랫동안 쌓인 경험을 통해 새로운 기술, 능력 및 지식 증진을 통한 긍정적 변화를 의미하는 개인성장과 자신에 대해 좀 더 알게 되는 자기지식 증진(gaining self-knowledge)이 포함되었다.

Fasbender 등(2014)은 신체적 상실 인식 정도가 높을수록 일하는 것이 힘들 것으로 예측할 수 있기 때문에 재취업을 추구하지 않을 것으로 예측하여 12년 후 재취업을 하지 않을 것으로 가정하였다. 사회적 상실 정도가 높을수록 재취업을 통해 사람들과 접촉함으로써 상실 정도를 회복하려 하기 때문에 재취업을 더 할 것으로 가정하였다. 또한 개인성장이 높을수록 지속적으로 자신의 역량을 증진시키려 노력하기 때문에 새로운 기회를 추구하려고 함에 따라 재취업이 자신의 성장에 도움이 된다고 생각하여 재취업을 추구할 것으로 예측하였다. 마지막으로, 자기인식은 12년 후 재취업과 부적으로 관련될 것으로 가정하였다. 자신에 대해 아는 정도가 높게 되면 자신의 부족한 점에 대해서도 잘 알게 되고 이로 인해 새롭게 책임을 져야 하는 일을 꺼리게 될 것으로 예측하여 재취업을 하지 않을 것으로 가정하였다.

직장인 501명으로부터 자료를 얻어 분석한 결과, 신체적 상실에 관한 가설을 제외하고 다른 가설은 모두 지지되었다. 신체적 상실은 12년 후 재취업 여부와 유의한 관련이 없었다. 사회적 상실은 재취업 여부와 정적으로 유의하게 관련되어서 사회적으로 만나는 사람이 적은 경우 재취업에 성공할 가능성이 높은 것으로 나타났다. 개인성장의 경우에도 지속적인 성장을 위해 노력하는 사람은 재취업에 성공하는 경우가 많은 것으로 나타났다. 마지막으로, 자기인식이 높을수록 재취업과 부적으로 유의하게 관련되었으며, 이는 개인의 자기인식이 높은 경우 재취업을 잘 하지 않는다는 가설을 입증한다.

Fasbender, Wohrmann, Wang과 Klehe(2019)는 50세 이상의 직장인을 대상으로 이들이 퇴직 후 경력계획을 세우는 데 영향을 주는 선행변인이 무엇인지를 분석하였다. 이들은 커리어구성이론(Savickas, 2013)에서 자신의 경력을 탐색하고 개발해 나가는 데 중요한 개인자원인 경력적응성을 선행변인으로 포함시켰다. 경력적응성과 관련된 대부분의 기존 연구는 청소년, 초기 또는 중기 경력자들을 대상으로 실시되었기 때문에 이들은 경력적응성이 50세 이상의 경력 말기 직장인에게도 퇴직 후 자신의 경력을 설계하는 데 영향을 미치는지를 검증하고자 하였다.

추가로, 나이가 들면서 개인이 경험하게 되는 긍정적 · 부정적 변인들을 포함시켰으며, 이러한 변인들이 경력적응과 더불어 퇴직 후 자신의 경력을 설계하는 데 영향을 주는지를 분석하였다. 이들이 포함한 연령 관련 경험 변인은 바로 앞에서 기술한 Fasbender 등(2014)의 연구에서 포함한 신체적 상실, 사회적 상실, 개인성장, 자기지식증진 등이었다.

또한 이러한 선행변인이 향후 자신의 직업과 관련해 일할 수 있는 시간과 기회가 충분히 있다고 인식하는 정도를 측정하는 직업 미래시간관(occupational future time perspective)에 영향을 주고 이러한 인식이 퇴직 후 경력계획에 영향을 주는지에 관한 매개모형을 검증하였다.

영국에 거주하는 50세에서부터 79세까지 586명의 직장인에게 설문지 작성을 실시하였으며, 1차 시점에서 모든 변인들을 측정하였고, 3개월 후 2차 시점에서 직업 미래시간관과 경력계획을 측정하였다. 조사대상자 가운데 45%가 여성이었고 77.4%가 풀타임 근로자였다.

구조방정식을 통한 분석 결과, 경력적응성과 연령 관련 경험 변인 가운데 신체적 상실 및 개인성장이 직업 미래시간관에 유의한 영향을 미쳤으며, 직업 미래시간관은 경력계획과 유의하게 관련되었다. 부트스트래핑(bootstrapping)을 통한 매개 분석 결과, 직업 미래시간관은 경력적응성, 신체적 상실 및 개인성장 등의 선행변인과 종속변인인 경력계획 간의 관계를 매개하는 것으로 나타났다. 또한 교차지연(cross-lagged)분석 결과, 1차 시점에서 측정한 경력계획은 2차 시점에서의 직업 미래시간관에 유의한 영향을 미치지 않았으며, 1차 시점의 직업 미래시간관은 2차 시점의 경력계획에 유의하게 영향을 주는 것으로 나타나서, 직업미래시간관이 경력계획에 영향을 준다는 가설의 방향이 적절함을 입증하였다.

이러한 연구결과는 경력 말기에 있는 근로자의 퇴직 후 경력계획을 증진시키기 위해 어떠한 노력이 필요한지를 제시해 준다. 무엇보다 직업 미래시간관이 경력계획을 증진시키는 것으로 나타났기 때문에 조직에서는 경력 말기에 있는 근로자들을 대상으로 이들이 향후 업무와 관련해 자신이 기여할 수 있는 기회와 시간이 충분하다는 인식을 심어 주는 것이 중요하다. 예를 들어, 신입사원이나 경력 초기에 있는 근로자들과 연계시켜 이들의 멘토 역할을 하게 함으로써 경력 말기 근로자들의 일의 의미감을 높이는 방법이 가능하다.

Wohrmann, Deller와 Wang(2013)은 독일에서 직장을 다니는 45세에서 65세 사이 1,065명을 대상으로 이들의 퇴직 후 경력계획활동을 예측하는 선행변인과 매개변인을 알아보고자 하였다. 사회인지커리어이론을 토대로 선행변인으로는 퇴직 후 일을 통해 자신이 얻을 수 있는 성과에 대한 기대감(예, 타인과의 교류, 인정받기 등)을 측정하는 퇴직 후 업무성과기대를 선정하였다. 매개변인으로는 퇴직 후에도 자신이 근무했던 조직이 원할 경우 조직을 위해 지속적으로 일을 하려는 의도가 있는지를 측정하는 조직의 퇴직 후 고용의도를 매개변인으로 포함하였다. 또한 업무성과기대와 퇴직 후 고용의도 간의 관계를 조절하는 조절변인으로 조직에서 주변 동료나 상사의 지원정도를 측정하는 사회적 지지와 업무에서 신체적 노력 정도를 측정하는 신체적 요구(physical demands)를 조절변인으로 선정하였다.

분석 결과, 퇴직 후 일을 통해 얻을 수 있는 성과에 대한 기대감이 높을수록 퇴직 후 현 조직을 위해 일하려는 의도가 높았으며, 궁극적으로 퇴직 후 경력을 위한 활동에 대한 참여가 높은 것으로 나타났다. 성과에 대한 기대감은 퇴직 후 경력을 위한 활동 참여에도 직접적인 영향을 주는 것으로 나타났다. 또한 두 조절변인 가운데 사회적 지지만이 유의한 것으로 나타났으며, 사회적 지지가 높은 경우 낮은 집단에 비해 성과기대감과 고용의도 간의 정적 관계가 더 큰 것으로 나타났다.

Wohrmann, Deller와 Wang(2014)은 50에서 65세까지의 독일 직장인 212명을 대상으로 퇴직 후에도 자신의 업무 관련 분야에서 지속적으로 일을 하려는 퇴직 후 경력의도에 영향을 주는 변인을 분석하였다. 먼저, 22명의 직장인을 대상으로 한 인터뷰를 통해 퇴직 후 계속 일을 하게 되면 어떤 성과가 기대되는지를 파악하였다. 질적연구를 통해 재정적 여유, 경험 및 지식 전수, 의미감, 신체 및 정신 건강 유지, 인정, 타인과의 관계 등의 여섯 가지 요인을 도출하였다. 이러한 성과기대 변인에 대한 측정은 여섯 가지 요인에 대한 점수를 합하여 총점을 계산하였다. 이 외에 일을 지속적으로 할 수 있는 신체적 능력, 퇴직 후 직장을 구할 수 있을 것으로 믿는 정도를 측정하는 직무 기회 그리고 퇴직 후 일을 계속 하는 것에 대한 주변 사람들의 지지를 측정하는 사회적 승인 등을 선행변인으로 추가하였다.

위계적 다중회귀분석 결과, 네 가지 선행변인은 모두 퇴직 후 경력의도에 유의한 영향을 주는 것으로 나타났다. 성과에 대한 기대감이 높고, 일을 지속적으로 할 수 있는 신체능력이 충분하다고 인식하고, 퇴직 후 직장을 구할 가능성이 높다고 생각하며, 퇴직 후 일을 하는 것에 대한 주변의 지지가 충분할수록 경력의도는 높은 것으로 나타났다. 또한 성과기대와 다른 세 변인 간의 상호작용에 대한 분석 결과, 사회적 승인과의 상호작용이 유의하였다. 상호작용을 그림으로 그려 살펴본 결과, 사회적 승인이 높은 사람들의 경우 성과

기대와 경력의도 간의 정적 관계가 더 강한 것으로 나타났다.

Vuori, Törnroos, Ruokolainen과 Wallin(2019)은 17개 회사에 근무하는 평균 연령 58.1세의 장년층을 대상으로 집단워크숍을 실시하여 경력관리준비도에 미치는 효과를 검증하였다. 전체 참가자를 실험집단 359명과 통제집단 340명으로 임의로 구분한 후, 실험집단에게는 2주에 걸쳐 한 번에 4시간씩 4회의 집단워크숍을 실시하였으며, 통제집단에게는 장년층의 경력관리에 관한 내용을 우편으로 배송하고 각자 읽어 보도록 하였다. 실험집단에서 집단워크숍에 참여한 참가자 집단 크기는 7명에서 17명 사이였으며, 총 31번의 워크숍을 개최하였다. 프로그램의 내용은 다음의 다섯 가지 요소에 초점을 두고 참여자의 적극적 의견 개진을 유도하는 방식으로 진행되었다.

첫 번째 요소는 장년층 스킬(seniority skill)로서 연령차별에 대한 적극적 대항방법, 자신의 강점 스킬을 활용해 업무경험을 강조하는 방법, 자신의 경험을 동료와 공유하는 방법 등을 학습하는 데 초점을 두었다. 두 번째 요소는 업무능력 유지 및 증진으로서 업무에서 자신의 역량개발 방법, 조직변화에 따른 자신의 경력관리 방법, 네트워크 증진 방법, 사회적 지지획득 방법 및 건강유지 방법 등을 학습하는 내용으로 구성되었다. 세 번째 요소는 고용가능성 증진으로서 조직 내부 또는 외부에서 새로운 일을 찾을 수 있다는 효능감을 증진시키는 데 중점을 두었다. 네 번째는 추가 요소로서 이러한 스킬을 학습한 후 집단 내에서 각자 자신의 경력목표를 파악하고 이를 달성하기 위한 방법을 찾고 필요한 스킬에 대해 실습하는 과정으로 구성되었다. 마지막으로, 경력장애극복 요소는 경력추구 과정에서 장애물을 파악하고 이를 해결할 수 있는 방법을 찾은 후 집단에서 실습하는 데 중점을 두었다.

프로그램의 효과검증을 위해 사전과 사후 그리고 프로그램 종료 6개월 후 세 번에 걸쳐 종속변인을 측정하였으며, 사후 검증에서 실험집단의 경력관리준비도가 통제집단보다 더 크게 나타났고, 6개월 후 추후검사에서 실험집단의 업무몰입과 업무미래시간관이 유의하게 증가한 것으로 나타났다.

2. 퇴직예정자 및 퇴직자 대상 커리어 기법

퇴직 후에도 지속적으로 일을 해 나가기 위해서는 신체적으로도 건강해야 하고 오래 살 수 있어야 한다. 건강하지 못하고 얼마 살지 못할 것 같다고 생각하는 개인은 퇴직 후 새로운 커리어를 찾기 위한 의지가 감소될 수밖에 없다. Griffin, Hesketh와 Loh(2012)는 퇴직예정자들의 주관적 기대수명(subjective life expectancy)에 주목하고, 이러한 변인이 은퇴 관련 변인 및 재취업에 어떠한 영향을 주는지를 분석하였다. 주관적 기대수명이란 자신이 몇 세까지 살 것으로 생각하는지를 의미한다.

사회정서적 선택이론(socioemotional selectivity theory; Carstensen, Fung, & Charles, 2003)에 따르면, 개인은 나이를 먹음에 따라 우선적으로 생각하는 목표가 달라진다. 개인이 추구하는 목표와 관련해 Carstensen 등(2003)은 사람은 나이가 먹으면서 살아갈 날이 많이 남지 않았다고 지각하는 경우 새로운 지식을 추구하는 목표보다는 정서와 관련된 목표 또는 사람들과 상호작용하는 활동에 더 비중을 두게 된다고 하였다. Griffin 등(2012)은 사회정서적 선택이론을 토대로 개인의 주관적 수명이 낮을수록 정서적 목표에 더 치중하게 되어 퇴직을 좀 더 빨리하고 자신의 가족이나 친구와 더 많은 시간을 보낼 것으로 가정하였다. 반대로 주관적 수명이 높을수록 지식 추구 목표에 더 치중하여 퇴직을 늦추거나 새로운 일을 시작하여 지속적으로 지식을 쌓으려 할 것으로 가정하였다.

Griffin 등(2003)은 가설을 검증하기 위하여 55세 이상 호주 직장인 1,908명을 대상으로 특정 시점에 측정하고, 1년 후 다시 측정하여 결과를 분석하였다. 첫 번째 시점에 측정한 변인은 주관적 기대수명, 퇴직연령, 퇴직준비, 성별, 교육수준, 결혼, 건강수준, 직무만족 등의 통제변인이었다. 주관적 기대수명은 개인에게 '몇 세까지 살 것으로 생각하는가?'를 물어보는 한 문항으로 측정하였고, 퇴직준비는 재무적인 준비와 비재무적 준비를 포함하는 15개 문항으로 측정하였다. 문항의 예를 들면, '전문가의 재무적 조언을 추구한 다.' 또는 '자신의 흥미, 취미 또는 스킬을 개발하고 강화한다.' 등이 있다.

1년 후 시점에 측정한 변인은 퇴직연령, 퇴직준비 그리고 현직 유지 여부 와 퇴직 후 재취업 여부였다. 퇴직연령은 몇 세에 퇴직할 생각인지를 물어보 는 한 문항으로 측정하였으며, 퇴직준비는 첫 번째 시점에서와 동일한 문항 을 사용하였다.

분석 결과, 첫 번째 시점에서 조사대상자들의 주관적 기대수명이 높을수록 다른 변인들(성별, 연령, 수입, 교육, 결혼 여부, 건강, 직무만족, 은퇴준비 등)을 통 제하고도 두 번째 시점에서 퇴직연령과 퇴직준비에는 유의한 정적 영향 그리 고 퇴직 여부에는 유의한 부적 영향을 주는 것으로 나타났다. 즉, 자신이 앞 으로 오래 살 것으로 생각할수록 퇴직하려는 연령이 높았고, 퇴직준비 노력 을 더 많이 하며 실제로 퇴직도 덜 한 것으로 나타났다. 또한 첫 번째 시점에 서 퇴직한 사람들만을 대상으로 한 연구에서 이들의 주관적 기대수명이 높을 수록 두 번째 시점에서 재취업에 성공할 가능성이 높은 것으로 나타났다.

이러한 결과는 퇴직을 앞둔 경력 말기 또는 퇴직예정인 직장인에게 있어서 향후 자신이 얼마나 더 살 수 있을지에 대한 생각이 퇴직시점과 재취업을 포 함한 퇴직 후의 활동에 긍정적 영향을 미친다는 것을 말해 준다. 특히 이러한 영향이 개인의 현재 연령, 수입이나 건강 등과 같은 기존에 퇴직에 영향을 주 는 것으로 알려진 변인을 통제하고서도 유의하다는 결과는 기대수명의 중요 성을 시사한다.

퇴직자를 위한 커리어코칭 프로그램에 관한 연구는 많지 않은 실정이다. 과거 일부 연구는 주로 퇴직 후의 재정상태에 관한 도움을 주는 내용으로 프 로그램을 구성하였으며, 퇴직자의 심리적 상태에 초점을 둔 프로그램은 거의 없는 실정이다(Round & Burke, 2018). Round와 Burke(2018)는 이 분야에서 연구필요성을 인식하고 퇴직 후 3년 이내의 퇴직자 3명을 대상으로 긍정심리에 바탕을 둔 이상적 현실자아(Best Possible Self: BPS) 기법을 중심으로 프로그램을 개발하여 이를 실시하고 그 효과를 질적연구를 통해 분석하였다.

프로그램 실시과정을 살펴보면, 먼저 진행과정에 관해 간단히 설명하였고, 4일에 걸쳐 집에서 매일 20분 동안 다음의 과제를 작성하도록 하였다. 1일차에는 참가자에게 퇴직 후 모든 꿈이 다 이루어진 이상적인 자아를 기술하도록 하였으며, 2일차에는 미래 가장 이상적인 시기에 삶에서의 핵심적인 요인(예, 가정, 가족, 커뮤니티, 여가, 학습, 봉사 등)이 무엇일지에 대해 기술하도록 하였다. 3일차에는 모든 것이 계획대로 이루어질 경우 5년 이내에 어떤 모습일지를 구체적으로 작성하도록 하였으며, 마지막 4일차에는 모든 것이 원하는 대로 이루어질 경우 80세 생일에 어떤 모습일지를 기술하도록 하였다 (어떤 모습이고, 어떤 느낌이고, 어떤 냄새가 나고, 어떤 소리가 나며, 누구와 같이 있는지).

4일간의 글쓰기 과제가 끝난 후 참가자들은 목표설정사고 설문지를 이메일로 받았으며, 이곳에 자신의 목표를 기술하고 다음의 질문에 대해 답하도록 하였다.

- 당신이 기술한 목표는 4일간의 글짓기 중 어떤 날에 나왔었나요?
- 누구의 목표였나요(자신 또는 타인, 그리고 그 이유는)?
- 이 목표를 선택한 이유와 이 목표가 중요한 이유는 무엇인가요?
- 이 목표를 달성하기 위해서 무엇을 해야 하나요?
- 목표를 달성했는지는 어떻게 알 수 있을까요?
- 언제까지 목표를 달성할 계획인가요?

프로그램을 실시하고 3개월이 지난 후 참가자들과 인터뷰를 통하여 프로그램의 효과를 검증하였다. 인터뷰 내용에 대한 분석 결과, 참가자들은 자기인식, 삶의 목적, 내적 목표 달성 등과 같이 의미를 부여할 수 있는 요인들을 깊이 인식하게 되었으며, 이를 통해 전체적인 행복감이 증진된 것으로 나타났다.

경력 말기 또는 퇴직예정자들을 대상으로 이들의 경력개발 차원에서 커리어 프로그램을 실시하고 그 효과를 검증한 국내 연구는 거의 없는 실정이다. 대부분의 국내 연구는 퇴직예정자들을 대상으로 이들의 퇴직 후 삶을 어떻게 살아갈 것인지를 조망하고, 삶을 계획하는 라이프 관련 프로그램에 초점을 두었다. 커리어 프로그램으로는 정부관련 기관이나 기업체에서 실시하고 있는 전직지원 프로그램들이 있지만, 이 프로그램들의 효과를 검증한 연구는 거의 없다. 여기서는 정부기관에서 개발한 커리어 프로그램 가운데 하나만을 소개하고자 한다.

장서영, 손유미, 이요행과 정시원(2013)은 사무직 베이비부머 직장인을 대상으로 이들을 위한 퇴직설계 프로그램을 개발하였다. 이들은 과거 문헌 조사, 전직지원서비스 기관에서 컨설턴트로 근무하는 전문가와의 인터뷰, 실제 베이비부머 직장인들을 대상으로 하는 인터뷰 등을 토대로 4.5일(27시간) 동안 진행하는 커리어 프로그램을 구성하였다. 이 프로그램은 모두 10개의 모듈로 구성되어 있는데, 이 모듈에 관해 간단히 설명하고자 한다.

1일차에는 세 가지 모듈을 진행하게 된다. 모듈 1은 오리엔테이션으로서 프로그램 소개와 참가자 소개로 진행된다. 모듈 2는 베이비부머 세대로서 자신의 삶을 이해하기 위해 살아온 과정과 자랑스러운 순간들에 대해 이야기를 나눈다. 이어서 그동안 열심히 살아온 자신에게 상장을 만들어 수여한다. 또한 앞으로의 도전 정신 증진을 위해 기대 수명의 연장에 따라 인생 이모작의 중요성을 인식하고, 제2의 커리어 수립의 필요성에 대해 이야기한다. 모듈 3은 사무직 퇴직자의 현황과 사례에 관한 내용을 다룬다. 사무직 퇴직자의 취업 현황에 대해 살펴보고, 퇴직자들의 취업 또는 창업 성공 사례를 다루면서 이들이 취업 또는 창업에 성공한 방법을 이해한다. 취(창)업 이외에도 사회 공헌 활동에 관한 사례를 학습하기도 한다. 마지막으로, 이 가운데 특정 사례의 경력 경로를 분석하고 성공요인을 파악한 후 이를 자신에게 적용해 본다.

2일차에는 네 번째부터 여섯 번째 모듈까지 진행한다. 모듈 4에서는 퇴직 후 나타나게 되는 다양한 변화와 문제점을 인식하는 시간을 갖는다. 또한 퇴직이 위기가 아니라 새로운 기회일 수도 있다는 인식의 전환을 갖는다. 추가로, 퇴직 후 자신이 해야 할 일을 찾는 과정에서 알아야 할 것들이 무엇인지에 대해 얘기를 나눈다. 모듈 5는 일과 관련된 자신의 특성에 대한 이해에 초점을 둔다. 이를 위해 직업선호도검사(이 책의 제5장 참조)를 통해 자신의 흥미를 파악하고 직업가치관검사를 실시하여 참가자가 직업선택 시 중요시하는 가치가 무엇인지를 인식토록 한다. 모듈 6에서는 참가자가 자신의 전문성(경험, 전문지식, 기술, 노하우, 인맥 등)에 대해 생각해 보면서 자신이 내세울 수 있는 전문성이 무엇인지를 찾는 시간을 갖게 된다.

3일차는 모듈 7부터 모듈 8(1)까지로 구성된다. 모듈 7에서는 자신의 재능을 찾는 데 중점을 둔다. 참가자는 재능카드를 활용하여 자신의 재능을 찾고 재능을 활용해 인생 2막에서의 대안을 찾는다. 7-1 모듈에서는 지금까지 자신의 특성에 대해 진단한 결과에서 핵심단어들을 찾고 이 단어들을 연결하여 하나의 문장으로 만든 후 각자 발표하는 시간을 갖게 된다. 8(1)의 모듈명은 '장단기 내 일 찾기'이다. 먼저, 참가자는 자신이 할 수 있는 일을 찾는 방법에 대해 학습한다. 이를 토대로 단기적으로 자신이 할 수 있는 일은 무엇인지 찾아서 이를 집단 구성원에게 얘기하고 조언을 받는다.

4일차는 모듈 8(2)와 9로 구성된다. 모듈 8(2)에서 참가자는 8(1)에 이어서 자신이 장기적으로 할 수 있는 일이 무엇인지 찾게 된다. 이어서 모듈 8(1)에서 도출했던 단기적으로 할 경력목표를 달성하기 위해 해야 활동들의 우선순위를 정하며, 이번 모듈에서 도출한 장기적 경력목표 달성을 위한 다양한 활동들의 우선순위를 정한다. 모듈 9는 직업정보를 탐색하는 방법을 이해하는 데 중점을 둔다. 참가자들에게 직업정보를 탐색할 수 있는 사이트를 소개하는 등의 방법을 제시하고, 참가자는 실습을 통해 자신이 관심 있는 직업에 대한 다양한 정보를 찾아보게 된다. 추가적으로, 네트워크의 중요성을 인식하고 이를 쌓는 방법에 대해 학습한다. 마지막으로, 관심 있는 직업정보를 공유하고 마무리한다.

　마지막 모듈 10은 일주일 후에 진행한다. 이 모듈에서 참가자는 자신이 장단기적으로 해야 할 일 Top 다섯 가지를 발표하고 다른 참가자들로부터 피드백을 듣고 전체 과정을 마무리한다.

3. 커리어코칭 시사점

　Fasbender 등(2014)의 연구결과를 커리어코칭에 적용해 보면, 경력 말기에 해당하는 피코치의 재취업 가능성을 높이기 위해 개인성장을 증진시키는 노력이 필요하다. 피코치의 개인성장을 높이기 위해서는 성장마인드셋(Dweck & Leggett, 1988)을 증진시키는 것이 효과적일 것으로 판단된다. 성장마인드를 가진 사람은 성장을 위해 지속적으로 학습하려는 성향이 강하기 때문이다. 성장마인드셋 증진을 위한 구체적인 기법은 Keating과 Heslin(2015)의 연구를 참고하면 된다. 일부 내용만 간단히 설명하면, 피코치 본인 또는 주변 지인 가운데 특정 능력이 있는지를 생각해 보고 이를 개발하기 위해 얼마나 많은 노력을 했을지를 인식하도록 한다. 적당한 사람이 없으면 세계적으로 유명한 사람을 떠올리게 하고 이 사람이 얼마나 많은 노력을 했는지를 이해하게 하는 것도 가능하다. 이를 통해 자신의 능력 개발 또는 성장을 위해 지속적으로 노력하게 되며, 결과적으로 재취업에 성공하게 될 가능성이 높아지게 될 것이다.

　Fasbender 등(2019)의 연구결과를 경력 말기 근로자 코칭 과정에 적용해 보면, 피코치의 퇴직 후 경력활동 증진을 위해 선행변인인 경력적응성 수준을 높이는 것이 필요하다. 피코치의 경력적응성 증진을 위해서는 먼저 경력적응성 척도(탁진국, 이은주, 임그린, 2015)를 실시하여 관심, 통제, 호기심, 확신 등의 네 요인에 대한 평균점수를 구하고, 점수가 낮은 요인에 대해 이를 증진시키기 위한 구체적 실행계획을 수립하도록 한다. 이를 통해 피코치의 개인자원인 경력적응성 수준이 증진될 경우 장기적으로 이들의 퇴직 후 자신의 경력을 설계하는 데 도움을 줄 수 있을 것이다.

또한 직업미래시간관이 미래 경력계획에 유의한 영향을 주는 것으로 나타났기 때문에 피코치의 직업미래시간관에 대해 파악할 필요가 있다. 코치는 피코치가 퇴직 후 일할 수 있는 시간과 기회가 어느 정도나 된다고 생각하는지의 정도를 물어본다. 피코치가 시간과 기회가 많지 않다고 답변한 경우에는 그 이유가 무엇인지 질문한다. 피코치의 답변에 따라 코치는 피코치의 인식이 얼마나 합리적인 것인지를 판단해 보도록 한다. 예를 들어, 피코치가 나이가 많아서 일자리를 구하는 것이 힘들다고 생각하기 때문이라고 할 경우, 코치는 공감을 표현하면서 피코치와 함께 경력 말기에 해당하는 사람 가운데 실제 일자리를 구한 사람들이 얼마나 되는지에 관한 정보를 찾아본다. 이를 통해 피코치의 인식이 합리적이지 않다는 것을 인식하게 함으로써 직업미래시간관을 증진시키는 노력이 필요하다.

Wohrmann 등(2013)의 연구결과를 커리어코칭 과정에 적용해 보면, 직장에서 경력 말기에 있는 근로자의 퇴직 후 지속적인 경력추구 활동을 증진시키기 위해서는 이들과의 일대일 또는 집단코칭을 통해 먼저 퇴직 후 일을 통해 얻을 수 있는 성과로 어떠한 것들이 있는지 파악해 볼 필요가 있다. 앞에서도 예를 들었듯이, 일을 통해 사람들과 교류하면서 대인관계를 지속적으로 유지할 수가 있으며, 주변 사람들로부터도 나이가 들어서도 계속 일을 하는 것에 대해 인정을 받는 등의 성과가 가능할 것이다. 또는 일을 통해 재정적으로 생활에 도움이 되는 경제적 성과도 가능하다. 다음으로, 피코치들이 이러한 성과를 얻을 수 있는 기대감을 어느 정도나 가지고 있는지 파악할 필요가 있다. 만약 이러한 기대감이 낮다면 이를 높이기 위해 무엇을 할 수 있는지 구체적인 방안을 도출하는 노력이 필요하다.

Wohrmann 등(2014)의 연구결과도 경력 말기에 해당하는 피코치를 대상으로 하는 커리어코칭 과정에서 시사하는 바가 크다. 바로 앞에서 기술한 것처럼, 피코치의 경력추구 활동 증진을 위해 일을 통해 얻을 수 있는 다양한 성과에 대해 피코치는 어떻게 생각하는지 확인하고, 낮은 성과기대감 증진을 위한 구체적 실행계획을 도출한다.

또한 피코치가 퇴직 후 일을 할 수 있는 신체적 역량이 어느 정도 되는지를 파악하고, 신체적 능력이 부족할 경우 이를 향상시킬 수 있는 방법을 찾는 것도 도움이 될 수 있다. 또한 피코치가 일을 하고 싶어도 자신의 연령 등을 고려할 때 적합한 일을 찾기가 힘들다고 생각하면 경력추구 노력을 덜 하게 된다. 따라서 피코치가 직무기회 가능성에 대해 어떻게 생각하는지 물어보고 가능성을 높이기 위해 다양한 사례 등을 제시하는 것이 도움이 될 수 있을 것이다. 마지막으로, 피코치가 퇴직 후 일을 계속할 경우 주변에서 이를 지지해 줄 사람이 있는지, 있다면 어느 정도 지지를 얻을 수 있을 것으로 생각하는지도 물어볼 필요가 있다. 지지할 사람이 없다면 주변에서 지지해 줄 사람을 찾는 것이 가능한지를 생각해 보게 함으로써 주변으로부터의 지지를 이끌어 낼 수 있는 방법을 찾도록 유도하는 것이 도움이 될 것이다.

Vuori 등(2019)의 집단 워크숍 내용도 커리어코칭 과정에 유용하게 활용될 수 있다. 경력 말기에 있는 피코치를 대상으로 먼저 피코치가 원하는 것을 파악할 필요가 있다. 직장 내에서 퇴직 전까지 보람 있고 의미 있는 생활을 원한다면 피코치의 강점스킬이나 역량을 파악한 후 이를 활용하는 방법에 대해 논의하는 것이 좋다. 예를 들어, 자신의 강점을 활용하여 부하직원에게 멘토링하는 방법이나 동료와 공유하는 방법 등이 가능하다. 남은 기간 동안 건강을 유지하는 방법에 대해 논의하는 것도 도움이 될 수 있다. 피코치가 퇴직 후 재취업을 원한다면 고용가능성 증진을 위해 먼저 자기효능감을 증대시킬 수 있는 방법을 찾는 것이 중요하다. 이를 통해 커리어 목표를 설정하고 이를 달성할 수 있는 구체적인 방법을 모색한다.

퇴직예정자를 대상으로 커리어코칭을 진행하는 경우 Griffin 등(2012)의 연구결과를 활용할 수 있다. 커리어코치는 피코치의 주관적 기대수명이 어느 정도인지를 알아보는 것이 필요하다. 피코치의 기대수명이 높을 경우 향후 살아갈 시간이 많이 남아 있다는 의미이므로 퇴직 후 어떻게 시간을 보낼 것 인지에 관해 물어보면서 자연스럽게 재취업에 대한 동기를 끌어올릴 수 있을 것이다. 이 경우 Griffin 등의 연구결과 등을 간단히 설명하면서 다른 사람들도 기대수명이 높을 경우 재취업을 많이 한다는 내용을 언급할 경우 피코치의 재취업 동기를 이끌어 내는 데 도움이 될 수 있을 것이다.

[참고문헌]

장서영, 손유미, 이요행, 정시원(2013). 사무직 베이비부머 퇴직설계프로그램 개발 연구. 한국고용정보원.

Carstensen, L. L., Fung, H. H., & Charles, S. T. (2003). Socioemotional selectivity theory and the regulation of emotion in the second half of life. *Motivation and Emotion, 27,* 103-123.

Griffin, B., Hesketh, B., & Loh, V. (2012). The influence of subjective life expectancy on retirement transition and planning: A longitudinal study. *Journal of Vocational Behavior, 81,* 129-137.

Fasbender, U., Deller, J., Wang, M., & Wiernik, B. M. (2014). Deciding whether to work after retirement: The role of the psychological experience of aging. *Journal of Vocational Behavior, 84,* 215-224.

Fasbendera, U., Wohrmann, A. M., Wang, M., & Klehe, U. -C. (2019). Is the future still open? The mediating role of occupational future time perspective in the effects of career adaptability and aging experience on late career planning.

Journal of Vocational Behavior, 111, 24–38.

Round, J., & Burke, J. (2018). A dream of a retirement: The longitudinal experiences and perceived retirement wellbeing of recent retirees following a tailored intervention linking best possible self-expressive writing with goal-setting. *International Coaching Psychology Review, 13*(2), 27–45.

Wöhrmann, A. M., Deller, J., & Wang, M. (2013). Outcome expectations and work design characteristics in post-retirement work planning. *Journal of Vocational Behavior, 83*, 219–228.

Wöhrmann, A. M., Deller, J., & Wang, M. (2014). A mixed-method approach to post-retirement career planning. *Journal of Vocational Behavior, 84*, 307–317.

Vuori, J., Törnroos, K., Ruokolainen, M., & Wallin, M. (2019). Enhancing late-career management among aging employees: A randomized controlled trial. *Journal of Vocational Behavior, 115*, 1–18.

커리어 관련 척도 활용

　이 장에서는 커리어코칭 과정에서 개인에게 적합한 직업을 찾는 검사 이외에도 다양한 목적으로 유용하게 활용할 수 있는 척도에 대해 살펴보고자 한다. 이 장에서 설명하는 내용은 필자가 집필한 『코칭심리학』(2019)의 제12장에서 기술한 내용을 일부 수정한 것이다.

1. 프로틴 경력태도 척도

　먼저, 21세기 들어 커리어 관련 분야 연구에서 가장 많이 연구되고 있는 프로틴 경력태도(protean career) 척도에 대해 알아보도록 하자. 프로틴 경력태도에 대해서는 제8장에서 자세히 다루었다. Briscoe, Hall과 DeMuth(2006)은 직장인의 프로틴 경력태도를 측정하는 척도를 개발하였으며, 이후 많은 연구가 진행되었다. 최근 Porter, Woo와 Tak(2016)은 이 척도의 단축형을 개발하였다. 모두 7개 문항으로 구성되어 있으며, 구체적인 문항은 〈부록 11-1〉에 제시되어 있다. 이 척도는 '자기주도(self-directed)'와 '가치지향(value driven)'의 두 개 요인으로 구성되어 있다. 자기주도 요인은 경력을 쌓아 나가는 과정에서 개인이 책임감을 갖고 주도적으로 계획하고 실행해 나가는 과정을 의미한다. 가치지향 요인은 경력을 쌓아 나가는 과정에서 다른 사람의 의견보다는 자신이 중시하는 가치를 강조한다.

이 척도는 주로 직장인을 대상으로 실시되어 왔으나 최근 대학원생을 대상으로 하는 연구(Cortellazzo, Bonesso, Gerli, & Batista-Foguet, 2020)에서도 실시되었으므로 커리어코칭 시 직장인뿐 아니라 대학생에게도 실시 가능하다. 프로틴 경력태도가 높은 사람이 자신의 경력과정에서 성공했다고 인식하거나(예, 신소연, 탁진국, 2017; 황애영, 탁진국, 2011) 대학 졸업 후 고용가능성이 높아졌다는(예, Cortellazzo et al., 2020) 연구들이 보고되고 있기 때문에 이 척도에서 높은 점수를 받은 사람들이 성공할 가능성이 높은 것으로 해석할 수 있다.

따라서 커리어코칭 시 코치는 5점 리커트(Likert) 척도를 활용하여(1: 전혀 그렇지 않다, 5: 매우 그렇다) 이 척도를 피코치에게 실시한 후 피코치의 평균점수를 계산한다. 피코치의 평균점수가 높지 않은 경우(예, 3.0 또는 3.5 이하), 피코치가 어떤 이유로 인해 프로틴 경력태도가 낮은지를 파악할 필요가 있다. 특히 각 문항별 점수를 살펴보고 특정 문항에서의 점수가 낮은 경우 이 점수가 낮은 이유를 물어보고, 이 점수를 높이기 위해서 구체적으로 무엇을 할 수 있는지 실행계획을 세우고 이를 실행하도록 격려할 필요가 있다.

2. 경력고민 척도

직장인을 대상으로 하는 커리어코칭을 할 때 피코치가 경력을 쌓아 나가는 과정에서의 고민이 코칭 이슈가 되는 경우가 자주 있다. 어떠한 역량을 개발하는 것이 좋을지, 또 역량을 파악한다 해도 이를 어떻게 개발하면 좋을지, 직무를 바꾸는 것이 좋을지, 이직을 하는 것이 좋을지, 퇴직 후 무엇을 하면 좋을지 등 다양한 코칭 주제들이 가능하다. 또한 피코치가 이 가운데 특정 이슈 때문에 코칭을 받으려 하지만 막상 코칭을 진행하다 보면 또 다른 이슈가 더 중요한 것으로 나타나는 경우도 많다. 따라서 피코치가 경력관련 문제로 코칭을 받으려고 하는 경우 이 척도를 실시하여 피코치가 다른 이슈에서는 문제가 없는지 살펴보는 것이 피코치에게 도움이 될 수 있다.

탁진국, 이은혜, 임그린과 정일진(2013)은 직장인들이 자신의 경력관리를 해 나가는 과정에서 어떤 고민이 있는지를 알아보기 위한 경력고민 척도를 개발하였다. 탁진국 등(2013)은 88명의 직장인을 대상으로 개방형 설문을 통해 직장인들이 경력을 쌓아 나가는 과정에서 고민하는 내용이 무엇인지를 물어보고, 이를 토대로 19개 요인과 147개 문항으로 구성된 예비문항을 개발하였다. 336명의 직장인을 대상으로 한 예비조사와 최종 1,091명의 직장인을 대상으로 실시한 본조사를 통해 최종 16개 요인으로 구성된 94개 문항을 도출하였다(〈부록 11-2〉 참조). 탁진국 등(2013)이 개발한 경력고민 척도를 자세히 살펴보면 다음과 같다.

1) 요인 설명

첫 번째 요인은 11개 문항으로 구성되었다. 직장인들이 쉽게 고민하는 은퇴 및 퇴직 이후의 걱정과 고민을 대표하고 있어서 '은퇴'라고 명명하였다. '은퇴 후 무엇을 할 것인가 고민된다.' '은퇴 후 해야 할 일에 대한 준비가 미흡하다.' 등의 문항을 포함한다.

두 번째 요인은 직장인들이 현재 하는 일에 대해서 더 노력해야 할 부분은 무엇인지, 미래에 대해 어떤 고민을 하는지를 제시하는 내용이기 때문에 '경력관리'라고 명명하였다. '나한테 가장 적합한 일 또는 경력이 무엇인지 잘 모르겠다.' '다양한 분야에서 업무 경력을 쌓고 싶다.' 등 14개 문항이 있다.

세 번째 요인은 7개 문항으로 구성되었다. 인맥과 네트워크 구성의 중요성이 직장인들에게 중요하기 때문에 이 내용을 표현하기 위해 '대인관계'라고 명명하였다. '폭넓은 인맥 형성 필요를 느낀다.' '상사와 원만한 관계를 유지하고 싶다.' 등의 문항이 있다.

네 번째 요인은 '일−가정 균형'이다. 남녀 직장인들이 직장(일)과 가정 사이의 균형을 어떻게 잡아 가야 할 것인지를 대표하는 내용을 의미한다. 이 요인에는 '어린 자녀 보육 문제로 계속 일을 할 수 있을지 고민이다.' '일과 가정의 양쪽을 다 생각해야 해서 업무 집중이 힘든 경우가 있다.' 등의 7문항이 있다.

다섯 번째 요인은 '업무 실적'이다. 직장인들의 성과 창출, 실적 달성, 후배의 추격, 동료와의 경쟁 등을 포함하는 내용으로 구성되어 있다. 이 요인에 속하는 문항으로는 '업무 실적 달성에 대한 스트레스가 상당하다.' '실력 있는 후배들을 보고 자극을 받는다.' 등 8문항이 있다.

여섯 번째 요인은 '경제'이다. 직장인들의 급여 및 경제 문제에 대한 고민을 의미한다. 4개 문항으로 구성되어 있고, '현재 하는 업무에 비해 급여가 적다.' '향후 급여가 증가할 수 있을지 고민이다.' 등의 문항을 포함한다.

일곱 번째 요인은 직장인들의 필수 코스로 여겨지는 승진 부분을 다루고 있어서 '승진'이라고 명명하였다. 이 요인에 속하는 문항으로는 '승진을 해 주변의 인정을 받고 싶다.' '승진을 해 더 많은 권한을 갖고 싶다.' 등 6문항을 포함한다.

여덟 번째 요인은 '우유부단'이다. 이 요인은 직장인들이 직장 혹은 개인적인 성장을 위해 계획을 세우지만 제대로 실행하지 못하는 내용을 담고 있다. '꾸준히 역량개발을 해야 하는데 이런저런 핑계로 자꾸 미룬다.' '성격상 체계적인 경력계획 수립이 어렵다.' 등 5문항이 있다.

아홉 번째 요인은 '창업'이다. 직장인들이 직장을 그만두고 창업을 하는 것과 관련된 내용을 담고 있기 때문에 '창업'으로 명명하였다. 이 요인은 '언제쯤 사업(창업)을 하는 것이 좋을지 고민이다.' '현재 회사를 그만둔 후에는 사업을 하고 싶다.' 등의 4문항을 포함한다.

열 번째 요인은 직장인들이 업무를 진행할 때 겪는 전문성 부족과 관련된 내용을 포함하고 있기 때문에 '전문성 부족'이라고 명명하였다. 이 요인에는 '현재 업무에 대한 전문성이 부족해서 걱정이다.' '업무의 전문성을 위해 어떤 역량을 갖춰야 할지 고민이다.' 등 3문항이 있다.

열한 번째 요인은 자신의 건강과 관련된 고민을 포함하고 있어서 '건강'으로 명명하였다. 이 요인은 '성인병 및 스트레스 해소에 대한 대책이 필요한 것 같다.' '건강을 위해 운동을 주기적으로 해야 하는데 못하고 있다.' 등 6문항이 있다.

열두 번째 요인은 '봉사'로서 자신이 쌓은 역량을 남들을 위해 봉사하고 싶은 내용을 포함하고 있다. 이 요인은 4개 문항으로 구성되어 있으며 '남들에게 업무와 관련된 나만의 노하우를 전해 주고 싶다.' '지금까지 일해 온 회사를 위해 봉사하고 싶다.' 등의 문항을 포함한다.

열세 번째 요인은 '결혼'이다. 직장 일과 결혼 사이의 고민과 갈등을 포함한다. 이 요인에는 '경력관리를 위해 결혼을 언제까지 연기해야 할지 고민이다.' '결혼을 하고 싶은데 아직 못해서 걱정이다.' 등의 3문항이 있다.

열네 번째 요인은 '이직'이다. 이 요인은 이직으로 인한 고민과 걱정을 의미한다. '언제쯤 이직하는 것이 내 경력에 좋을지 모르겠다.' '현 회사를 얼마 동안 더 다녀야 하는지 고민이다.' 등의 6문항이 있다.

열다섯 번째 요인은 '역량향상' 요인이다. 이 요인은 직장인들이 역량향상을 위해 업무 이외의 자신을 성장시키고 싶은 욕구를 포함하고 있다. 이 요인을 구성하는 문항으로는 '역량향상을 위해 외국어를 배우고 싶다.' '역량향상을 위해 국내외 대학원에서 공부를 하는 것에 대해 고민이다.' 등 3문항이 있다.

마지막으로 열여섯 번째 요인은 현재 하는 일이나 직장을 지속하고 싶어 하는 내용을 담고 있으므로 '업무 지속'이라고 명명하였다. 이 요인에는 '현 직장에서 계속 근무하고 싶다.' '정년까지 회사를 다니고 싶다.' 등의 3문항이 있다.

2) 척도 활용

경력고민 척도는 7점 리커트 척도(1: 전혀 그렇지 않다, 7: 매우 그렇다)를 활용하여 측정한다. 커리어코칭 초기에 이 척도를 피코치에게 실시하고 피코치의 요인별 평균점수를 구한 후 어떤 요인에서 평균점수가 높은지를 확인할 필요가 있다. 평균점수가 높을수록 고민이 더 큼을 나타내기 때문이다.

결과를 피코치와 공유하면서 피코치가 결과에 대해 어떻게 생각하는지를 물어보고, 특히 평균점수가 높게 나온 요인에 대해 결과를 수용하는지를 확인할 필요가 있다. 피코치가 수용하지 않을 경우, 수용하지 않는 이유에 대해 물어보고 이유가 합리적이라고 판단되면 코치도 이를 수용할 필요가 있다. 피코치에게 결과를 제시하며 무조건 수용하라고 하는 태도는 바람직하지 않으며, 코칭 과정에서 피코치로부터 신뢰를 얻기가 힘들 수 있다.

코치는 피코치가 수용하는 범위 내에서 평균점수가 높게 나온 상위 3개에서 5개 정도 요인에 대해 집중적으로 대화하면서 그렇게 나온 이유를 물어보고 피코치가 우선적으로 얘기를 나누고 싶은 요인이 무엇인지 파악한다. 이를 토대로 코칭목표를 정하고 코칭진행 방식대로 진행하면 된다.

3. 일의 의미 척도

개인마다 일을 하는 목적은 무엇인지, 일은 자신에게 어떤 의미인지를 물어보면 다양한 답이 나오게 된다. 우선적으로 돈을 많이 벌기 위해서 일을 하는 사람도 있고, 자신의 성장을 위해 일을 하는 사람도 있을 것이다. 또한 봉사정신이 강한 사람은 자신이 속한 사회에 도움이 되기 위해 일을 한다고 대답할 것이다. 일을 하는 목적은, 달리 말해 일이 자신에게 어떤 의미인지는 직장에서 자신의 경력을 어떻게 쌓아 나갈 것인지를 결정하는 것과 연관이 깊다. 예를 들어, 일을 통해 자신이 성장하는 것이 중요한데, 현재의 업무나 직장에서는 이러한 성장기회가 부족하다고 느낄 경우 이직 또는 커리어 전환을 생각해 볼 필요가 있기 때문이다.

따라서 커리어코칭 과정에서 피코치가 일의 의미에 대해 어떻게 생각하고 있는지, 즉 일이 자신에게 왜 중요한지를 물어보는 것은 피코치가 자신에게 적합한 커리어를 선택하거나 전환하는 데 도움이 될 수 있다. 일의 의미를 돈을 버는 경제적 수단으로서 생각하고 있다면, 무엇보다 연봉이 높은 경력을 선택하는 것이 자신이 추구하는 일의 목적과 부합될 것이다. 만약 일의 의미를 무엇보다 사회나 사회구성원을 위해 봉사하는 데 두고 있다면, 비영리법인이나 NGO 단체에서 경력을 쌓아 나가는 것이 더 적합할 수 있다. 즉, 자신이 생각하고 있는 일의 의미와 현재 하고 있는 일이 연결이 되어야 좀 더 만족하면서 일을 할 수 있게 된다.

또한 피코치가 일의 의미에 대해 성찰해 봄으로써 자신의 삶 전체를 돌아보는 기회를 가질 수 있다는 장점도 있다. 앞에서도 설명했듯이, 커리어는 일생을 통해 일과 관련된 경험을 의미하기 때문에 개인은 오랫동안 일과 관련된 경험을 하게 된다. 삶에 대한 만족도가 높아지기 위해서는 자신이 중요하다고 판단되는 가치에 적합한 일을 하는 것이 중요하다. 일과 삶은 서로 독립적인 것이 아니라 서로에게 영향을 주는 관계에 있기 때문이다. 이런 의미에서 피코치는 일을 통해서 자신이 얻고자 하는 것이 무엇인지를 되돌아보고 현재 상황이 얼마나 만족스러운지를 파악함으로써 자신의 커리어뿐 아니라 삶에서의 만족수준을 높일 수 있게 된다.

탁진국 등(2015)은 개인이 일을 하는 이유가 무엇인지를 알아보기 위하여 일의 의미 척도를 개발하였다. 이들은 척도 개발을 위해 개방형 설문과 두 차례의 예비조사, 본조사를 실시하여 척도의 신뢰도, 구성개념 타당도, 준거관련 타당도를 검증하였다. 먼저, 예비문항 개발을 위해 다양한 직장에서 근무하는 직장인 88명을 대상으로 개방형 설문을 실시하여 자신이 일을 하는 이유가 무엇인지 다섯 가지를 써 줄 것을 부탁하였으며, 자료 분석을 통해 9개 요인, 86문항을 선별하였다.

다음으로, 예비조사를 통해 응답자에게 각 문항이 일을 하는 이유로서 얼마나 중요한지를 7점 척도(1: 전혀 중요하지 않다, 7: 매우 중요하다)를 통해 답하도록 하였다. 예비조사는 1차 500명, 2차 236명을 대상으로 두 차례 실시하여 9개 요인 60문항, 8개 요인 54문항을 도출하였다. 최종적으로 일의 의미 척도의 구성개념 타당도와 준거관련 타당도를 검증하기 위해 근로자 608명, 비근로자 408명 등 총 1,016명을 대상으로 본조사를 실시하였다. 자료 분석 결과, 8개 요인(대인관계, 경제수단, 인정, 가족부양, 재미추구, 성장기회, 사회기여, 삶의 활력)과 47개 문항으로 구성된 일의 의미 척도를 확정하였다. 또한 전체 척도와 8개 요인은 네 가지 준거(삶의 만족, 삶의 의미, 플로리싱, 정신건강)와 모두 유의하게 관련되어 준거관련 타당도가 입증되었다.

탁진국, 서형준, 원용재와 심현주(2017)는 직장인만을 대상으로 일의 의미 척도의 타당도를 검증하기 위하여 20~50대의 직장인 1,000명을 대상으로 온라인 설문조사를 시행하였다. 분석 결과, 47개 문항으로 구성된 척도의 8개 요인구조가 탁진국 등(2015)의 연구결과와 동일하게 나타났다. 또한 8개 요인에 대한 상위요인분석 결과, 생업(경제수단, 가족부양), 사회관계(인정, 대인관계), 자아실현(재미추구, 성장기회, 사회기여, 삶의 활력) 등 3개의 상위요인이 도출되었다.

일의 의미와 관련된 국내 연구에서 신소연과 탁진국(2017)은 탁진국 등(2015)이 개발한 일의 의미 요인 가운데 재미추구, 성장기회, 대인관계, 사회기여 및 삶의 활력 등 5개 요인을 내적 일의 의미로 구분하고 경력관련 변인과 유의하게 관련되는지를 분석하였다. 분석 결과, 내적 일의 의미는 자기주도경력태도와 주관적 경력성공과 정적으로 유의하게 관련된 것으로 나타났다. 이러한 결과는 일이 자신에게 중요한 이유가 자신의 내적 만족을 위해서인 경우 스스로 원해서 일하는 것이기 때문에 자기주도적으로 경력관리를 해 나갈 가능성이 높고 자신의 업무에 좀 더 몰입할 가능성이 높게 되며, 결과적으로 지금까지의 경력에 대해 성공했다고 인식할 가능성이 높기 때문에 나타난 것으로 해석할 수 있다.

　Sortheix, Dietrich, Chow와 Salmela-Aro(2013)는 내적 일의 의미와 개념적으로 유사한 내적 커리어 가치(career value)가 업무몰입에 어떠한 영향을 주는지를 종단적으로 검증하였다. 내적 커리어 가치는 일이 재미있고, 가치 있고, 학습기회를 제공하며, 내 능력과 일치하는지 등의 문항으로 측정하였다. 분석 결과, 이러한 내적 가치는 2년 후의 업무몰입과 정적으로 유의하게 관련된 것으로 나타났으며, 반면 보상과 안전과 같은 외적 가치는 업무몰입과 유의하게 관련되지 않았다. 탁진국 등(2015)이 개발한 일의 의미 척도를 자세히 살펴보면 다음과 같다.

1) 요인 설명

　일의 의미 척도의 8개 요인에 대해 간단히 설명하면, '대인관계'는 사람들과 교류하고 인맥을 넓히기 위한 것이 일에서 중요함을 의미하며, '경제수단'은 일을 통해 생활비나 여유 및 주택자금과 같이 경제적인 측면에서 도움을 얻고자 하는 욕구가 큰 것을 뜻한다. '인정'은 일을 통해 사회나 주변 사람들로부터 인정을 받고 싶어 하는 이유가 큰 것을 의미하며, '가족부양'은 일을 하려는 중요한 이유가 자녀를 키우고 가족이 행복해지기 위해서인 것으로 볼 수 있다. '재미추구'는 일을 통해 재미나 즐거움뿐 아니라 더 나아가 행복을 느끼기 위한 이유가 큰 것으로 해석할 수 있으며, '성장기회'는 일을 통해 새로운 것을 지속적으로 배워서 자신의 잠재력을 발휘하고 발전해서 자신의 꿈을 이루려는 것을 뜻한다. '사회기여'는 일을 통해 사회와 타인에게 도움을 주고 싶은 것을 의미하며, 마지막으로 '삶의 활력'은 일을 통해 심리적 · 신체적으로 건강해지고 살아 있다는 존재감과 활력을 느끼기 위한 것을 뜻한다.

2) 척도 활용

일의 의미 척도 문항과 요인은 〈부록 11-3〉에 제시되어 있다. 7점 척도 (1: 전혀 중요하지 않다, 7: 매우 중요하다)를 활용하여 각 문항이 자신이 일을 하는 이유로서 얼마나 중요한지를 평정하게 된다. 활용방법에 관해 설명하면, 먼저 커리어코칭 과정에서 코칭 초기 또는 중반에 이 척도를 피코치에게 실시하고 피코치의 요인별 평균점수를 구한 후 어떤 요인에서 평균점수가 높고 낮은지를 확인한다. 여기서는 평균점수가 높을수록 일을 하는 이유로서 더 중요하게 생각하고 있음을 나타낸다.

코치는 평정 결과를 피코치와 공유하면서 피코치가 결과에 대해 어떻게 생각하는지를 물어보고, 결과에 대해 수용하는지를 확인한다. 피코치가 수용하지 않을 경우, 수용하지 않는 이유에 대해 물어보고 이유가 합리적이라고 판단되면 코치도 이를 수용할 필요가 있다. 피코치에게 결과를 제시하며 무조건 수용하라고 하는 것은 바람직하지 않다.

코치는 피코치가 수용하는 범위 내에서 평균점수가 높게 나온 요인 두세 개 정도, 낮게 나온 요인 두세 개 정도에 대해 집중적으로 대화하면서 결과가 그렇게 나온 이유를 물어본다. 또한 피코치가 현재 하고 있는 일에서 자신이 중요시하는 요인들이 충족되고 있는 정도를 물어보고, 답변을 토대로 그렇게 생각하는 이유가 무엇인지 물어본다. 이를 통해 커리어 전환욕구가 어느 정도인지를 파악할 수 있다. 피코치가 충족되지 않는다고 답할 경우, 이를 코칭이슈로 정하고 진행하는 것에 대해 피코치에게 물어보고 코칭을 진행할 수 있다.

만약 피코치가 직장인이 아니라고 하더라도 이 척도를 활용할 수 있다. 이 척도를 통해 피코치가 향후 일을 통해 무엇을 얻고자 하는지를 파악할 수 있기 때문에 이러한 정보는 커리어를 선택하는 데 중요한 역할을 하게 된다. 평균점수가 높게 나온 요인을 토대로 피코치가 왜 이러한 요인들을 중요하게 생각하는지를 물어보고, 이 요인들이 충족되기 위해서는 향후 커리어를 선택할 때 어떤 커리어가 적합한지를 코치와 함께 찾아 나가는 수단으로 활용될 수 있을 것이다.

또한 앞에서도 기술했듯이, 피코치의 생애설계와 연계시켜 코칭을 진행할 수 있다. 코치는 피코치가 척도에서 평균점수가 높게 나온 요인을 중심으로 자신이 살아가면서 중요시하는 것과 일의 의미와의 연계성에 관해 얘기를 나눌 필요가 있다. 피코치가 자신의 삶에서 중요하게 생각하는 것이 무엇인지 설명하기 힘들어하면 가치카드를 활용하여 선택하도록 할 수 있다. 피코치가 자신의 삶에서 중요시하는 것과 일에서 중요하게 생각하는 것이 일치하지 않은 결과가 나올 수 있다. 이때는 피코치가 일을 통해 얻고자 하는 것을 변경할 것인지, 아니면 자신이 삶에서 중요시하는 것을 변화시킬 것인지를 피코치와 충분히 상의해서 결정할 필요가 있다. 이를 통해 도출된 결정을 토대로 피코치의 코칭목표를 정하고 코칭을 진행하는 방식으로 활용이 가능하다.

4. 경력적응성 척도

제8장에서도 기술하였듯이, 21세기 들어서면서 평생직장의 개념이 사라지고 최근 들어서는 프로틴 경력이 중요시되면서 개인은 자신의 커리어를 관리하는 데 주도적인 역할을 할 필요성이 강조되고 있다. 특히 4차 산업의 발달로 인해 많은 직업이 사라지고 동시에 새롭게 생겨나는 불확실한 시대에 살아가면서 개인이 이러한 환경에 어떻게 적응할 것인지가 매우 중요해지고 있다. 불확실한 시대에 적응할 수 있는 역량과 능력을 갖고 있는 것이 개인에게 중요해짐에 따라 Savickas(2012)는 적응성을 중요한 요인으로 보고 경력적응성(career adaptability) 척도를 개발하였다. 이 척도는 관심(concern), 통제(control), 호기심(curiosity), 확신(confidence)이라는 네 가지 요인으로 구성되

어 있으며, 각 요인은 6개의 문항을 포함하고 있다.

Tak(2012)은 이 척도를 번안하여 국내 대학생을 대상으로 타당화 연구를 하였다. 연구결과, 내적일관성 신뢰도는 만족할 만한 수준으로 나타났다(총점: .93, 관심: .85, 통제: .80, 호기심: .82, 확신: .84). 또한 확인적 요인분석 결과, 4개 요인으로 구성된 모형의 적합도가 높게 나타나서 국내에서도 4요인 구조가 확인되었다.

탁진국, 이은주와 임그린(2015)은 이 척도를 직장인에게도 사용할 수 있는 지를 확인하기 위해 직장인을 대상으로 타당화 연구를 실시하였다. 직장인 300명과 184명을 대상으로 한두 번의 연구를 통해 탐색적 요인분석과 확인적 요인분석을 실시한 결과 4요인구조가 확인되었다. 하지만 이 과정에서 문항의 수는 전체 24개에서 각 요인별 4개 문항씩 전체 16개로 줄어들었다. 또한 척도의 준거관련타당도를 분석하기 위해 경력관련 변인인 미래경력성공의 지각, 경력계획, 경력만족, 경력몰입을 준거변인으로 두고 상관분석을 실시한 결과, 경력적응성 전체 점수 및 4개 요인 모두 4개의 준거변인과 유의하게 관련된 것으로 나타났다. 탁진국 등(2015)의 연구를 자세히 살펴보면 다음과 같다.

1) 요인 설명

경력적응성 척도에 포함된 네 개 요인은 관심(concern), 통제(control), 호기심(curiosity) 그리고 확신(confidence)이며, 본래는 각 요인당 6개 문항으로 구성되어 있다(〈부록 11-4〉 참조). 탁진국 등(2015)의 직장인 대상 타당화 연구에서는 각 요인당 6개 문항에서 2개씩 제거되었으며, 제거된 문항들은 〈부록 11-4〉에 제시되어 있다(제거된 문항은 각 요인당 문항 맨 끝에 *로 표시함).

각 요인은 개인이 불확실한 상황에서 자신의 경력을 쌓아 나가는 과정에서 자신의 강점으로 활용할 수 있는 자원을 의미한다. '관심'은 자신의 미래 커리어에 대해 관심을 가지고 있는 정도를 의미하고, '통제'는 자신의 능력을 믿고 스스로 결정을 내릴 수 있는 정도를 측정한다. '호기심'은 커리어 선택을 위해 주변 환경을 지속적으로 탐색하는 정도를 의미하며, '확신'은 자신에게 주어진 일을 제대로 처리해 낼 수 있다고 믿는 정도를 측정한다. 각 요인에 대한 좀 더 자세한 정보는 이 책의 제3장에서 기술한 커리어구성이론을 참고하면 된다.

2) 척도 활용

이 척도는 개인이 현재 자신의 경력추구 과정에서 성공적인 적응을 위해 어떤 자원을 가지고 있는지를 측정하는 것이기 때문에 커리어코칭 과정에서 자신이 현재 어떤 자원을 충분히 가지고 있고 어떤 자원을 개발할 필요성이 있는지를 파악하기 위한 수단으로 활용할 수 있다.

따라서 커리어코칭 과정에서 각 요인별로 평균점수를 계산해서(직장인의 경우 〈부록 11-4〉에서 각 요인별 4문항을 사용함) 어떤 요인의 점수가 높고 낮은지를 파악할 필요가 있다. 이 과정에서도 점수 결과에 대해 피코치가 어떻게 생각하는지 물어보고, 피코치가 수용할 수 있도록 충분한 대화를 하는 것이 필요하다. 피코치가 점수 결과를 수용하면, 코치는 결과가 그렇게 나온 이유를 물어본 후 어떤 요인의 점수를 높일 것인지를 피코치와 상의하여 결정한다. 특정 요인이 정해지면 이를 향상시키는 것을 목표로 두고 코칭방식으로 진행하면 된다.

만약 피코치가 관심요인에서 점수가 낮을 경우 피코치가 자신의 커리어에 관해 구체적인 계획수립에 어려움을 겪고 있다는 의미이기 때문에 커리어코치는 이에 초점을 두고 코칭을 진행할 필요가 있다. 피코치가 통제요인에서 점수가 낮을 때에는 커리어 관련 결정을 내리는 데 어려움이 있음을 뜻하기 때문에 커리어코치는 피코치의 커리어뿐 아니라 일상생활에서도 결정을 내리는 데 어려움이 있는지를 파악하고 우유부단한 특성을 개선하는 데 노력할 필요가 있다. 호기심요인에서 피코치의 점수가 낮은 경우, 이는 피코치가 자신 및 환경 탐색에 대한 관심이 낮음을 의미한다. 따라서 커리어코치는 다양한 커리어 관련 검사를 통해 피코치의 특성을 파악하고, 특성과 관련된 커리어가 무엇이 있는지를 피코치와 같이 탐색하는 노력이 필요하다. 마지막으로, 피코치가 확신요인에서 점수가 낮은 경우, 이는 피코치의 자신감이 낮은 것을 의미한다. 따라서 커리어코치는 피코치의 과거 성공경험을 이끌어 내거나 긍정적 피드백을 주는 등의 방법을 통해 피코치가 수립한 커리어 계획 실행에 대한 자신감을 증진시키는 노력을 기울일 필요가 있다.

이 척도는 커리어코칭 초기 시점에서 실시하여 우선적으로 피코치가 불확실한 환경에 적응할 수 있는 자원을 충분히 갖추고 있는지를 확인해 볼 수 있다. 또한 커리어코칭 중간 시점에서 코치가 피코치의 경력적응력이 낮다고 판단되는 경우 이 척도를 실시하여 피코치의 상태를 점검해 볼 수 있다.

5. 진로미결정 척도

진로미결정 척도는 자신의 향후 커리어를 결정하지 못한 사람들을 대상으로 그 원인을 파악하고 이를 통해 커리어코칭이나 상담 시 부족한 부분을 개선하기 위해 개발된 척도이다. Tak과 Lee(2003)는 국내 대학생을 대상으로 개방형 설문과 여러 차례의 조사를 통해 5개 요인과 22개 문항으로 구성된 척도를 완성하였으며, 요인분석을 통해 5개 요인구조를 확인하였다. 또한 진로성숙도 척도와의 높은 상관을 통해 척도의 수렴타당도를 검증하였으며, 생애만족, 전공만족, 특성불안, 우울 및 신체화 등의 다양한 준거와의 유의한 상관을 통해 척도의 준거관련타당도를 검증하였다. Tak과 Lee(2003)가 개발한 진로미결정 척도를 자세히 살펴보면 다음과 같다.

1) 요인 설명

이 척도를 통해 측정하는 요인은 직업정보 부족, 자기명확성 부족, 우유부단한 성격, 필요성 인식 부족 그리고 외적장애 등 모두 다섯 가지이다. 다섯 가지 요인과 각 요인에 해당하는 문항은 〈부록 11-5〉에 제시되어 있다.

'직업정보 부족' 요인은 6개 문항으로 구성되어 있으며, 자신이 선택할 수 있는 직업에 대해 잘 모르고 있어서 직업이나 진로를 아직 결정하지 못한 정도를 측정한다. 이 요인에 포함되는 문항으로는 '내 전공에 적합한 직업에 대한 정보가 부족하다.' 등이 있다. '자기명확성 부족' 요인은 자신에 대한 탐색이 충분하지 못한 정도를 측정한다. 4개 문항으로 구성되었으며, '내 장점과 단점이 무엇인지 모르겠다.' '내 적성이 무엇인지 모르겠다.' 등을 포함한다. '우유부단한 성격' 요인은 매사에 소극적이고 미루는 성격으로 인해 직업이나 진로를 결정하는 데 어려움을 겪는 정도를 측정한다. 모두 4개의 문항으로 구성되었으며, '중요한 결정을 내릴 때 우물쭈물하는 경향이 있다.' '나는 어떤 결정을 내리기가 힘들다.' 등의 문항을 포함한다. '필요성 인식 부족' 요인은 4개 문항으로 구성되어 있다. 현 시점에서 직업선택이나 결정이 크게 중요하지 않다고 인식하는 정도를 측정한다. '현재로서는 직업선택을 할 필요성을 느끼지 않는다.' 등의 문항을 포함한다. 마지막으로, '외적장애' 요인은 4개 문항으로 구성되었으며, '내가 바라는 직업을 부모님이 반대하시기 때문에 갈등이 된다.' '학벌이나 연령 때문에 내가 바라는 직업을 갖기가 어렵다.' 등을 포함한다. 이 요인은 자신이 원하는 직업이나 진로가 있기는 하지만 외적 요인 때문에 결정을 내리지 못하는 어려움을 측정한다.

2) 척도 활용

이 척도는 향후 커리어를 결정하지 못한 사람들을 위한 커리어코칭 과정에서 효과적으로 활용할 수 있다. 커리어를 결정하지 못한 이유나 원인을 정확하게 알아야 대처방법을 도출할 수 있기 때문이다. 커리어코칭 과정에서 초기 면담을 통해 아직 커리어를 결정하지 못해서 고민인 피코치에게는 연령대나 성별에 상관없이 실시할 수 있다.

검사 실시 후 다섯 가지 요인별로 평균점수를 구하여 점수가 높은 요인을 파악한다. 〈부록 11-5〉에서 볼 수 있듯이, 이 척도는 5점 리커트 방식으로 응답하도록 되어 있으며, 점수가 높을수록 해당 요인으로 인해 직업이나 진로를 결정하지 못한 정도가 높은 것을 의미한다. 앞에서도 설명했듯이, 이 과정에서 피코치가 결과를 수용하는 것이 중요하기 때문에 코치가 무리하게 결과를 수용할 것을 강요해서는 안 된다.

만약 피코치가 직업정보 부족 요인에서 점수가 높다면 흥미검사 등을 실시해서, 제5장에서 설명한 것처럼, 자신의 흥미유형에 적합한 목록을 열거한 후 해당 직업들에 대한 정보를 찾아보는 노력이 필요하다. 워크넷(https://www.work.go.kr)의 직업정보 찾는 방법을 활용하면 도움이 될 수 있다.

피코치가 자기명확성 부족 요인에서 점수가 높게 나온 경우 역시 제5장에서 설명한 내용을 참고해서 흥미검사, 적성검사, 직업가치관검사와 같은 검사를 통해 피코치가 자기탐색을 할 수 있도록 진행하는 것이 바람직하다.

우유부단한 성격 요인에서 점수가 높게 나온 경우에는 커리어코칭보다도 피코치의 성격특성에 대한 변화가 먼저 필요하기 때문에 의사결정역량 향상에 초점을 두고 코칭을 진행하는 것이 도움이 될 수 있다.

필요성 인식 부족 요인에서 점수가 높게 나온 경우에는 직업이나 진로를 고려해야 할 시기임에도 불구하고 이에 대한 필요성을 인식하지 못하고 있는 진로성숙태도가 낮은 경우라고 볼 수 있다. 따라서 진로에 대해 피코치가 어떤 생각을 가지고 있는지 알아보고, 앞에서 설명한 일의 의미에 관한 내용을 다루어서 피코치의 진로정체성을 높이는 것이 도움이 될 수 있다.

마지막으로, 외적장애 요인의 점수가 높게 나온 경우 피코치는 자신이 바라는 직업이나 진로가 있지만 외적장애 요인을 인식하고 있다는 의미이다. 따라서 커리어 목표를 달성하는 과정에서 피코치가 인식하는 외적장애 요인이 구체적으로 무엇인지 파악하고 이를 극복하기 위한 방법을 찾는 방식으로 코칭을 진행하는 것이 도움이 된다.

부록 11-1 **프로틴 경력태도**

1. 자기주도 요인

이 요인에 해당하는 단축형 문항은 다음과 같은 네 개 문항으로 구성되어 있다.

- 내 경력에서 성공이나 실패에 대한 책임은 나에게 있다.
- 전반적으로 나는 매우 독립적이고 자기주도적으로 경력을 추구한다.
- 내가 가장 중요하게 생각하는 가치 중 하나는 나 자신의 경력 경로를 스스로 선택하는 것이다.
- 내 경력에 관한 한 나 스스로 결정한다.

2. 가치지향 요인

이 요인에 해당하는 단축형 문항은 다음과 같이 세 개 문항으로 구성되어 있다.

- 고용주의 우선순위가 아닌 나의 우선순위에 따라 경력 방향을 잡는다.
- 내가 선택한 경력을 다른 사람들이 어떻게 평가하느냐는 중요하지 않다.
- 다른 사람이 아니라 내가 경력성공에 대해 어떻게 느끼는지가 가장 중요하다.

출처: Porter, Woo, & Tak (2016).

부록 11-2
경력고민 척도

귀하께서 직장인으로서 조직에서 자신의 경력을 쌓아 나가는 과정에서 고려 또는 고민해야 하는 내용들이 여러 가지 측면에서 많이 있을 것으로 생각됩니다. 어떤 내용을 중요시하고 관심을 가지며 이로 인해 걱정이 되고 고민이 되는지 각 문항을 읽고 다음의 주어진 방식에 따라 가장 적합한 번호를 선택해 주십시오[1: 전혀 관심(걱정, 고민)이 없다. 4: 그저 그렇다. 7: 매우 관심(걱정, 고민)이 많다].

1. 은퇴: 11문항

1. 은퇴 후를 위한 재무 설계를 아직 하고 있지 않아 걱정이다.	1 2 3 4 5 6 7
2. 은퇴 후 해야 할 일에 대한 준비가 미흡하다.	1 2 3 4 5 6 7
3. 은퇴 후 무엇을 할 것인가 고민된다.	1 2 3 4 5 6 7
4. 지금까지의 경력으로 은퇴 후 경쟁력을 갖출 수 있을지 걱정이다.	1 2 3 4 5 6 7
5. 은퇴 후 현재 수준의 경제생활을 유지할 수 있을지 걱정이다.	1 2 3 4 5 6 7
6. 정년퇴직 후 재취업 여부가 고민이 된다.	1 2 3 4 5 6 7
7. 퇴직 후 할 수 있는 일을 찾아야 하는데 구체적인 계획을 세우지 못하고 있다.	1 2 3 4 5 6 7
8. 은퇴 시점을 언제로 정해야 좋을지 고민이다.	1 2 3 4 5 6 7
9. 은퇴 후 프리랜서로 활동할 수 있는 역량을 개발하고 싶다.	1 2 3 4 5 6 7
10. 조기 퇴직에 대한 걱정이 있다.	1 2 3 4 5 6 7
11. 퇴직 후 독보적인 경력을 확보해서 활동하고 싶다.	1 2 3 4 5 6 7

2. 경력관리: 14문항

1. 나한테 가장 적합한 일 또는 경력이 무엇인지 잘 모르겠다.	1 2 3 4 5 6 7
2. 언제쯤 다른 분야의 업무 경험을 쌓는 것이 좋을지 모르겠다.	1 2 3 4 5 6 7
3. 다른 회사에서 경력을 쌓아 보는 것이 좋을 것 같아 고민이다.	1 2 3 4 5 6 7
4. 경력개발(경력관리)을 제대로 하고 있는 것인지 잘 모르겠다.	1 2 3 4 5 6 7
5. 다양한 분야에서 업무 경력을 쌓고 싶다.	1 2 3 4 5 6 7

6. 지금 하고 있는 업무가 경력에 도움이 되지 않을 것 같다.	1 2 3 4 5 6 7
7. 계속 현 분야에서 경력을 쌓는 것이 좋은지 잘 모르겠다.	1 2 3 4 5 6 7
8. 구체적인 경력계획을 세우기가 어렵다.	1 2 3 4 5 6 7
9. 경력관리를 위해 무엇을 어떻게 해야 할지 잘 모르겠다.	1 2 3 4 5 6 7
10. 앞으로 어떤 일을 해야 할지 고민이다.	1 2 3 4 5 6 7
11. 현재 하는 업무가 나한테 맞는지 잘 모르겠다.	1 2 3 4 5 6 7
12. 경력관리를 위해 원하는 부서로의 이동이 어렵다.	1 2 3 4 5 6 7
13. 업무와 관련해 뚜렷한 비전이 없어 걱정이다.	1 2 3 4 5 6 7
14. 향후에는 지금과는 다른 경력을 쌓고 싶다.	1 2 3 4 5 6 7

3. 대인관계: 7문항

1. 회사 직원들과 의사소통이 원활하게 이루어지면 좋겠다.	1 2 3 4 5 6 7
2. 폭넓은 인맥 형성 필요를 느낀다.	1 2 3 4 5 6 7
3. 상사와 원만한 관계를 유지하고 싶다.	1 2 3 4 5 6 7
4. 직장에서 좋은 선배를 만나고 싶다.	1 2 3 4 5 6 7
5. 조직 외부에서 인적 네트워크 구성을 하고 싶다.	1 2 3 4 5 6 7
6. 직장 내에서 동료들끼리 원만한 관계를 유지하고 싶다.	1 2 3 4 5 6 7
7. 직장에서 사람들로부터 존경을 받고 싶다.	1 2 3 4 5 6 7

4. 일-가정 균형: 7문항

1. 결혼 및 출산으로 인해 경력개발을 꾸준히 해 나가기가 어렵다.	1 2 3 4 5 6 7
2. 자녀교육 때문에 업무에 지장을 받는다.	1 2 3 4 5 6 7
3. 어린 자녀 보육 문제로 계속 일을 할 수 있을지 고민이다.	1 2 3 4 5 6 7
4. 일과 가정생활 간의 균형적인 시간 배분이 쉽지 않다.	1 2 3 4 5 6 7
5. 일과 가정의 양쪽을 다 생각해야 해서 업무 집중이 힘든 경우가 있다.	1 2 3 4 5 6 7
6. 가정 때문에 타 지역으로의 이동이 어렵다.	1 2 3 4 5 6 7
7. 출산/육아 문제로 인해 휴직 또는 퇴직을 고민하고 있다.	1 2 3 4 5 6 7

5. 업무 실적: 8문항

1. 부서 내에서 실적 위주로 경쟁하는 것이 어렵다.	1 2 3 4 5 6 7
2. 업무 실적 달성에 대한 스트레스가 상당하다.	1 2 3 4 5 6 7
3. 실력 있는 후배들을 보고 자극을 받는다.	1 2 3 4 5 6 7
4. 성과 창출이 어려워 고민이다.	1 2 3 4 5 6 7
5. 업무 성과를 인정받지 못하고 있다.	1 2 3 4 5 6 7
6. 경력 계획을 실천해야 하지만 현재 업무량이 많아 실천하기 어렵다.	1 2 3 4 5 6 7
7. 회사 동료와 경쟁관계에 있는 것이 신경 쓰인다.	1 2 3 4 5 6 7
8. 승진을 하는 것도 좋지만 업무의 양이 과중할까 봐 부담된다.	1 2 3 4 5 6 7

6. 경제: 4문항

1. 현재 하는 업무에 비해 급여가 적다.	1 2 3 4 5 6 7
2. 동종 업체와 비교했을 때 급여를 적게 받고 있다.	1 2 3 4 5 6 7
3. 무엇보다 경제적으로 여유가 없어 걱정이다.	1 2 3 4 5 6 7
4. 향후 급여가 증가할 수 있을지 고민이다.	1 2 3 4 5 6 7

7. 승진: 6문항

1. 승진이 능력과는 상관없이 주변 여건에 좌우되는 경향이 있다.	1 2 3 4 5 6 7
2. 승진을 해 주변의 인정을 받고 싶다.	1 2 3 4 5 6 7
3. 승진을 해 더 많은 권한을 갖고 싶다.	1 2 3 4 5 6 7
4. 회사에서 인정을 받아 임원까지 올라가고 싶다.	1 2 3 4 5 6 7
5. 경력에 비해 승진이 되지 않아 고민이다.	1 2 3 4 5 6 7
6. 승진 기회가 적어 걱정이다.	1 2 3 4 5 6 7

8. 우유부단: 5문항

1. 경력개발을 위한 과감한 결단력/실행력이 부족해서 고민이다.	1 2 3 4 5 6 7
2. 경력관리에 대한 고민을 자꾸 미뤄서 문제이다.	1 2 3 4 5 6 7
3. 경력계획만 수립하고 실행을 제대로 하지 못한다.	1 2 3 4 5 6 7
4. 꾸준히 역량개발을 해야 하는데 이런저런 핑계로 자꾸 미룬다.	1 2 3 4 5 6 7
5. 성격상 체계적인 경력계획 수립이 어렵다.	1 2 3 4 5 6 7

9. 창업: 4문항

1. 언제쯤 사업(창업)을 하는 것이 좋을지 고민이다.	1 2 3 4 5 6 7
2. 현재 회사를 그만둔 후에는 사업을 하고 싶다.	1 2 3 4 5 6 7
3. 창업(또는 사업)을 하는 것이 좋을지 고민이다.	1 2 3 4 5 6 7
4. 사업을 하고 싶은데 적당한 아이템을 찾기가 어렵다.	1 2 3 4 5 6 7

10. 전문성 부족: 3문항

1. 현재 업무에 대한 전문성이 부족해서 걱정이다.	1 2 3 4 5 6 7
2. 다른 사람에 비해 업무 역량이 부족한 것 같다.	1 2 3 4 5 6 7
3. 업무의 전문성을 위해 어떤 역량을 갖춰야 할지 고민이다.	1 2 3 4 5 6 7

11. 건강: 6문항

1. 건강을 위해 지금보다 좀 더 편안한 일을 하고 싶다.	1 2 3 4 5 6 7
2. 이제 힘이 들어 일을 적게 하고 싶다.	1 2 3 4 5 6 7
3. 점점 노화되어 일을 계속 할 수 있을지 걱정이다.	1 2 3 4 5 6 7
4. 건강하고 싶은데 체력이 떨어져 걱정이다.	1 2 3 4 5 6 7
5. 성인병 및 스트레스 해소에 대한 대책이 필요한 것 같다.	1 2 3 4 5 6 7
6. 건강을 위해 운동을 주기적으로 해야 하는데 못하고 있다.	1 2 3 4 5 6 7

12. 봉사: 4문항

1. 다른 직원들에게 멘토로서 도움을 주고 싶다.	1 2 3 4 5 6 7
2. 남들에게 업무와 관련된 나만의 노하우를 전해 주고 싶다.	1 2 3 4 5 6 7
3. 지금까지 일해 온 회사를 위해 봉사하고 싶다.	1 2 3 4 5 6 7
4. 사회를 위해 도움이 되는 일이나 역할을 하고 싶다.	1 2 3 4 5 6 7

13. 결혼: 3문항

1. 경력관리를 위해 결혼을 언제까지 연기해야 할지 고민이다.	1 2 3 4 5 6 7
2. 결혼을 하고 싶은데 아직 못해서 걱정이다.	1 2 3 4 5 6 7
3. 결혼과 승진 중 무엇을 우선시해야 할지 고민이다.	1 2 3 4 5 6 7

14. 이직: 6문항

1. 이직을 고려하고 있다.	1 2 3 4 5 6 7
2. 언제쯤 이직하는 것이 내 경력에 좋을지 모르겠다.	1 2 3 4 5 6 7
3. 현 회사를 얼마 동안 더 다녀야 하는지 고민이다.	1 2 3 4 5 6 7
4. 더 나은 조건으로 이직하기 위해 경력을 관리한다.	1 2 3 4 5 6 7
5. 근무환경(작업조건, 야근, 교대근무 등의 업무관련 환경)이 좋지 않아 이직을 고려하고 있다.	1 2 3 4 5 6 7
6. 상사/동료로 인해 이직을 고려하고 있다.	1 2 3 4 5 6 7

15. 역량향상: 3문항

1. 역량향상을 위해 외국어를 배우고 싶다.	1 2 3 4 5 6 7
2. 역량향상을 위해 국내외 대학원에서 공부를 하는 것에 대해 고민이다.	1 2 3 4 5 6 7
3. 내 업무 이외에 다른 일을 배우고 싶은데 여건이 되지 않는다.	1 2 3 4 5 6 7

16. 업무 지속: 3문항

1. 현재 직업을 앞으로도 계속 하고 싶다.	1 2 3 4 5 6 7
2. 현 직장에서 계속 근무하고 싶다.	1 2 3 4 5 6 7
3. 정년까지 회사를 다니고 싶다.	1 2 3 4 5 6 7

출처: 탁진국 외(2013).

부록 11-3 일의 의미 척도

다음은 일반적으로 사람들이 일을 하는 이유에 관한 문항입니다. 각 문항의 내용이 일을 하는 이유로서 귀하에게 얼마나 중요한지 적절한 번호에 체크해 주십시오(1: 전혀 중요하지 않다. 7: 매우 중요하다).

1. 대인관계: 7문항

1. 타인과 원활한 인적교류를 한다.	1 2 3 4 5 6 7
2. 조직 내에서 타인과 유대감을 형성한다.	1 2 3 4 5 6 7
3. 다양한 사람을 만나 소통한다.	1 2 3 4 5 6 7
4. 사회생활에서 새로운 인맥을 넓힌다.	1 2 3 4 5 6 7
5. 넓은 대인관계를 형성하고 유지한다.	1 2 3 4 5 6 7
6. 일과 관련된 사람들과 인연을 맺는다.	1 2 3 4 5 6 7
7. 타인과 관계함으로써 나의 존재감을 느낀다.	1 2 3 4 5 6 7

2. 경제수단: 9문항

1. 고정적인 수입으로 경제적 문제를 해결한다.	1 2 3 4 5 6 7
2. 생활비를 마련한다.	1 2 3 4 5 6 7
3. 가정을 위한 경제활동을 한다.	1 2 3 4 5 6 7
4. 안정적인 수입으로 미래를 대비한다.	1 2 3 4 5 6 7
5. 경제적으로 독립한다.	1 2 3 4 5 6 7
6. 경제적으로 부유해진다.	1 2 3 4 5 6 7
7. 여가 자금을 마련한다.	1 2 3 4 5 6 7
8. 주택자금을 마련한다.	1 2 3 4 5 6 7
9. 노후 생활 자금을 마련한다.	1 2 3 4 5 6 7

3. 인정: 5문항

1. 사회적 지위를 얻는다.	1 2 3 4 5 6 7
2. 사회적으로 인정받는다.	1 2 3 4 5 6 7
3. 타인으로부터 존경을 받는다.	1 2 3 4 5 6 7

4. 능력 있는 사람이라는 인정을 받고 싶다.	1 2 3 4 5 6 7
5. 조직생활에서 인정을 받는다.	1 2 3 4 5 6 7

4. 가족부양: 5문항

1. 질 높은 자녀교육을 한다.	1 2 3 4 5 6 7
2. 좋은 환경에서 자녀를 키운다.	1 2 3 4 5 6 7
3. 가정의 행복을 보장한다.	1 2 3 4 5 6 7
4. 가장으로서의 책임을 다한다.	1 2 3 4 5 6 7
5. 가족에게 삶의 안정감을 준다.	1 2 3 4 5 6 7

5. 재미추구: 4문항

1. 일하는 것 자체가 즐겁다.	1 2 3 4 5 6 7
2. 일을 할 때 재미를 느낀다.	1 2 3 4 5 6 7
3. 일을 함으로써 행복을 느낀다.	1 2 3 4 5 6 7
4. 일이 있다는 것 자체가 보람된다.	1 2 3 4 5 6 7

6. 성장기회: 6문항

1. 새로운 학습의 기쁨을 얻는다.	1 2 3 4 5 6 7
2. 내 역량의 잠재력을 파악한다.	1 2 3 4 5 6 7
3. 꿈을 성취한다.	1 2 3 4 5 6 7
4. 계속해서 새로운 기술을 배운다.	1 2 3 4 5 6 7
5. 나를 발전시킨다.	1 2 3 4 5 6 7
6. 내 사명과 비전을 이루어 나간다.	1 2 3 4 5 6 7

7. 사회기여: 5문항

1. 내가 속한 사회를 위해 봉사하고 싶다.	1 2 3 4 5 6 7
2. 사회에 기여한다.	1 2 3 4 5 6 7
3. 타인과 사회에 도움을 준다.	1 2 3 4 5 6 7
4. 누군가에게 도움을 주고 싶다.	1 2 3 4 5 6 7
5. 사회 구성원으로서 사회적 책임을 수행한다.	1 2 3 4 5 6 7

8. 삶의 활력: 6문항

1. 삶의 활력을 얻는다.	1 2 3 4 5 6 7
2. 정신적으로 건강해진다.	1 2 3 4 5 6 7
3. 육체적으로 건강해진다.	1 2 3 4 5 6 7
4. 내가 살아 있음을 느낀다.	1 2 3 4 5 6 7
5. 삶의 질을 향상시킨다.	1 2 3 4 5 6 7
6. 나의 자존감을 향상시킨다.	1 2 3 4 5 6 7

출처: 탁진국 외(2015).

경력적응성 척도

사람들마다 자신의 경력을 쌓아 나가는 데 다른 강점을 활용합니다. 누구도 모든 것을 다 잘할 수는 없으며, 각자는 다른 사람보다 잘하는 것이 있게 마련입니다. 다음 응답 방식을 이용하여 각 문항에서 제시하는 능력(또는 강점)을 자신이 얼마나 가지고 있는지 적합한 번호에 동그라미해 주십시오(1: 강하지 않음, 2: 다소 강함, 3: 강함, 4: 매우 강함, 5: 가장 강함).

1. 관심: 6문항

1. 내 미래 모습은 어떨지에 대해 생각한다.	1 2 3 4 5
2. 오늘의 선택이 내 미래를 좌우할 수 있다는 점을 인식한다.	1 2 3 4 5
3. 미래에 대한 준비를 한다.*	1 2 3 4 5
4. 내가 해야 할 교육 및 직업선택에 대해 인식한다.	1 2 3 4 5
5. 목표 성취를 위한 계획을 세운다.*	1 2 3 4 5
6. 내 진로에 대해 관심을 갖는다.	1 2 3 4 5

2. 통제: 6문항

1. 긍정적인 태도를 유지한다.*	1 2 3 4 5
2. 나 스스로 결정을 내린다.	1 2 3 4 5
3. 내 행동에 대해 책임을 진다.	1 2 3 4 5
4. 내 신념에 충실한다.	1 2 3 4 5
5. 나 자신을 믿는다.	1 2 3 4 5
6. 나에게 적합한 일을 한다.*	1 2 3 4 5

3. 호기심: 6문항

1. 내 주변 환경을 탐색한다.	1 2 3 4 5
2. 개인적으로 성장할 기회를 찾는다.	1 2 3 4 5
3. 선택을 하기 전 대안들을 탐색한다.	1 2 3 4 5
4. 일을 처리하는 다른 방법들을 탐색한다.	1 2 3 4 5
5. 내가 가지고 있는 문제에 대해 깊숙이 탐색한다.*	1 2 3 4 5
6. 새로운 기회에 대해 호기심을 갖는다.*	1 2 3 4 5

4. 확신: 6문항

1. 과제를 효율적으로 처리한다.	1 2 3 4 5
2. 일을 잘 처리한다.	1 2 3 4 5
3. 새로운 스킬(기술)을 배운다.*	1 2 3 4 5
4. 내 능력을 다 발휘한다.	1 2 3 4 5
5. 장애를 극복한다.*	1 2 3 4 5
6. 문제를 해결한다.	1 2 3 4 5

출처: Savickas (2012); 탁진국 외(2015)에서 타당화.

진로미결정 척도

다음의 문항들은 여러분이 나중에 선택하게 될 직업(진로)을 결정하는 데 어려움을 겪는 요인들에 관한 내용입니다. 각 문항이 여러분이 현재 처해 있는 상황과 얼마나 일치하는지를 다음의 방법에 의해 적당한 번호에 동그라미하십시오(1: 전혀 그렇지 않다, 2: 그렇지 않다, 3: 그저 그렇다, 4: 그렇다, 5: 매우 그렇다).

1. 직업정보 부족: 6문항

1. 내 전공에 적합한 직업에 대한 정보가 부족하다.	1 2 3 4 5
2. 직업과 관련된 정보를 얻는 방법을 잘 모르겠다.	1 2 3 4 5
3. 내가 바라는 직업의 장래성에 대한 정보가 부족하다.	1 2 3 4 5
4. 내가 바라는 직업이 있으나 어떻게 해야 그 직업을 가질 수 있을지 모르겠다.	1 2 3 4 5
5. 어떤 직업이 전망이나 보수가 좋고 사회의 수요가 많은지 모르겠다.	1 2 3 4 5
6. 어떤 종류의 직업이 있는지 잘 모르겠다.	1 2 3 4 5

2. 자기명확성 부족: 4문항

1. 내 흥미가 무엇인지 모르겠다.	1 2 3 4 5
2. 내가 바라는 것이 무엇인지 모르겠다.	1 2 3 4 5
3. 내 적성이 무엇인지 모르겠다.	1 2 3 4 5
4. 내 장점과 단점이 무엇인지 모르겠다.	1 2 3 4 5

3. 우유부단한 성격: 4문항

1. 나는 매사에 소극적이다.	1 2 3 4 5
2. 내가 바라는 직업에서 잘 해낼 수 있을지 모르겠다.	1 2 3 4 5
3. 중요한 결정을 내릴 때 우물쭈물하는 경향이 있다.	1 2 3 4 5
4. 나는 어떤 결정을 내리기가 힘들다.	1 2 3 4 5

4. 필요성 인식 부족: 4문항

1. 현재로서는 직업선택을 할 필요성을 느끼지 않는다.	1 2 3 4 5
2. 아직 이르기 때문에 직업선택에 대해 생각해 보지 않았다.	1 2 3 4 5
3. 미래의 직업을 현 시점에서 결정해야 한다는 필요성이 피부에 와닿지 않는다.	1 2 3 4 5
4. 내 인생에서 직업이 왜 필요한지 잘 모르겠다.	1 2 3 4 5

5. 외적장애: 4문항

1. 내가 바라는 직업을 주변에서 반대하는 사람이 많다.	1 2 3 4 5
2. 내가 바라는 직업을 부모님이 반대하시기 때문에 갈등이 된다.	1 2 3 4 5
3. 집안의 경제적 사정 때문에 내가 바라는 직업을 추구하기가 어렵다.	1 2 3 4 5
4. 학벌이나 연령 때문에 내가 바라는 직업을 갖기가 어렵다.	1 2 3 4 5

출처: Tak & Lee (2003).

[참고문헌]

신소연, 탁진국(2017). 내적 일의 의미, 자기주도적 경력태도, 주관적 경력성공의 관계: 경력 지원 멘토링의 조절효과. 한국심리학회지: 산업 및 조직, 30(1), 1-24.

탁진국(2019). 코칭심리학. 서울: 학지사.

탁진국, 서형준, 김혜선, 남동엽, 정희정, 권누리, 김소영, 정일진(2015). 일의 의미척도개발 및 타당화. 한국심리학회지: 산업 및 조직, 28(3), 437-456.

탁진국, 서형준, 원용재, 심현주(2017). 일의 의미 척도 구성타당도 검증: 직장인을 중심으로. 한국심리학회지: 산업 및 조직, 30(3), 357-372.

탁진국, 이은주, 임그린(2015). 경력적응성 척도의 타당화 검증. 한국심리학회지: 산업 및 조직, 28(4), 591-608.

탁진국, 이은혜, 임그린, 정일진(2013). 성인경력고민척도 개발 및 타당화. 한국심리학회지: 산업 및 조직, 26(1), 27-45.

황애영, 탁진국(2011). 주도성이 주관적 경력성공에 미치는 영향. 한국심리학회지: 산업 및 조직, 24(2), 409-428.

Briscoe, J. P., Hall, D. T., & DeMuth, R. L. F. (2006). Protean and boundaryless careers: An empirical exploration. *Journal of Vocational Behavior, 69*, 30-47. doi:10.1016/j.jvb.2005.09.003.

Cortellazzo, L., Bonesso, S., Gerli, F., & Batista-Foguet, J. M. (2020). Protean career orientation: Behavioral antecedents and employability outcomes. *Journal of Vocational Behavior, 116*, 103343.

Porter, C., Woo, S. E., & Tak, J. (2016). Developing and validating short form protean and boundaryless career attitudes scales. *Journal of Career Assessment, 24*(1), 162-181.

Savickas, M. L. (2012). Career adapt-abilities scale: Construction, reliability, and measurement equivalence across 13 countries. *Journal of Vocational Behavior, 80*, 661-673.

Sortheix, F. M., Dietrich, J., Chow, A., & Salmela-Aro, K. (2013). The role of career values for work engagement during the transition to working life. *Journal of*

Vocational Behavior, 83, 466-475.

Tak, J. (2012). Career Adapt-Abilities Scale-Korea form: Psychometric properties and construct validity. *Journal of Vocational Behavior,* doi:10.1016/j.jvb. 2012.01.008.

Tak, J., & Lee, K. (2003). Development of the Korean career indecision inventory. *Journal of Career Assessment, 11*(3), 328-345.

인명

내용

저자 소개

탁진국(Jinkook Tak)

Kansas State University 심리학박사

코칭심리사 1급

한국산업 및 조직심리학회장

한국코칭심리학회장

한국심리학회장

한국직무스트레스학회장

미국 Ohio State University 심리학과 방문교수

미국 Michigan State University 심리학과 방문교수

일본 나고야대학교 심리학과 방문교수

광운대학교 교육대학원장

광운대학교 인문사회과학대학장

현 광운대학교 산업심리학과 코칭심리전공 교수 및 교육대학원 코칭심리전공 주임교수

⟨대표 저서⟩

워커코드: 누구나 한 번쯤 생각한 일에 대한 고민(에프케이아이미디어, 2015)

코칭심리학(학지사, 2019)

라이프코칭(학지사, 2022)

커리어코칭
Career Coaching

2023년 7월 25일 1판 1쇄 인쇄
2023년 7월 30일 1판 1쇄 발행

지은이 • 탁진국
펴낸이 • 김진환
펴낸곳 • ㈜**학지사**
　　　　04031 서울특별시 마포구 양화로 15길 20 마인드월드빌딩
대표전화 • 02-330-5114　　팩스 • 02-324-2345
등록번호 • 제313-2006-000265호

홈페이지 • http://www.hakjisa.co.kr
인스타그램 • https://www.instagram.com/hakjisabook

ISBN 978-89-997-2930-0 93180

정가 18,000원

출판미디어기업 **학지사**

간호보건의학출판 **학지사메디컬** www.hakjisamd.co.kr
심리검사연구소 **인싸이트** www.inpsyt.co.kr
학술논문서비스 **뉴논문** www.newnonmun.com
교육연수원 **카운피아** www.counpia.com